ammann

Ruine Manegg um 1850

Walter Schenker

MANESSE

Roman

Ammann Verlag

Der Autor dankt dem Kanton Solothurn für einen Produktionsbeitrag, der Stiftung »Pro Helvetia« für einen Werkbeitrag, dem Land Rheinland-Pfalz für ein Förderstipendium.
Der Verlag dankt der Präsidialabteilung der Stadt Zürich für die großzügig gewährte Unterstützung bei der Drucklegung dieses Buches.

Umschlaggestaltung: Nina Rothfos

ISBN 3-250-10150-8

Für Egon Ammann

WO LIEGT MANEGG?

Der Stadtplan von Zürich verzeichnet unleugbar die Burgruine Manegg. Ich mußte das linke Seeufer entlangfahren und dann hoch über den Rand der Häuser hinaus zu diesem Punkt, der 623 Meter über dem Meer liegt. Allerdings sind die Wege dorthin nur gestrichelt eingezeichnet.

Die Anregung dazu kam vom Verleger. Ich hätte auch absagen können zugunsten einer Geschichte mit dem Titel »Die ferne Liebe«. Die sollte nun endgültig begraben sein. Es wäre eine gegenwärtige Geschichte geworden. Aber hatte die längst vergessene Manessewelt nicht auch vor allem mit Liebe zu tun? Ich wußte kaum etwas vom Ritter Rüdiger Manesse und seinem Sohn Johannes. Eingeprägt aus jener Zeit hatte sich mir allein das Jahr 1291.

Es gibt in Zürich einen Manesseplatz, eine Manessestraße, dann eine Manegg-Promenade und eine Maneggbrücke, weiter eine Hadlaubstraße und einen Hadlaubsteig. Ich mußte über die Maneggbrücke fahren, um ins Planfeld zu gelangen, in dem sich die Burgruine Manegg befand.

Schön sieht Zürich aus, wenn man auf der Rudolf-Brun-Brücke steht (Brun, Diktator zur Manessezeit).

Es gibt einen Friedhof Manegg, eine Manesse-Apotheke, ein Blumenhaus Manesse, sogar eine Automobilwerkstätte mit diesem ritterlichen Namen.

Nimmt man einmal an, aus all jenen Ländern, denen die im Codex versammelten Sänger oder Liedermacher oder Schlagertexter entstammen, führen die Autos vor – dann wäre halb Europa vertreten, trügen diese doch, falls die Nationen im einzelnen noch bestehen, die Nationalitätskennzeichen A, B, CH, CS, D, DDR, FL, H, I, NL, PL, YU.

Die Schweiz ist das Herz Europas. Hat schon mein alter Primarlehrer gesagt. Ob er noch am Leben ist?

Zürich war damals, als der Codex so zwischen 1300 und 1340 entstand, eigentlich Ausland. Ich bin für die Schweiz nur sehr bedingt zuständig, da ich im Ausland lebe. Werde ich gefragt, wie es mit diesem oder jenem in der Schweiz bestellt sei, muß ich oft passen und sagen, ich wüßte nur, wie es vor Jahrzehnten in der Schweiz gewesen wäre. Sonst habe ich zu meiner alten Heimat ein etwas gebrochenes Verhältnis, stellte einst gar als nestbeschmutzender Jungautor ein veritables KZ auf den Weißenstein, den Hausberg meiner Geburtsstadt. Gerüchten zufolge war dies geplant gewesen für den Fall, daß die Deutschen gekommen wären. Im Sommer 1968, als ich mich zum allerersten Mal mit meinem Verleger traf im Café »Brésil« in Bern, hatte ich die Geschichte mit diesem KZ bei mir, die braune Vergangenheit der Schweiz war damals noch nicht salonfähig.

Jede Vergangenheit taugt nur als Vorwand für die Gegenwart. Die Erinnerung an das Jahr 1291 beging ich als Kind am 1. August mit einem Lampion und mit Schweizerkrachern. Und ich freute mich darauf ähnlich wie auf den Sirup bei einem Sonntagsspaziergang. Aber wieso eigentlich wurde die Gründung der Schweizerischen Eidgenossenschaft, der sagenhafte Rütlischwur eingeschlossen, niemals zusammengebracht mit der gleichzeitig entstandenen Manessischen Handschrift? Oder liegt das so fern? Oder ist es wie Feuer und Wasser? Aber ist die Manessewelt das Wasser und der Rütlischwur das Feuer – oder umgekehrt? Nostalgische Erotik steht da gegen rebellische Politik. Aber es könnte ja sein, daß das Feuer der Liebe mehr wärmt als das längst erloschene des Rütlischwurs.

Wenn es einem in der Schweiz nicht passe, hieß es zur Zeit des Kalten Krieges und nicht nur in dessen heißester Phase, könne man ja auswandern oder direkt nach Moskau gehen. Ich bin ausgewandert und mit guten Gründen im Ausland geblieben auch dann noch, als sich mir die Gelegenheit zur Heimkehr geboten hätte. (Die wurde mir übrigens auch angeraten.) Die junge Universität nämlich, deretwegen ich ursprünglich ausgewandert bin, hat mich nach zehn Jahren treuen Dienstes an den Studenten auf die Straße gestellt. Die Studenten sprachen und schrieben von »standrechtlicher Hinrichtung«. Aber genau das war es ja: die Studenten hatten zu diesem Zeitpunkt nicht mehr viel zu sagen, und 1968 bot Stoff für allerhand lustige Anekdoten bei vorgerückter Stunde.

Ich war nun über vierzig und frei – vogelfrei. Im Vorwort oder prooemium darf der mittelalterliche Autor sagen, was er denkt. Ich sage es mit »Manesse«, das Mittelalter gewähre mir das Alibi dafür. Ich stand also schon etliche Jahre in aller Ruhe auf der ausländischen Straße, da meldete eben jene Universität der örtlichen Polizei, es bestünde der Verdacht, ich hätte der Universität gegenüber Bombendrohungen gemacht. Natürlich schmeichelt es jedem Autor, zumal dem Spruchdichter im Mittelalter, wenn er als gefährlich eingestuft wird. Und es gibt ja schließlich auch die völlig unmittelalterlichen Methoden, jemanden fertigzumachen – ohne Folter, ohne Scharfrichter, ganz ritterlich. Aber erstens sind Bomben nicht mein Stil, und zweitens stellte sich der Verdacht beim geschickt geführten Verhör recht schnell als haltlos heraus. Zum Glück leben wir nicht im Mittelalter.

Als ich im Ausland noch nicht auf der Straße stand, konnte ich mir ausländische Sujets durchaus leisten. Seither aber bin ich heilfroh, daß mich der Kanton Solothurn sponsert, trotz KZ, und die »Pro Helvetia«.

Auch ein Autor im Mittelalter konnte sich seine Sujets nicht einfach so frei aussuchen.

Gut.

Laut Stadtplan mußte ich mich im Planfeld D 11 befinden und damit auf Boden, der sicher teuer war bei der Seesicht mit Blocks für das gehobene Bürgertum. Vielleicht waren es Eigentumswohnungen. Es ist schön zu leben, wo man in Ruhe ewig wohnen kann, weil dies im Grundbuch eingetragen ist, und sieht man den See nicht vom Balkon aus, so muß man sich nur einen Steinwurf weit entfernen – wenn auch hier kaum je Steine geworfen werden –, und er liegt einem zu Füßen, selbst in der Nacht wegen der Lichter am dies- und am jenseitigen Ufer. Eine Schule war auch hier, mit Glaswänden, vollgestellten Fahrradständern und leerem Pausenplatz. Schule wozu. Für Wilhelm Tell oder für Minne wie Manesse? Es gibt »Wilhelm Tell für die Schule« von Max Frisch, den Mythos souverän und lässig zerpflückend. Als ich Schüler war und von ihm das erste Buch las, hat mich verblüfft, daß er die Schweiz überhaupt für literaturwürdig hielt, diese doch so hoffnungslos langweilige Schweiz, in der die Zeit zäh in der Luft zu kleben schien, wenn wir Jünglinge nach Schulschluß rauchend auf den Gehsteigrändern standen und klagten, es sei nichts los. Es war auch nichts los. Der die Vorlage geliefert hat für Schillers »Wilhelm Tell«, der Schweizer Geschichtsschreiber Johannes von Müller, hat im Jahr 1777 geäußert: »Das meiste erwarte ich von jener Zeit, in welcher nur noch die Alpen von diesem Land unverändert stehen werden.«

Ich fragte einen alten Mann mit Hund, wo es hier zur Ruine Manegg gehe. Er wußte, daß es dort oben einen Brunnen gab, aber mit dem Auto gelangte man kaum dahin, und zu Fuß wären es »Stunden«. Ich zeigte ihm auf dem Stadtplan die gestrichelten Linien. Ja, sagte er, das seien nur Holzwege. Ich passierte die erste Tafel mit allgemeinem Fahrverbot und begegnete einer jungen Frau mit Hund, einem Pudel. Sie wußte überhaupt nichts von einer Ruine.

Ich hätte ja auch schon früher Gelegenheit gehabt, den Codex Manesse, auch genannt die »Große Heidelberger Liederhandschrift«, im Original zu sehen, damals anläßlich der Ausstellung, die von der Universitätsbibliothek Heidelberg veranstaltet wurde. Aber in mir sperrt sich einfach etwas gegen alles Museale, und ich ließ es sein. Jeden Tag sollen sie zwei andere Seiten aufgeschlagen haben. Doch bestellte ich mir den 688seitigen illustrierten Katalog zu jener Ausstellung.

Jedes Buch hat sein Schicksal. Den Codex Manesse verschlug es von Zürich auf verschlungenen Wegen nach Heidelberg, später nach Paris in die Bibliothèque royale und von dort dann wieder zurück nach Heidelberg. Zwischendurch, im Jahr 1746, gelangte er mit der Erlaubnis des französischen Königs und per Eilkurier von Paris nach Zürich in die Hände des Professors und Literaten Johann Jacob Bodmer (»Critische Abhandlung von dem Wunderbaren in der Poesie«). Auf ihn geht der Name der Manessischen Handschrift zurück. Allem Anschein nach entstand sie in Zürich im Kreis der Manesse. Vom Minnesänger Johannes Hadlaub nämlich enthält sie ein Gedicht, das besagt, die Manesse hätten viele schöne Lieder gesammelt: *des hânt si gar vil edels sanges, / die herren guot, ze semne brâht.* Ursprünglich muß der Codex in Holzdeckeln, an die

Schließen angebracht waren, eingebunden gewesen sein, das hatte sich, entnehme ich dem Katalog, gerade bei solch umfangreichen Pergamenthandschriften über Jahrhunderte hindurch bewährt, in Paris jedoch band man ihn nach orientalischem Vorbild zwischen Deckel aus Klebepappe, die mit rotem Ziegenleder überzogen waren – eine farbige Fotografie ist im Katalog enthalten.

Im Katalog sind auch die beiden Bilder farbig wiedergegeben, die Hadlaub zeigen – als Minnenden. Und es wäre ja ein großer Zufall gewesen, hätten sie in Heidelberg gerade diese Seiten aufgeschlagen gehabt.

Im Wald stand plötzlich eine weitere Verbotstafel, und ich traute meinen Augen nicht. Sie war weiß und hatte einen roten Rand wie das allgemeine Fahrverbot – in der weißen Mitte aber befand sich der schwarze Schattenriß eines Pferdes. Da also, wo ich den Spuren der Ritter von einst nachspürte, war der Durchgang für Pferde verboten. Ich gab nun den Gedanken auf, mit den 75 Pferdestärken meines Kadett die Burgruine der Manesse erreichen zu können, stellte ihn ab und ging zu Fuß. Als Stadt- und Automensch überfiel mich so erst recht das Gefühl, die ganze Zivilisation hinter mir zurückzulassen. Ich folgte dem gelben Wegweiser »Manegg«. Der Laubwald gab eine weite Durchsicht ringsherum frei. Unten leuchtete hinter einem dunkelgrünen Hügelzug hellblau der See. Die ganze Zeit über bin ich keinem Menschen begegnet.

Von unten auch begann ich dann das helle Rauschen der Autobahn zu hören. Es klang unwirklich – war es unwirklich? Später hatte ich dieses Rauschen entweder vergessen, oder es war nicht mehr zu vernehmen.

Mit dem Auto wäre übrigens tatsächlich kein Durchkommen gewesen. Bisweilen lagen ganze Baumstämme quer über dem Weg. Das trockene Herbstlaub raschelte bei jedem Schritt. Aber der Weg schien endlos in die Höhe zu steigen. Weitergehen oder zurückkehren? Ich hatte einen Auftrag.

Was ist Minne? Was heißt man so auf der Welt? *Waz mac daz sîn daz diu werlt heizet minne?*

Um mich nicht zu verlaufen beim Zickzack des Weges, mit all seinen Abzweigungen, suchte ich nach einem Stück Papier. Ich fand nur eine Benzinquittung. Auf ihr trug ich die Verzweigungen ein. So würde ich ohne Mühe zum Auto zurückfinden.

Wieso muß einem, wenn man einsam durch den Wald geht, immer gleich das ganze Leben in den Sinn kommen samt Kindheit und allen Schulausflügen? Der kleine Junge, der im Wald pfeift, weil er Angst hat, sich zu verlaufen. Krampfhaft versuchte ich an Minnesang zu denken. Aber nur ein Falke schwebte einsam und elegant und majestätisch über der Leere meines vergebens bemühten Gedächtnisses, ein märchenhafter Falke mit Gold im Gefieder. Den hatte sich jemand gezähmt länger als ein Jahr. Da war er hoch aufgestiegen und in andere Länder geflogen. Eine Strophe des von Kürenberg. Hoffentlich kommen die zusammen, die einander lieb sein wollen: *got sende si zesamene die gerne geliep wellen sîn!* Die unheimliche Sehnsucht, die sich da ausdrückte – doch, die hatte was. Und die Falkenjagd muß ein Spleen gewesen sein vor zig Jahren wie vielleicht Tennis oder Golf, ein Lieblingssport der adligen Gesellschaft bis hin zu Königen und Kaisern, von welch letzteren gar einer aus solchem Spleen ein Buch darüber verfaßt hat, Friedrich II., »De arte venandi cum avibus«, hübsch illustriert. Dabei stand, nüchtern betrachtet, die Beute in keinem Verhältnis zum Aufwand an Zeit und Geld. Jetzt wäre der Jahreszeit nach Saison gewesen dafür. Der Falke war schillerndes Minnesymbol par excellence und mehr: Adel, Kraft, Schönheit, Freiheit. Wo gibt es heute noch Falken? Im Zoo. Und mit Zoo war ich wieder in der Kindheit. Aber einmal sah ich einen Mann mit abgerichtetem Falken, kam mir in den Sinn, der trug einen großen Lederhandschuh – dies wahrscheinlich der Krallen wegen. Der Falke flog weg und kehrte immer wieder auf den Handschuh zurück. Es war so, wie heute die Polizei Hunde abrichtet, um Rauschgift zu suchen oder Verbrecher. Der Vergleich muß hinken.

Was ist Minne?

Gottfried Keller erzählt in seiner Novelle »Hadlaub«, daß gejagt wurde am angrenzenden Albisberg und im Sihltal und Herr Manesse auf den gleichen Tag die Jäger zum Mahle in die Burg Manegg lud, »wo er zur Verschönerung des Festes die Liedersammlung, soweit sie gediehen, vorzuweisen und damit dem Johannes einen Ehrentag als Belohnung seines Fleißes zu bereiten gedachte«. Mit Johannes war der Sänger Hadlaub gemeint.

Die Rüstung eines Ritters konnte mit Helm so an die 20 kg wiegen. In diesem Zusammenhang entnahm ich dem Ausstellungskatalog, daß Infanteristen im Zweiten Weltkrieg eine ungefähr gleich schwere Ausrüstung mit sich trugen und »bei trainierten Kämpfern trotzdem eine für den Kampf ausreichende Beweglichkeit gegeben war«. In Joachim Bumkes Darstellung der »Höfischen Kultur« las ich dann aber, wie die Ritter, als sie auf die anders ausgerüsteten und anders kämpfenden Eidgenossen trafen, militärisch sofort eine recht unglückliche Figur machten. Und auch die mittelalterliche Mode mit den Burgen: warum die Ritter den Lemmingen gleich plötzlich in die Wildnis der Berge und Wälder zogen und hier mit großem Aufwand und an unzugänglichen Stellen

Burgen bauten, ist zumindest Bumke zufolge rätselhaft – rätselhafter noch als der Zug der Lemminge, der immerhin als Beweggrund die Nahrungssuche hat.

Ich begab mich also in eine verrückte Welt.

Auch die Minne war verrückt. In hellen Augenblicken konnten das selbst die Minnesänger bemerken.

O weh Minne. So Dietmar von Eist: *owê minne, / der dîn âne möhte sîn, daz waeren sinne.* Ohne dich zu leben, das wäre vernünftig.

Und dieser Minnesang. Ich hatte ihn im Kopf als ein Versgeklingel um Frauen, um Mai und Sommer, um Zucht und Ehre, und alles unübersetzbar. Wird es trotzdem übersetzt, geht es nur kaputt. Und in der Germanistik dreht sich alles vorrangig um die Frage, die auf germanistisch lautet, »ob der Liebe die letzte Erfüllung versagt blieb« – oder nicht.

Ich verlor das Zeitgefühl. Das Herbstlaub raschelte unablässig unter meinen Füßen. Das Geräusch hörte sich zart und zerbrechlich an. Vielleicht bildete ich mir nur ein, zwischen dem Mittelalter und der Gegenwart wäre so riesig viel Zeit vergangen, und der »Herbst des Mittelalters« des Johan Huizinga sei so gegenwärtig wie das Herbstlaub hier. Und auch die Herren von Manegg müssen ihn gespürt haben bis in die Knochen. Huizinga, den sie siebzigjährig in ein KZ brachten, hat die Frage aufgeworfen: »Ist es nicht merkwürdig, daß in dieser Zeit in dem Wort Melancholie die Bedeutungen von Trübsinn, ernsthaftem Nachdenken und Phantasie zusammenfließen?« Und er hat, so sehr das späte Mittelalter durchtränkt und durchwuchert ist von Religion, auch Spuren von extremem Unglauben beobachtet – »daß Epikur daneben katholisch genannt werden müßte«.

So rückte mir das Mittelalter näher. Dem Verleger ja verdankte ich diesen Auftrag. Dazu gab es im Mittelalter keine Alternative. Der Auftraggeber bestimmte den Stoff, ob der »Tristan« oder »Parzival« hieß. Und so bin ich bei den Manesse gelandet und sollte bald vor dem Brunnen stehen, auf dem zu lesen war: »Dem Andenken / Ritters Rüdiger Manesse / auf Manegg / dem Freunde der Minnesaenger / dem Horte des Rechts / in Rath und That. / Er starb MCCCIV. / Sein Enkel siegte bei Daetwil.« Ich hatte einen trockenen Mund bekommen und trank vom Brunnenwasser. Es war frisch und direkt aromatisch. Dabei wurde mir bewußt, ein zweites Mal würde ich hier nicht hochsteigen. Aber wo lag die Burg? Nichts von einer Ruine zu sehen weit und breit. Ein Wegweiser wies zu einer »Teehütte«. Ich beschloß, da ich schon da war, auch bis zu dieser Teehütte zu steigen. Nahm noch einen Schluck vom Brunnenwasser, hoffte aber doch sehr, daß wenigstens bei der Teehütte eine Burgruine war.

Der Weg wurde steiler. Die Teehütte sah dann so richtig pfadfinderhaft aus. Graue Mauern in den Hang hingeduckt. Weinrote Fensterläden, die jedoch geschlossen waren. Überhaupt schien alles winterfest gemacht zu sein. Eine kleine Terrasse, jetzt ohne Tische und Stühle. Aber auch hier befand sich nirgends eine Burgruine. An der gegenüberliegenden Erhebung waren steile Felswände zu sehen.

Wahrscheinlich ist die Vergangenheit nichts anderes als ein Schwindel, Schwindel im doppelten Sinn: sie macht einen schwindlig und beschwindelt einen. Auch der Minnesang. Bumke: »Die Dichter haben eine Märchenwelt beschrieben, in der alle politischen, wirtschaftlichen und sozialen Probleme und Konflikte, mit denen die adlige Gesellschaft in der Realität konfrontiert war, künstlich ausgeklammert blieben.« Und ich las weiter: »Daß in diesem Idealbild die Liebe als höchster gesellschaftlicher Wert eingesetzt war, demonstriert die extreme Wirklichkeitsferne dieser poetischen Konstruktion.«

Aber das Fernsehen mit »Dallas« und Sport bedeutet wohl auch nicht die Welt. Sie: »Aber was ist mit deiner Frau und deinem kleinen Kind.« Er: »Ich weiß, daß es da Probleme gibt, aber wir werden sie gemeinsam lösen.« – Es ist eine Welt, in der sich mit Geld so ziemlich alles lösen läßt. Ist Kapitalismus gleich irreal wie Feudalismus?

Die Stadtwohnung der Manesse befand sich im nun schon längst abgerissenen Manesse-Turm. Der stand im Niederdorf. Dort spielt sich heute Zürichs Nachtleben ab. Ganz in der Nähe des Manesse-Turms, unten, hinter dem Haus zum Rüden, ist das Cabaret »Maxim«. Als ich einmal als Student dort hinging, trat eine Frau auf, die trug eine Peitsche, als wäre sie eine Reiterin. Eine Domina. Erst schienen Handschuhe, Unterwäsche und Stiefel schwarz zu sein. In Wirklichkeit waren sie dunkelblau. Die Handschuhe reichten bis über die Ellenbogen, die Stiefel bis über die Knie. Damals galt die Spielregel, daß eine Frau, die bereits in der Unterwäsche auftrat, sich nicht weiter auszog. Also rauchte die Domina nur eine Zigarette und schwang dazu die Peitsche. Dann ließ sie sich von einem Herrn an einem der vorderen Tischchen die Stiefelspitze küssen. Das als der Höhepunkt. Und der war so weit entfernt von der Manessewelt nicht, in der mancher Minnesänger aus ritterlicher Distanz vergeblich seine Herrin anbetet. Und diese Vergeblichkeit genießt. Reinmar der Alte klagt: Sie ist mir lieb, aber ich glaube, ich bin ihr total gleichgültig. Albrecht von Johansdorf klagt, die Herrin sage, auch in tausend Jahren würde sie ihn nicht erhören. Heinrich von Morungen klagt: Du ganz süße sanfte Töterin. *Vil süeziu senftiu toeterinne.* Ulrich von Winterstetten klagt, wie ihn seine Herrin mit Fesseln gebunden hat *(sît ich strûchte in dîniu bant).* Friedrich von Hausen klagt, er wolle weiter seiner Herrin dienen, obgleich sie ihn blau schlage und ihm dabei sehr weh tue, wenn auch ohne Ruten *(diu mich dâ bliuwet vil sêre âne ruoten).*

Ritter Rüdiger Manesse von Manegg starb 1304. Sein Sohn, der Küster Johannes, starb bereits 1297. Sie beide also, die wahrscheinlichen Anreger, waren Jahrzehnte, bevor das Unternehmen Manesse einem Abschluß entgegenging, tot. Aber die Welt der Manesse war schon zu ihren Lebzeiten eine vergangene Welt und Nostalgie. Nicht nur wegen des Auftauchens der jetzt schicken Wilhelm Tells. Reicht doch die Liedersammlung mehr als anderthalb Jahrhunderte tief in die Vergangenheit hinein, und manches an ihr ist epigonal. Der Glanz der rund 6000 Strophen liegt in der damals schon fernen Stauferzeit und im Bannkreis von deren höfischem Leben. Sehnsucht aber nach der Vergangenheit ist eben Nostalgie. Und die stand im Gegensatz zur Zukunftssucht der zeitgenössischen Wilhelm Tells mit deren Ewigem Bund in die Zukunft hinein. Ließ etwa die Unsicherheit der Zukunft die am Unternehmen Manesse Beteiligten in die Vergangenheit blicken? Bedingt. Wirtschaftlich ging es damals in Zürich aufwärts, aber auch kulturell. Die Aristokratie hatte gute Beziehungen zum Haus Habsburg. Dann jedoch kam es zu Veränderungen. Die Aristokratie zerstritt sich. Die Zünfte erstarkten. 1336 wurde ein Teil der Aristokratie aus der Stadt vertrieben. 1351 schloß sich Zürich dem Bund der Eidgenossen an. Wirtschaftlich und kulturell ging es nun abwärts. Es war das endgültige Ende der höfischen Zeit. So entnahm ich es Sigmund Widmers Kulturgeschichte von Zürich. Diese verglich ich mit Peter Dürrenmatts »Schweizer Geschichte« und konsultierte auch »Alltagsleben im Mittelalter« von Otto Borst: Man »sieht« im Mittelalter »mehr« und anders. – Und all meine germanistischen Bücher hatte ich damals noch nicht in schöne orangefarbene Plastiksäcke abgepackt und der städtischen Müllabfuhr anvertraut, so daß ich auch da das eine oder andere nachsehen konnte. Natürlich interessierte mich schon aus persönlichen Gründen, nebenher zu erfahren, daß just zur Manessezeit viele arbeitslose Pfaffen auf der Straße standen, gemahnte es mich doch daran, wie sie heutzutage hierzulande am laufenden Band junge Lehrer und Lehrerinnen ausbilden, die niemals vor einer Schulklasse stehen werden, sondern eben: auf der Straße. In solch einen arbeitslosen Pfaffen glaubte ich mich ganz gut einfühlen zu können, und wie der erleichtert wäre, wenn er, und sei es am Ende der Welt, doch noch einen Kirchsprengel ergattert.

Ich verließ die Teehütte.

Wieder das ständige Geraschel vom Herbstlaub.

Nein. Es gab offensichtlich keine Burgruine Manegg. Mag sein, sie war ein verwunschenes Märchenschloß, auf dem die Ritter und ihre Damen als Gespenster ein- und ausgingen.

Geschichte als ein ewiges Auf und Ab und letzten Endes als ein Schwindel?

Und wenn der Codex Manesse nicht erhalten geblieben wäre? Mehr als die Hälfte der Verse sind nur in ihm überliefert. Ohne ihn also müßte heutzutage der deutsche Minnesang halbwegs und unwiederbringlich im Dunkel der Geschichte liegen. Es gäbe nicht den goldgeschmückten Falken, der in andere Länder fliegt und seidene Riemen hat – überlieferte ihn nicht der Codex Manesse. Und Heinrich von Morungen würde, gäbe es nicht zufällig noch eine vereinzelte Abschrift aus eben diesem einmaligen Codex, nicht von der süßen sanften Töterin klagen: *Vil süeziu senftiu toeterinne, / war umbe welt ir toeten mir den lîp*. Und so weiter.

Als die Handschrift 1888 von Paris nach Heidelberg zurückgeführt wurde, kostete sie ungefähr, alles in allem, eine halbe Million Mark. Derzeit ist sie unverkäuflich. Vielleicht verdankt sie ihren Ruhm aber noch mehr den Bildern als den Liedern. Mittelalterlichen Goldgrund weisen sie keinen auf. Die Gesichter sind puppenhaft auf den wunderbar bunten Miniaturen. Bodmer berichtete 1748: »Die pråchtigen Mahlereyen, die vor jedem Poeten stehen, machen das Werk besonders kostbar und ansehnlich. Die Zeichnung ist zwar nach dem ůbeln Geschmack der damahligen Zeiten sehr schlecht, aber das Colorit ůberaus hoch und lebhaft. Zu desselben Erhaltung mag nicht wenig beygetragen haben, daß jedes Gemålde mit einem Vorhange von Taft, von verschiedenen Farben, verwahret war.« Manche dieser Miniaturen wirken frisch wie eben gemalt. Sind sie beschädigt, sind sie es vor allem am Bilderrahmen – den haben wohl zumeist die Gehilfen gemalt.

Schaden an der Handschrift entstand und entsteht durch den ständigen Tintenfraß.

Gottfried Keller erzählt in seiner Novelle »Der Narr auf Manegg« von dem späteren Schicksal der Handschrift und der Manesse und von deren vorgeblich letztem Sprößling, der verrückt geworden ist »über dem Laster, immer etwas anderes vorstellen und sein zu wollen«, der das Liederbuch entwendet, daraufhin in der leeren Burg Manegg beschließt, Minnesänger zu werden, und als man bei ihm das Buch holen will, gerät die Burg durch eine Fackel in Brand, der Narr stirbt, das Buch aber wird gerettet.

Wo liegt diese Burg?

Vielleicht hätte ich einen Kompaß mitnehmen sollen, um den im Planfeld D 11 eingetragenen und 623 Meter über dem Meer gelegenen Punkt zu finden.

Ich fand sogar die Benzinquittung nicht mehr, mußte ohne sie zum Auto zurückgelangen. War erleichtert, als ich es wiederfand.

Die Burg Manegg – wie nie gewesen.

Ezra Pound tritt, sensationell für die Moderne, als Minnesänger auf in starker poetischer Reduktion *(When the nightingale to his mate / Sings day-long and night late . . .)* und bezieht sich ausdrücklich nicht auf deutschen Minnesang, sondern auf dessen provenzalische Vorbilder. Diesen seltsamen Querkopf haben seine Landsleute dann am Ende des Krieges in Pisa in einen Käfig gesperrt wie ein Tier, der Regen fiel durch, eine Blechbüchse diente ihm als Toilette. Das ist es dann wohl mit Kultur und Zivilisation, alles liegt verzweifelt nah beisammen. Von wegen Mittelalter.

Und längst abgewaschen und verwittert ist der bunte und so ideale Firnis der herbstlichen Manessewelt auf den Steinen der Ruine Manegg, irgendwo.

Das Mittelalter als ein Schwindel? Und nicht süß und klebrig wie Sirup?

Nicht viel übrig bliebe von Zürich, wollte man nur belassen, was Mittelalter ist. Keine Bahnhofstraße, kein Paradeplatz mit Schweizerischer Kreditanstalt. Vielleicht im Niederdorf ein paar Steine.

MANESSE

SUPERBIA

Am Fuß vom Berg

Meine persönliche Sicht in diesem unserem oft genug finsteren Mittelalter ist naturgemäß eingeschränkt. Mit der Sommerzeit geht es zu Ende, ich merke es an den Vögeln. Sich hât verwandelt diu zît, / daz verstên ich bî der vogel singen.

Keine Nachtigall mehr zu hören.

Den ganzen Sommer über haben sie geklagt. Dieses elende Oberdorf. Wie habe ich mich getäuscht. Jetzt ist es unabänderlich.

Am Dienstag ist der letzte Wettersegen gewesen.

Die Bauern vermissen keine Nachtigallen.

Die Hühner gackern wie eh und je.

Die Bauern klagen.

Der Sommer des Jahres 1336 ist miserabel gewesen hier in Oberdorf, die Ernte eine Katastrophe. Vielleicht hätte ich doch Minnesänger werden sollen, und ich wäre von Hof zu Hof gezogen.

Nachtigallen schlagen.

Hühner gackern.

Schweine grunzen.

Kühe muhen.

Bauern klagen.

Die Kühe gäben viel zu wenig Milch, haben sie gesagt, was in ihrem so hoffnungslos unhöfischen Dialekt folgendermaßen lautet: k chie gääi ke müuuch.

Dominus vobiscum.

Auch mit meiner Gesundheit steht es nicht zum allerbesten. Ich kränkle. Das Herz. Mitunter die Angst, es könnte plötzlich aufhören zu schlagen: Wie aus heiterem Himmel. Das wäre der schlimmste Tod: der plötzliche. Ich stehe mit dieser Ansicht nicht allein in unserem Mittelalter. Wie sehr wünsche ich mir ein langsames, unendlich langsames Sterben. Noch so geduldig, fiele mir diese Gnade zu, würde ich es ertragen. Wenn ich auf meinen Herzschlag achte, wird er sofort schneller. Aber dann ist es auch wieder der Bauch. Mein ganzer Körper serbelt dahin. Ich spüre es. Die Schönheit des Körpers, hat ein kluger zeitgenössischer Kopf gesagt, bestehe aus der Haut – im Gegensatz zu all dem, was unter der Haut sich befindet. Blut, Schleim, Galle gar. Lauter Unrat. Da komme einem nur der Ekel. Mich aber ekelt schon meine Haut. Jetzt wieder die Stiche in der Brust. Hoffentlich dauert mein Sterben ganz, ganz lang, das Leben spaziert an meinen Augen vorbei, das ganze Dorf besucht mich am Sterbelager –

Dominus vobiscum.

Das Annebääbi, meine Haushälterin im kanonischen Alter, sagt, sie verstände mein Latein besser als wenn ich – ich tu das nur so für mich privat – Minnesang rezitiere. Minnesang ist ja auch nichts für das Volk. Das Annebääbi sagt weiter, bei diesem Kauderwelsch wäre ich immer so froh und bei Latein so traurig. Sie hat keine Ahnung von Lyrik und von wahrer Trauer erst recht nicht.

Annebääbi heißt Anna-Barbara, ein an sich aparter Name, sie wehrt sich jedoch vehement dagegen, daß ich sie Anna nenne oder Barbara oder Anna-Barbara. Auch ich, den es mich aus dem fernen Zürich in dieses Oberdorf verschlagen hat, traurig genug, habe mich in den Dialekt, wie ihn das Volk hier spricht, erst richtig einhören müssen. Jetzt verstehe ich ihn schon. Nur das Volk tut manchmal, als verstände es mich nicht.

Eignete mir Musikalität, wäre ich wahrscheinlich ein fahrender Sänger geworden oder: ein Vagant. So aber ist mir bei der allgemeinen Pfaffenarbeitslosigkeit nur dieses Oberdorf übriggeblieben. Okay. Ich sage okay und verwende diesen westlichen Ausdruck mit Bedacht, weil ja doch alles schlußendlich aus dem Westen zu uns gelangt. Genaugenommen ist es natürlich nicht der Wilde Westen, sondern das Welschland, das nur wenig westlich von Solothurn beginnt und weit hinuntergeht bis in die Provence. Meine süße kleine Isolde, die irgendwann einen Lover aus dem Welschland hatte, sagte mir vor kurzem ganz dreist, mein deutscher Minnesang (ich pflege ihr mitunter mittelhochdeutsche Lyrik zu rezitieren) wäre doch nur ein müdes und schwaches und spätes Echo auf die provenzalischen Troubadours.

Okay. Ich habe nach jeder Messe den Wettersegen erteilt und weiß nach Jahren immer noch nicht, ob das Volk meinem Latein hier traut.

Dominus vobiscum.

Ich mache mir keine illusiones.

Herr, bedecke den Himmel mit Wolken und gib der Erde deinen Regen.

Die Felder sind wie ausgedörrt gewesen.

Herr, wolltest du die Früchte der Erde geben und erhalten.

Herr, schütze uns vor Blitz, Hagel und Ungewitter.

Zu allem Unglück hat es auch noch gehagelt und mehrere Ungewitter gegeben.

Herr, segne dein Volk, das auf dich vertraut.

Dominus vobiscum.

Ich habe im Skriptorium der Manesse gearbeitet und bin dann ausgestiegen. Das ist natürlich eine längere Geschichte. Aber ich dachte damals, die Sache hätte keine

Zukunft. Vielleicht insgeheim seit der Schlacht am Morgarten, dieser unsäglichen Schlappe, die ja nun auch schon zwei decennia zurückliegt, surrt dieses Unbehagen wie eine nicht zu verscheuchende Fliege in mir drin herum. Manchmal ist sie still. Ich war zwar ein Knabe erst, aber ich habe den alten Ritter Rüdiger Manesse II. und seinen ebenfalls noblen Sohn Johannes, den custos, persönlich erlebt. Ihre Charaktere waren gegensätzlich. Heiter und liberal der Vater, konservativ und düster der Sohn – um es auf einen solch knappen Nenner zu bringen. Waren aber nicht sie beide auch überheblich mit ihrem Unternehmen? Keiner jedenfalls hat dessen Ende auch nur annähernd erlebt. Falls es je eines haben wird. Ich bin selbstverständlich mit Hadlaub bekannt gewesen, und dies nicht nur flüchtig. Seit meinem Wegzug nach Oberdorf hat der Kontakt aufgehört.

Dieses Oberdorf am Ende der Welt.

Erst war Oberdorf nur ein schöner Name. Eine wahrhafte illusio. Die jedoch, es war in der Wirtschaft »Grünes Glas«, den definitiven Abschied von der Jugend und von Zürich samt Niederdorf bedeuten sollte. Grün kann neue Liebe bedeuten, und Glas bedeutet unter anderem die spirituelle Transparenz wie das gefärbte Glas in den Kirchenfenstern. Ich wollte weg von den foliis, sei es auch nur für Augenblicke, für Nächte hinter bleischwer zugeschlagenen Augenlidern. Sicher hatte ich mir ursprünglich hinter den Buchstaben eine neue Wirklichkeit erhofft und daß die Buchstaben also durchsichtig wären. Aber die Buchstaben verstellten nur die Wirklichkeit. Ich hatte zudem im Skriptorium ein paar unkluge Worte verlauten lassen von der Art, daß bei all der Minne die Erotik zu kurz komme, und auf das Hohelied verwiesen und lauthals, den Arbeitsbetrieb lahmlegend, daraus zitiert: »Mir ist mein Geliebter ein Myrrhenbeutel, wird zwischen meinen Brüsten ruhen.« Et cetera. Worauf allerdings Schweigen einkehrte im Skriptorium der Manesse, doch nicht betroffenes, sondern peinliches. Darf man in unserem Mittelalter nicht einmal mehr aus der Bibel zitieren? Und ich ging ins »Grüne Glas«. Die kleinen Fenster dort waren realiter leicht grün, was sowohl den blauen Himmel azurblau wie den grauen erträglicher erscheinen ließ. Oder lag es doch nur wie in allen andern Wirtschaften am verklärenden effectus des Alkohols wie überall auf der christlichen Welt? Die Stammgäste hatten Ähnlichkeit mit denen vom »Kreuz« hier unten in der Stadt. Sogar Eidgenossen verkehrten dort leibhaftig und wurden von eidgenossenfreundlichen Stadtzürchern der entsprechenden Partei freigehalten. Letztere bemühten sich sehr, die vierwaldstätterischen Urlaute nachzumachen aus lauter Solidarität, so daß ich echtes Vierwaldstätterisch kaum von nachgemachtem scheiden konnte. Hatte ja meine eigenen Sorgen. Mehr Alkohol im »Grünen Glas« bedeutete für die Wirtschaftsgespräche mehr illusionäre Freiheit und mehr illusionäre Frauen. Habe ich die Gäste vom »Grünen Glas« beneidet ob ihrer selbstverständlichen Gemeinsamkeit willen? Jedenfalls, ich will mich kurz fassen, kam dann einer plötzlich an meinen Tisch mit diesem Oberdorf: er kenne einen, der sei als stellenloser Pfaff bis nach Oberdorf gegangen, dort aber dann sei er versauert – die Stelle wäre jetzt zu haben. Es lag am Namen. Er klang wie das pure Gegenteil von Niederdorf mit der Metzgerei, mit meinen leeren Buchstaben. Ohne Abschied weder im Skriptorium noch in der Metzgergasse ging ich stur und blind nach Oberdorf der Pfaffenstelle wegen, die ich nun innehabe am Fuß des Berges, ein für allemal.

Die Bergwand ist grün, auch im Winter. Grün wie das »Grüne Glas«. Aber total undurchsichtig.

Gestern war der Besuch aus Zürich eingetroffen. Ein alter Pfaffenkollege, Pfarrstelle in Kloten. Wieder: Das fragliche Ende des Unternehmens Manesse. Und: Es komme über kurz oder lang, aber eher über kurz, und zwar so oder so zu entscheidenden politischen Veränderungen in Zürich. Was sind manche alten Ritterfamilien hoffärtig gewesen und hochnäsig. Und jetzt steht ihnen das Wasser bis zum Hals. Und Gott allein wisse, wie alles ausgeht. Und dann die Handwerker.

Ich habe ihm vor dem Nachtessen, zu dem es Käse gegeben hat mit ziemlich viel kostbarem Pfeffer, ich wollte mich nicht lumpen lassen, die Kirche gezeigt.

Die Kirche von Oberdorf besteht aus einem Schiff und der Apsis. Einen Turm hat sie nicht. Sie ist sehr klein. Sie schaut, wie es sich gehört, gen Osten nach Jerusalem. Das Großmünster in Zürich ist nicht geostet. An dessen Nordportal hat sich jener delikate Vorfall abgespielt, da Hadlaub, verkleidet als Pilger mit Muscheln am Hut, seiner Dame mit einem Haken einen Brief ans Kleid heftete. Aber dazu später.

Der Berg ist eine hohe Wand, die Angst machen kann. Sie ist sommers wie winters grün von den finsteren Tannen. Die Wand heißt der Weißenstein, wahrscheinlich nach den hellen Flühen oben rechterhand. Die sind nicht viel anders als diejenigen bei der Burg Manegg in meiner Erinnerung. Eigentlich ist doch alles wie überall. WOW: diu welt ist ûzen schoene, wîz grüen unde rôt, / und innan swarzer varwe, vinster sam der tôt. Walther von der Vogelweide, tot.

Ich kenne niemanden, der schon auf dem Berg gewesen ist. Schon allein der Gedanke daran – schauderhaft.

Der Berg könnte eine illusio sein.

Wäre dessen Besteigen die wahrhaftige superbia? Und damit das exemplum für einen Verstoß in Sachen erste der sieben Hauptsünden?

Süperb ist Oberdorf nicht.

Die Stadt unten trägt den Namen Solothurn. Aber niemand hier gebraucht diesen Namen. Alle sprechen nur von der Stadt. I mues de ou wider i d stadt abe. Die Männer gehen zum Viehmarkt in die Stadt hinab, die Frauen zum Wochenmarkt, auf dem sie Gemüse, Obst und Eier verkaufen. Als ob es auf der ganzen Welt nur diese eine Stadt gäbe. So wie man auch den Berg nicht beim Namen nennt und nur vom bäärg spricht.

Ich muß an das gestrige Gespräch denken.

Daß wir möglicherweise realiter in so einer Art von Mittelalter leben. Daß aber das Neue so wenig zu sehen ist wie die Welt hinter dieser Wand von Berg. Von oben müßte alles süperb aussehen. Und dieses Mittelalter hätte unweigerlich einmal ein Ende. Auch wenn die Liedersammlung in Zürich vorerst keines zu haben scheint. Zwar läßt man Seiten noch und noch frei für Nachträge um einer angestrebten Vollständigkeit willen. Ihr Ende ist aber so oder so gewiß. Nach meinem Gefühl könnte es mit unserem Mittelalter sehr schnell zu Ende gehen, schneller, als manchem lieb sein mag. Was aber wird die Nachwelt denken dereinst von all den leer gebliebenen Seiten.

Sich hât verwandelt diu zît, / daz verstên ich bî der vogel singen. Die Verse werden einem Dietmar von Eist zugeschrieben. Ob ein solcher je existiert hat, bleibt wohl immer zweifelhaft. Im Skriptorium haben wir sogar beim Vesperbrot darüber eine Kontroverse geführt, ob ihm, falls es diesen Sänger gegeben hat, der Name Eist, Aist oder Ast zukommt. Gott weiß. Der Grundstockmaler hat sich kurzerhand für die Schreibung Ast entschieden und den Herrn Dietmar als verkleideten Händler gemalt, der mit diesem Trick seine Dame gewinnen will. Das Bild also erzählt eine ganze Geschichte von jemandem, den es vielleicht realiter nie gegeben hat. Aber was schon bedeutet realiter oder wirklich? Das Bild vom Grundstockmaler existiert nicht in der Phantasie, sondern ganz wirklich. Der als Händler verkleidete Sänger bietet der Dame, die nicht ahnt, daß sie seine Dame ist, lauter real existierende Kostbarkeiten an: einen blauen Gürtel, eine goldene Schnalle...

Zweierlei Arten von Reliquien habe ich von Zürich nach Oberdorf gerettet.

Das sind zum einen lose Blätter, Pergament. Sehen aber gar nicht besonders aus. Sehen aus wie Abfall. Was sie gewissermaßen auch sind. Wie sagt doch der Volksmund: Wo gehobelt wird, fallen Späne. Abfall. Abfall. Lieder aber sind drauf und sogar Bilder, die vielleicht sonst niemals dieses Mittelalter überleben. Stammen aus meiner Zeit im Skriptorium der Manesse. Quasi Jugenderinnerungen. Es sind zumeist Minnelieder. Allein für mich. Es ist nämlich auch eine hohe Frau darunter, der Verse in den Mund gelegt sind. Emanze der ersten Generation. Sie ist unnahbar, oder sie gibt sich so. Grausam sind diese Verse. Ich betrachte sie jedesmal, bevor ich mich zu den niederen Mädchen unten in der Stadt an der Aare begebe. Und meine kleine süße Isolde heißt tatsächlich Isolde und hat flachsblondes Haar wie Isolde. Die Aare ist schwarz wie die Nacht in der Nacht. Das letzte Mal hat sie mich begrüßt mit: Hallo Alterchen. Aber sie ist sehr lieb gewesen. Am Anfang hat mich ihr Name angezogen. Als gesunkenes Kulturgut gewissermaßen. Die Mädchen (meitschi) in Oberdorf sind mir einfach zu schlicht. Ich weiß es aus der Beichte. Und ich bin, obwohl ich auf der Kanzel nicht den Anschein erwecke, ziemlich schüchtern. Überlege ich es mir recht, liegt es eher am Schüchternen als am Schlichten, das ja auch seinen Reiz haben kann. Wenn Isolde aber sagte, und das paßt zu ihr: i ha di gäärn – so war dies zweideutig, konnte es doch ebensogut heißen ›ich liebe dich‹ wie ›ich mag dich‹. Ich ließ ihr die Zweideutigkeit und sagte: i ha di ou gäärn. Längst habe ich ja den hiesigen Dialekt angenommen.

Warum bist du so traurig? fragte sie.

Ich zögerte mit einer Antwort, sagte dann: Du bist Isolde, ich bin Tristan wie trist, das ist alles.

Sie strich mir über den Kopf, sagte: Spinner.

Wie leicht ist manchmal Leben. (Superbia.)

Tristan, erklärte ich ihr und lavierte mich auf gut Glück mit einer Idee des Poeten Heinrich von Veldeke durch, wäre seiner Isolde gezwungenermaßen treu geblieben, nämlich wegen der Droge – ich aber hätte keine Droge als tranc von minnen geschluckt und wäre es freiwillig. Also mag ich meine Isolde mehr als er die seine. Sie kicherte, und ihre Brüste schaukelten niedlich im Schein der einzigen Kerze über meinem Gesicht. Ich bin sehr empfänglich für Kerzenlichtatmosphäre, auch wenn Licht in der Nacht ein bißchen Luxus ist, oder gerade deswegen. Die Kerze hatte ich ihr einmal geschenkt. Sie hat es so ebenfalls lieber als im Dunklen. Das Mittelalter ist finster genug.

Isolde und ich spielen nicht nur Tristan und Isolde.

Manchmal ist sie mein Beichtkind.

Als clericus genieße ich unweigerlich den Ruch des in Liebesdingen Erfahrenen. Noch mehr: Bei manch höfischer Dame soll ein clericus als Lover höher im Kurs stehen denn ein Ritter ...

Oder ich spiele den Kaiser. (Superbia!)

Ich deklamiere: Mir sint diu rîche und diu lant undertân / swenn ich bî der minneclîchen bin; / unde swenne ab ich gescheide von dan, / sost mir al mîn gewalt und mîn rîchtuom dâ hin.

Und Isolde fragt, was das bedeute.

Wenn ich, erkläre ich ihr, bei ihr sei, wäre ich allmächtig wie Kaiser Heinrich – ginge ich aber von ihr, würde ich machtlos, ebenfalls wie Kaiser Heinrich.

Vielleicht auch steht Isolde der Sinn nach Höherem und sie will mehr sein als ein niederes Mädchen, das am Ufer der Aare entlangspaziert.

Am Schluß erteile ich ihr immer den Segen. Dabei schaut sie ernst.

Nachher lachen wir. Quasi erlöst: sie – und ich.

Diskret lege ich ihr das Geld hin. Isolde will es zwar cash, aber nicht auf die Hand. Es ist Opfergeld vom Sonntag. Die Solothurner Münzen haben ungefähr so wenig Silber wie diejenigen von Zürich, die Gaunerei der Obrigkeit hält sich also in diesem Punkt ungefähr die Waage, entsprechend niedrig ist die freie Konvertibilität zu veranschlagen mit härteren Währungen, aber wer blickt da schon durch. Man sollte sich an naturalia halten. Aber entspricht nun konkret Isoldes Liebesdiensten als naturalibus der Gegenwert von einem Huhn oder von einem Quantum Pfeffer oder gar einem gleich großen Quantum Zukker?

Selbstverständlich trägt meine Isolde gelbe Gewänder.

Gelb ist die Farbe sowohl der superbia wie der prostitutio. Allerdings auch, und dies wieder ausgerechnet in den Kreisen der noblen Schickeria, die Farbe für die sogenannte »erfüllte Liebe«, was immer diese Kreise sich darunter vorstellen mögen. Isoldes Gelb hätte also gar ein höfisches Alibi, und für eine Frau fährt sie mit ihrer professio sowieso nicht schlecht. Auch in Sachen fraulicher Selbstverwirklichung. Gut, sie könnte ins Kloster gehen. Das Kloster wäre die Alternative par excellence – sogar für adlige Frauen, wenn die ernsthaft auf Selbstverwirklichung sinnen und also dem, was sie Gefängnis nennen, ernsthaft entfliehen wollen und im Kloster die große Freiheit sehen. Nicht ganz zu Unrecht. Ich brauche da gar nicht erst mit dem Zisterzienserkloster Selnau zu kommen und dessen Nonnen, denen die männliche städtische jeunesse dorée nachweislich nachtsüber Besuche abgestattet hat und noch abstattet. Ich schweige von den herzhaft lesbischen Chosen, die sich in einem anderen Frauenkloster, ich unterschlage dessen Namen, zugetragen haben sollen und vielleicht noch zutragen. Ich will jetzt nicht geschmacklos werden. Schließlich geht es auch um das Spirituelle, das die Klöster an Freiraum emanzipationswilligen Frauen zu bieten haben. Ich bin fürwahr kein Frauenfeind, aber bei all meinem Faible für die subtilen Feinheiten des Minnesangs muß ich als normal empfindender mittelalterlicher Mensch doch den nackten Tatsachen ins Augen sehen. Frauen sind nun einmal nur dazu da, daß sie geschlagen, geprügelt und anständig durchgefickt werden. Auch Isolde muß dieser Tatsache ins Auge sehen. Der Andrang in den Klöstern ist groß. Hat Isolde es nicht bequemer, wenn sie am Ufer der schwarzen Aare entlangspaziert – als wenn sie betteln müßte? Oder will sie wirklich zu den Frauen gehören, die dauernd hungern und niemals etwas Warmes in den Bauch bekommen? Isolde muß weder hungern noch darben. Leider leben in den Gassen der Stadt beinah täglich mehr Frauen vom Betteln. Schamlos, ja demonstrativ. Man muß das übersehen. Armut gibt es genug. Ich predige es noch und noch: »Selig, die hungern und dürsten nach der Gerechtigkeit, denn sie werden gesättigt werden.« Matthäus 5,6. Und wieviel schlimmer als körperliches Hungern und Dursten ist geistiges Hungern und Dursten. Ich will den hohen Frauen nicht zu nahe treten, aber Frauen sind nun einmal nichts als unvollkommene oder mißglückte Männer. Nichts gegen die Frauen. Nichts gegen Ideale. Ich habe meiner Lebtag Armut genug gesehen. Abfall, Unrat, Müll. Aber man muß die Armut übersehen, wie man ja auch den ganzen Mist in den Gassen übersieht. Und Mist und excrementa humana gibt es allüberall. Auch in den Gassen der Reichen.

Wie automata tragen mich jedesmal meine Füße von Isolde (oder einer anderen gelben Frau) nach Oberdorf hinauf. Das Annebääbi schläft dann meist schon. Und die Füße lassen Versfüße wach werden. Das letzte Mal hieß der Minnesänger, wie der Zufall es wollte, Rudolf von Penis. In Wirklichkeit heißt er Fenis mit F wie Vogel. Ich erzähle das als Witz. Doch ich will ihn bei seinem wahren Namen nennen. Fenis also leidet unter seiner hohen Frau, sagt dann aber: diu nôt ist diu meiste wunne mir. Ist nur der Schmerz eine Lust? Wie würde ich das Isolde (oder einer andern gelben Frau) verständlich machen? Ist es Masochismus? Aber in gar manchen Klöstern, man traut seinen Augen und Ohren nicht, ist Masochismus große Mode. Sie heißen es Askese. Masochismus, gepaart übrigens mit Exhibitionismus. Also man zieht sich, und zwar mitunter sogar auf öffentlichen Plätzen, nackt aus und geißelt sich oder tut sonst, wozu man gerade Lust verspürt. Gibt es Lust letztlich nur im Schmerz und wahre Liebe nur im Tod? Wie bei Tristan und Isolde? Das waren Nachtgedanken, wüst verteilten sich die Wolken, Morgendämmerung, das im Sommer hellgrüne, im Winter weiße Dreieck der Wiese oben auf dem Berg verschwindet beim Weg nach Oberdorf hinter der Wand vom Berg, in mir wird eine leise Stimme laut: es ist zît. stant ûf, ritter! So hat vor langer Zeit der Wächter mahnend seinen Herrn gerufen, wenn der nachtsüber bei seiner Herrin weilte und die Nacht vorbei war. Als hätte der grauende Tag mit Klauen – ich verwende hier ein Bild des »Parzival«-Autors Wolfram von Eschenbach – durch die Wolken geschlagen und, aufsteigend mit großer Kraft, die Frau von gestern (oder eine andere Frau) verscheucht wie nie gewesen.

Zu diesem »Parzival« nur soviel: Er wird neuerdings überschätzt. König Artus ist mausetot. Ohne jede Chance einer Wiederkehr.

Kyrie eleison.

Christe eleison. (Im Chor der brüchigen Frauenstimmen diejenige vom Annebääbi klar erkennbar.)

Kyrie eleison.

Jede Frühmesse gleicht der anderen wie, vom Mist abgesehen, ein Oberdörfer Ei dem andern. So die heutige derjenigen von gestern. Vorgestern ist das mit Isolde gewesen, und gestern ist der Besuch aus Zürich gekommen. Manchmal fällt alles aufeinander. Nur ist das in Oberdorf selten. Eigentlich müßte ich immer über das schreiben, was gerade passiert. Aber kaum beginne ich zu schreiben, schreibe ich über Vergangenes. (Der Besuch aus Zürich schläft noch und läßt wüste Schlafgeräusche vernehmen. Das hat mich lange vor der Frühmesse geweckt. Jetzt, nach der Frühmesse, sind sie noch immer zu hören.)

Ich schreibe auf Wachs. Mein Griffel ist weder aus Holz noch Metall noch gar etwa Elfenbein. Er ist aus einem Stück Knochen. Memento mori. Aber spitz wie der Teufel. Wachs ist nicht von Dauer, aber Pergament kann ich mir nur für die Reinschrift leisten. Da kommt mir in den Sinn, daß ich eben gestern dem Besuch ein loses Blatt Pergament übergeben habe mit einem Lied unseres Modedichters Hadlaub, planen sie doch in Bern, wohin mein

Besuch sich zu begeben vorhat, für die nächsten Jahre eine Sammelhandschrift (editorisches Grundprinzip: die auctores bleiben anonym, auf daß ja nicht superbia aufkommt bei den noch lebenden). Mein Hadlaub ist aber ein Unikat. Ich will dafür aus Bern Griffel von Elfenbein. Dann meinetwegen mögen sie in Bern meinen Hadlaub der Nachwelt überliefern.

Leider besitze ich an Minnesang, was ich von Zürich nach Oberdorf habe mitlaufen lassen, lediglich Einzelblätter, die zudem meist Abschriften von Abschriften sind. Schwer genug war es, selbe an der Aufsicht, diesem griesgrämigen grauhaarigen Faktotum, das nie lachte, vorbei aus dem Skriptorium zu schaffen. Meine Tricks waren nicht ohne, aber nur einmal ist es mir gelungen, Traum jedes Handschriftenfans, -enthusiasten oder -fetischisten, einen ganzen Codex verschwinden zu lassen. Er ist hier in Oberdorf.

Epikur.

Ich begann mich für ihn zu interessieren, nachdem er im Skriptorium, damals noch am Standort Haus der Manesse, zum absoluten Non-plus-ultra-Tabu erklärt worden war. Deswegen aber fiel es gerade leicht, an ihn heranzukommen. Er stand nicht im Regal mit den begehrten Codices. Und, konnte ich mir sagen: Epikur würde nicht vermißt.

Epikur.

Wachstafeln nämlich mögen geeignet sein für Lyrik und für Entwürfe. Nicht für die Reinschrift. Wachs ist flüchtig, und es ist impulsiv. Im Kreis des Adels sind die noblen Damen sehr oft, man sieht es auch auf den Bildern, des Wachsgriffels und der Wachstafel mächtig – selbst wenn ihre Herren dies nicht sind. Aber wenn schon Frauen des Schreibens auf Wachs so kundig sind – kann ich mich als

Mann damit begnügen? Dauerhafter Tinte bedarf ich statt flüchtigen Wachses.

Epikur.

Jene zweite Art meiner von Zürich nach Oberdorf gebrachten Reliquien stellt der kostbare Epikur-Codex dar. Er aber weist als Eigenschaft auf, daß die Hälfte der Lagen leer geblieben ist. Schon beim ersten Blättern habe ich es gemerkt und war erst enttäuscht. Dann wurde es mir zum willkommenen Geschenk, denn welcher Ort für dauerhafte Tinte wäre schöner als einer in epikureischer Nachbarschaft? Epikur ist unmöglich. Es gibt keine göttliche Allmacht bei Epikur! Es gibt keine Unsterblichkeit der Seele bei Epikur!

Wenn das Leben so einfach wäre wie die Philosophie Epikurs.

Minne, Freude, Lust – aber ohne diesen ewigen mittelalterlichen Masochismus.

»Deshalb macht die rechte Erkenntnis, daß der Tod für uns ein Nichts ist, die Sterblichkeit des Lebens zu einer Freude.«

Oder: »Ich weiß nicht, was ich noch als Gutes ansehen soll, wenn ich die Freuden des Geschmacks, die Freuden der Liebe, die Freuden des Gehörs, schließlich die Erregungen beim Anblick einer schönen Gestalt abziehe.«

Es ist aber ein erhabenes Gefühl (superbia), auf Pergament zu schreiben, welches einst für Epikur vorbestimmt gewesen ist.

Schön sind die zart sich öffnenden Schließen. Schön ist das Spüren des glatten und kühlen Pergaments. Schön ist dann das Blättern, für Augenblicke steht ein jedes Blatt in die Höhe, senkt sich dann hinüber zu den andern.

Aufgeregtes Hühnergegacker hinein in die nun vollkommen regelmäßigen Schlafgeräusche des Besuchs.

Fällt Epikur aus diesem Mittelalter heraus? Weist er nicht nur auf eine vergangene Welt, sondern in eine künftige?

Wahrscheinlich haben mich überhaupt erst diese leeren Lagen dazu bewegt zu schreiben, zu versuchen, über das zu schreiben, was Gegenwart ist. Ich setze mich dabei ganz bewußt den Kräften aus, die von meinen Reliquien ausgehen. Vielleicht geschieht es aus Leichtsinn (auch ein Wort für: superbia). Ich will das Risiko eingehen. Reliquien sind sinnlich und somit diesseitig – diese Einsicht könnte bereits eine Auswirkung epikureischer Kraft darstellen.

Alles ist in Reinschrift, von den Hühnern bis zum Masochismus. Schöner Epikur, schön kühles Pergament.

Aber jetzt schreibe ich wieder auf Wachs: hektisch, fiebrig, impulsiv.

Ich hatte alles vergessen.

Erst im nachhinein hat der Besuch aus Zürich mir Unruhen eingebracht. Unruhen wie kommendes und gehendes Bauchweh. Bauchweh wie Gegenwart. Gegenwart wie, letztendlich, Manesse. Und wäre es Nostalgie. Der Besuch ist nun auch wieder länger her. Nun läßt er mich nicht los. Ich weiß nicht wieso.

Der Berg ist zu. Ich sehe kurz hinaus und zurück auf das Wachs.

Oberdorf liegt so jenseits allen Fiebers.

Seine Schlafgeräusche sind mir noch gegenwärtig wie der Schattenriß der Kirschbäume, der Apfelbäume, der Birnbäume.

Mit Gewalt versuche ich mich zu erinnern.

Wir führten zuerst ein politisches Gespräch.

Wir tranken Meßwein. Es war Solothurner Spitalwein. Gar manch einheimisches Gewächs ist sauer. Aber Solothurner Spitalwein hat es da ganz besonders in sich und zieht einem beim ersten Schluck den Mund zusammen, daß es einen nur so schaudert. Ich hätte ihn für den von Kloten natürlich süßen können und würzen. Aber richtig merkt man das Saure ja doch nur beim ersten Schluck, und man gewöhnt sich dran. Wein ist wie Brot. Wo nicht überall Wein angebaut wird in unserem Mittelalter, an den unmöglichsten Stellen – also wenn dies nicht sehr dafür spricht, daß in unserem Mittelalter der Wein eine noch größere Lebensnotwendigkeit darstellt als das tägliche Brot. Es muß ja nicht Wein von Zypern sein. Bier kam, da unhöfisch, gerade bei dem von Kloten auch wieder nicht in Frage. Wollte ihn nicht noch direkt draufstoßen, daß ich der gewöhnlichen Handwerkerschaft entstamme, gerade wo die jetzt sich so unruhig gebärdet in Zürich, und das ist bekanntlich nicht jedermanns Geschmack, zumindest ganz gentlemanlike ist es nicht.

Der Besuch hat zwar bestimmt nicht vergessen, daß mein Vater Metzger gewesen ist. Ich will nur den Eindruck vermeiden, als hätte bei mir die intellektuelle Karriere, welche mich aus dem Niederdorf bis nach Oberdorf gebracht hat, das vehiculum für den sozialen Aufstieg bedeutet. Nun ist zwar alles ständisch gegliedert, sogar die Manessische Handschrift beginnt mit dem Kaiser, läßt ihm die Könige folgen und endet mit den Spielleuten – sie enthält schließlich nicht nur Erotisches, sondern auch mancherlei politische Lieder. Aber ich wußte ja auch umgekehrt um die soziale Herkunft des Besuchs und vermied es, darauf anzuspielen. Es war sein wunder Punkt.

Mein Vater ist soweit ein angesehener Mann gewesen. Gemetzget hat er im Hinterhof. Vorn zur Gasse war der Ladentisch. Schreiend bot meine Mutter das Fleisch feil. Während der Sommerzeit saßen schwarz die Fliegen drauf. Nur selten trat mein Vater zum Ladentisch. Den ganzen Tag über hatte er blutige Hände und einen blutigen Schurz. Früh muß er gemerkt haben, daß ich nicht zum Metzgen taugte. Mir ist übel geworden dabei. Nicht wegen den Schreien der Tiere. Aber wegen des Bluts. Der Vater schlug mich. Die Mutter tröstete mich, wenn der

Vater es nicht sah. Ich weinte. O du Lamm Gottes, das du hinwegnimmst die Sünden der Welt, erbarme dich unser. Es war auch nicht das Mitleid mit der Kreatur. Der Grund war ästhetischer Art. Die Metzger haben sich schon damals regelmäßig getroffen, zusammen mit denen, die Vieh auf dem Land kaufen und zum Schlachten treiben. Der Laden meines Vaters, den jetzt mein ältester Bruder führt, ist aber richtig im Niederdorf drüben gewesen, an der Metzgergasse. Den ganzen lieben langen Winter hat es dann, falls es Fleisch gab, nur Pökelfleisch gegeben. Pökelfleisch ist kein Fleisch. In Oberdorf allerdings will es nicht aufhören mit dem ewigen Hirsemus. Das Annebääbi sagt, sie könne nichts dafür. Wir leben im Mittelalter.

Allzu direkt fragte ich den Besuch: Wie steht es mit euren Unruhen in Zürich?

Der Besuch schwieg.

Da stand das Annebääbi auf und fragte, ob sie jetzt die hochwürdigen Herren allein lassen soll.

Ich hob meine Hand.

Den Rock raffend, sich linkisch verbeugend, verließ sie uns.

Das Annebääbi geht mit den Hühnern ins Bett und steht noch vor den Hühnern auf.

Das Schweigen hing an den Wänden und rann an ihnen hinunter in unsichtbaren Tropfen. Jeder tat, als sähe er sie nicht.

Small talk.

Der Wein. Das Wetter. Der Straßenzustand.

Bodennebel im Raum Oensingen.

Im zeitlichen Abstand sehe ich das Gespräch anders. Erlebte ich es wie verschwommen, so zeichnete es sich mir im nachhinein gestochen scharf.

Vom Bodennebel kamen wir auf die Kapellbrücke in

Luzern, gerade 1333 fertiggestellt. Er hat sie mit eigenen Augen gesehen. Sie ist überdacht. Er hat die Bilder unter dem Dach angesehen. Originell, die Sache mit den Bildern. Möglich, daß sie später übermalt werden. Erinnern so aber, sagt er, verblüffend an den Maler des zweiten Nachtrags in der Manessischen Handschrift, der so typisch von einer neuen Unruhe erfüllt ist. Konsequente Flächenabstraktion zugunsten einer stärkeren Plastizität. Ich verstand und erinnerte mich dabei sogar an ein Bild von diesem Maler des zweiten Nachtrags: das Meister Heinrich Frauenlob (was für ein fürchterlicher Name) gewidmete – souverän gemalt, alle Achtung, wenn auch gerade hier besonders stark der Herbst des Mittelalters durchschlägt, für mein Gefühl. Aber zurück zur Brücke. Alles hätte noch neu gerochen, das Holz, brandneu. Und wenn sie nicht schon heute das Wahrzeichen Luzerns sei, so würde sie das, er prophezeie es, gewiß später werden. Luzern, wandte ich ein, wäre nun ja auch eidgenössisch geworden.

Ist es, sagte er tonlos.

Fast schwärmerisch aber fuhr er fort, der Vierwaldstätter See sei regelrecht »charming«. Wenn er es theologisch ausdrücken dürfe – er durfte –, gemahne die Landschaft an Genesis 1,9, derart schroff scheide sich hier Land von Wasser. Eine traumhafte Urlandschaft sei das.

Vor dem Beitritt Luzerns zur Eidgenossenschaft gab es strenggenommen gar keinen *Vier*waldstätter See, überlegte ich mir.

Er kam dann auch auf das Herz der Eidgenossenschaft zu sprechen: das Rütli. Aber Rüten oder Reuten oder Roden bedeute ja immer einen Abfall vom Ursprung. Der Vierwaldstätter See mache einem das bewußt. Wohl eben deshalb habe ihn das Rütli eher weniger beeindruckt. Beeindruckend sei doch gerade das Schroffe, das Dunkle, wo der Wald ungerodet in den See falle – das wäre Vier*wald*stätter See.

Er hielt inne, schien zu träumen. Fragte dann aber unvermittelt, ob ich wissen wolle, wie es sich in Wahrheit zugetragen habe, als die Eidgenossenschaft auf dem Rütli begründet wurde. Ich wollte. Mir entging nicht das nervöse Flackern in seinen Augen.

Er berief sich dabei auf einen zeitgenössischen – und eidgenössischen Zeugen.

Heimlich seien sie gekommen auf einem schneeweißen Schiff über den Vierwaldstätter See hinüber zu jenem sagenhaften Rütli, selbstverständlich in Uniform. Notizen von der Rede des Generals hätten nicht gemacht werden dürfen. Verbürgt seien folgende Worte des Generals: »Ich habe Wert darauf gelegt, Euch an diesem historischen Ort, auf dem für unsere Unabhängigkeit symbolischen Boden zu versammeln, um Euch über die Lage zu orientieren und mit Euch als Soldat zu Soldaten zu reden. Wir befinden uns an einem Wendepunkt unserer Geschichte. Es geht um die Existenz der Schweiz.«

In einem großen Halbkreis hätten die Uniformierten gestanden.

Die Armee habe nun eine Aufstellung zu beziehen, »die ihr gestattet, sich auf allen Fronten wirksam zu verteidigen«: die Aufstellung, nämlich des Reduit, in eben dem Herzen der Eidgenossenschaft.

Superbia?

Sich vorzustellen, das schneeweiße Schiff fährt zurück mit den Uniformierten vom Rütli nach Luzern, und in den Hunderten von Gehirnen dieser Uniformierten ist eingebrannt wie Schnee auf den Bergen, falls Schnee eingebrannt sein kann: Reduit, Alpenfestung, Schweiz. Sich vorzustellen, daß auch Alkohol konsumiert würde an Bord des schneeweißen Schiffes und dieser Alkohol alles unwirklich machte, weil zukünftig.

Keine Unruhen an Bord des schneeweißen Schiffes.

Das Herz der Eidgenossenschaft scheint also, folgerte mein Besuch aus Zürich, im ewigen Schnee der Alpen zu schlagen. Es schlage für die Zukunft, dessen seien die Eidgenossen sich gewiß.

Es entstand eine Pause.

Dann, entgegnete ich, doch lieber die Wärme der Vergangenheit mit Manessischer Minne. Ich dächte da gerade an die Strophe des von Morungen, wo der Körper weißer leuchtet als Schnee und der Mann wähnt, es wäre der Mond: Owê, – / Sol aber mir iemer mê / geliuhten dur die naht / noch wîzer danne ein snê / ir lîp vil wol geslaht? / Der trouc diu ougen mîn./ ich wânde, ez solde sîn / des liehten mânen schîn.

Nicht übel, sagte der Besuch aus Kloten.

Ich zeigte ihm auch das Bild mit dem von Morungen, das ich besitze. Er allein auf dem riesigen Bett mit nur einem Kopfkissen, anscheinend glücklich (superbia?). Sie daneben stehend, ein Hündchen im Arm. Die seltsame Ruhe über dem ganzen Bild –

Minne ist doch schöner als Politik, sagte ich und fügte hinzu: Womöglich hat diese Eidgenossenschaft Zukunft.

Womöglich, sagte er.

Wir schwiegen.

Ich bin meiner Lebtag nie auf eidgenössisches Gebiet gelangt. Ob der Unterschied sichtbar wäre?

Es stimmt, mit der Zeit merkt man es nicht mehr, wie sauer der Solothurner Spitalwein ist.

Wir tranken.

Oberdorf kann sehr still sein.

Nimmt man das Politische in der Literatur, sobald es sich auf Vergangenes bezieht, so wenig als Politisches wahr wie nach einiger Zeit das Saure des Solothurner Spitalweins? Ist Literatur überhaupt eine Täuschung?

Die Eidgenossen sollen noch viel schweigsamer sein als wir.

Nein, ich mochte ihn nicht, meinen Besuch aus Kloten. Schluck um Schluck sah ich ihn trinken, wie auch ich Schluck um Schluck trank, und Schluck um Schluck zerrann die Zeit.

Zerrann die Wirklichkeit? Des von Morungen Lied von der Frau, dem Schnee und dem Mond – das war wohl Wirklichkeit und nicht Täuschung.

Mein Besuch aus Kloten sollte sich schämen, die Wirklichkeit Gott zu nennen. Gerade als Theologe müßte er da vorsichtiger sein. Wirklichkeit ist etwas Delikates. Zu leicht kann sie zerrinnen. Alles ist eine Zeitfrage, auch die Zukunft, auch die Zukunft dieser Eidgenossenschaft, falls sie Zukunft hat als Schnee von morgen.

Heinrich von Morungens Schnee aber ist kein Schnee von gestern.

Wir wandten uns dann theologischen Spezialproblemen zu. Das Übliche. Die heiß diskutierten Spitzfindigkeiten die Jungfrau Maria betreffend: Hat sie realiter empfangen oder spiritualiter?

Prost.

Gläserklirren. Käse hatten wir noch genug, kostbaren Pfeffer auch. Annebääbis entschwundene Gegenwart erfüllte noch den Raum. Ich brachte den Satz von Epikur zur Diskussion, es gäbe unendlich viele Atome. Und stellte diesem seinen andern gegenüber, die Atome veränderten sich nicht. Und ob da nicht ein Widerspruch vorliege, denn wenn die Zahl der Atome unendlich sei, könne jeder-

Heinrich von Morungen

zeit ein neues hinzutreten, und dies bedeute doch eine Veränderung. Aber bei Epikur war meinem Besuch ähnlich unbehaglich wie bei den Zürcher Unruhen. Hilfreich, sagte er, der Solothurner Spitalwein schien ihm zu Kopf gestiegen zu sein, und heilsam sei ja immer wieder die Orientierung durch unsere christliche Religion. Ich nickte. Und die Geborgenheit letztlich in Gott, fügte er hinzu. Selbstverständlich, pflichtete ich bei. Eigentlich interessiert mich all dieses Zeug mit Gott et cetera überhaupt nicht. Ich habe meinen Job und führe meine Oberdörfer Gemeinde unermüdlich Gott näher, doch am Feierabend möchte ich abschalten von Gott et cetera. Noch ein Schluck? fragte ich. Und im Jenseits schlußendlich, sagte er. Ich schenkte ihm nach. Verursachte bei ihm alles, was über unseren mittelalterlichen Horizont hinausging, Schwindel? Ich hege jetzt den Verdacht, daß er zu den Geistlichen gehört, die sich aus lauter Unsicherheit anbiedern, wogegen ich eher die Neigung verspüre, mit meiner Gemeinde ins Gericht zu gehen, von der Kanzel aus und im Beichtstuhl. So gegensätzlich können Charaktere sein. Aber Rüdiger Manesse und sein Sohn Johannes sind auch ein – naheliegendes – Beispiel dafür, und dies innerhalb der gleichen Familie. Wenig später sah ich klar, wieso es meinem Besuch aus Kloten widerstrebte, sich über die Zürcher Unruhen genauer auszulassen. Sein altes Klotener Rittergeschlecht. Sein feudaler Dünkel. Aber zuerst dachte ich, es könnte vielleicht am Alter liegen. Wir beide sind nicht mehr die Jüngsten. Viele sind alt geworden über dem Unternehmen Manesse. Ich kann ein Lied davon singen. Nur noch mühsam schreibe ich, weil meine Finger im Verlauf der Zeit ungelenk geworden sind und die Buchstaben stets den Gedanken hoffnungslos hinterherhinken. Auch deshalb die Wachstafel. Das weiche Wachs kommt meinen klammen Fingern mehr entgegen als die endgültige Tinte auf dem ewigen Pergament.

Er ist sichtlich auch älter geworden. Sein Mund hängt neuerdings schief. Aber es stellt sich überhaupt die Frage, ob wir in unserem Alter noch mithalten können mit der Zeit. Ich diagnostizierte also bei ihm still für mich: senilitas. Er hielt mir ja seinerseits »Autismus« vor.

Aber bei den ganzen Zürcher Unruhen: als das einzig Wesentliche in der Sicht der Nachwelt wird wohl erscheinen, wie im Skriptorium der Manesse die Zeit stillsteht. Dort drin existieren die Unruhen gar nicht. Die Zeit dort steht hartnäckig still und läßt alle Unruhen vergessen.

Trotzdem, aus einer Art zeitgenössischer Neugier heraus, stellte ich erneut die Frage: Wie steht es mit euren Unruhen in Zürich?

Das ist die Crux, in Oberdorf vernimmt man all dies normalerweise nur indirekt und sehr verspätet – wenn überhaupt. Um aber bei Epikur zu bleiben: »Wahr ist ja nur alles, was wirklich erschaut oder aufgrund von Beobachtungen mit dem Denken erfaßt wird.« So hatte ich indirekt vernommen, daß zum einen die Unruhen in Zürich von den Handwerkern ausgingen und daß zum andern mindestens außenpolitisch die Sympathien dieser Handwerker, erklärlich wohl aus ihrem Hang zum kleinlichen Denken, ihrem mangelnden Sinn für politisch wahrhaft großzügige Lösungen, den Eidgenossen galten, wobei sie sich freilich illusiones darüber machten, wie »frei« und »solidarisch« die Eidgenossen tatsächlich waren – und daß aus dem Aufruhr der Handwerker zusammen mit dem Pro- und Contra-Eidgenossenschaft jene spezifischen Zürcher Unruhen entstanden sind, die sich bis nach Oberdorf herumgesprochen haben. Gerade in diesem Jahr begehrten die Handwerker wieder auf und verlangten ultimativ die Erfüllung ihrer

Postulate nach Freiheit und Solidarität. Es gab eine regelrechte Eidgenossenpartei in Zürich, die nicht nur, das wird bezeugt, im Untergrund agierte. Mein Vater, Metzger und als solcher Handwerker, war trotzdem Zeit seines Lebens kein Unruhestifter – aber seine geheimen Sympathien lagen doch, nebensächliche Bemerkungen brachten es an den Tag, bei den Eidgenossen.

Der von Kloten wußte auch genüßlich davon zu berichten, es hätte bei diesen Zürcher Unruhen (bald wohl wird sich niemand mehr ihrer erinnern) sogar Personen gegeben, Namen nannte er keine, die versucht hätten, die Wogen eben derselben Unruhen auf die Wasser ihrer kapitalistischen Mühle zu leiten – ohne Erfolg freilich, denn das unruhige Volk mit seinen wilden sozialistischen Ideen hegte dem Kapitalismus und seinen Verfechtern gegenüber ein tiefes Mißtrauen.

Der von Kloten wiederum machte kein Hehl daraus, daß er sowohl sozialistischem wie kapitalistischem Ideengut mißtraute. Bei seinem feudalistischen Tick mußte ich aufpassen, daß ich nicht an seinen wunden Punkt stieß. Daß er nämlich einfacher Pfaffe war, wo er doch in Wirklichkeit dieser alten Ritterfamilie entstammte. Der Adel ist seine tragoedia. Superbia. Hoffärtig fiel er aus allen Wolken und landete ausgerechnet in Kloten auf seiner eigentlich nicht standesgemäßen Pfaffenpfründe mit der Kirche, die gar einen Turm haben soll – vielleicht existiert dieser Turm nur in seiner Phantasie. Und da stellte sich nun alles gegen ihn, lauteten doch für ihn ganz privat die Gegensätze nicht nur Adel gegen Pöbel und Habsburg gegen Eidgenossenschaft, sondern zu diesen gesellte sich derjenige zwischen der immer mehr versinkenden höfischen Welt des Ritteradels und dem neueren des Geldes (Kaufleuteschaft, Stichwort Kapital).

Ist er insgeheim ein linientreuer Habsburger?

Ich traute es ihm zu.

Wie haben zuvor die adligen Geschlechter hochnäsig heruntergesehen auf die Handwerker, die einfachen, die kleinen. – Meine Schadenfreude war die Schadenfreude eines Metzgerssohnes. Wie hat er uns spüren lassen, daß er etwas Besseres war, damals im Skriptorium der Manesse.

Später dann hat er sich erbrochen, sei's vom Käse, sei's vom Solothurner Spitalwein.

Während seiner Würgegeräusche draußen im Hof stieg mir die Erinnerung hoch an ein Turnier, das eine schon ziemlich heruntergekommene Ritterfamilie veranstaltete. Es war ein Stechen mit langen Lanzen auf zwei alten Schindmähren. Die Reiter hatten sich Mut angetrunken – mit unhöfischem Bier. Einer ist dann plump vom Roß gefallen.

Der Besuch aus Kloten kehrte zurück, nüchtern, mit bleichem Gesicht. In aller Nüchternheit konnten wir weiterreden.

Allerdings, sagte er, das Klima in Zürich sei rauh geworden, und, das könne er voraussagen, es würde noch rauher werden. Die Autoritäten von Kaiser und Papst, die einmal alles überschattet hätten, zerschmölzen, um in der Metapher zu bleiben, wie Schnee an der Sonne. Bis ins verschlafene Kloten wäre das zu merken. Diebstahl, sogar Ehebruch. Aber letzten Endes kenne er allzugut den Grund für die allgemeine Verrohung der Sitten. Der liege nämlich darin, daß der Adel nicht mehr das ihm gebührende Ansehen genieße. Die Mülner, Manesse, Brun, Biber, von Hottingen, Blum, Bonezze, von Kloten (er sprach diesen Namen nicht anders aus als die andern), von Lungkhofen, Wyss, Albus – und wie sie alle heißen. Jetzt gar diese Rowdygeschichten. Wären nur die Ritter noch mächtig. Das sei der Punkt.

Wieder: der wunde Punkt.

Sein Gesicht gewann an Farbe.

Schlägereien gibt es auch in Oberdorf.

Ich ließ mir Zürcher Beispiele geben. Und jetzt war er, beinahe stolz, bereit mir darzutun, weswegen die Zürcher Unruhen ganz besondere Unruhen sind und keine Feld-Wald-und-Wiesen-Unruhen. Er erwähnte gar auch jenes schon ein Jahr zurückliegende Ereignis, über das aber noch heute in Zürich geredet wird und das bis nach Oberdorf gedrungen ist (ich vermied es, hier Isolde ins Feld zu führen) – daß nämlich im Jahr 1330 ein Rudolf von Brun im »Estrich«, einer Trinkstube, wüsten Streit gehabt hat.

Soviel ich wüßte, sagte ich, wäre eben dieser Brun ritterbürtig. Ich hatte es von Isolde.

Er wäre aber eine sehr sehr schillernde Gestalt. In früheren Zeiten –

Ich unterbrach ihn und gab zu bedenken, ob er da nicht allzusehr dem Topos der guten alten Zeit verfalle und damit einer Nostalgie, der doch sehr stark, vielleicht allzu stark, auch das Unternehmen Manesse verfallen sei. Dem Wesen der höfischen Dichtung möge dies ja entsprechen, einer nüchternen Betrachtung der Gegenwart jedoch –

Was ich denn hätte gegen Nostalgie. Ob denn nicht alles abwärts führe.

Ich entgegnete mit dem Freiherrn von Attinghausen: »Das Alte stürzt, es ändert sich die Zeit.«

Er reagierte gelassen und sagte, zumal im Fall von Zürich hätte Nostalgie durchaus ihre Berechtigung, denn was wäre das früher für eine blühende und auch reiche Stadt gewesen mit dem Export etwa, dies wisse er mit Bestimmtheit, von Seidentüchlein nach Schweden, Wien, Ungarn, Polen, nach Montauban in Frankreichs Süden und bis nach Engelland und als Umschlagplatz für Getreide, Wein und Salz. Raffinierter Luxus zwar wäre nie zu finden gewesen in Zürich, wo das Einfache bevorzugt wird. Nun entschwinde die Zeit, da Zürichs offene Tore unter König Albrecht I. von Habsburg geradezu Symbole des Friedens und der Sicherheit darstellten, immer weiter in die Ferne. Wie lauten doch die bitter holprigen Verse im helvetischen Nationaldrama: »Die alte Zürich selbst schloß ihre Tore, / Die dreißig Jahr lang offen standen, zu.« Jene Zeit der Blüte aber, wäre sie nicht wahrhaft Grund zur Nostalgie? Gerade angesichts der jetzigen Unruhen im selben Zürich. Alles Neue sei Zerfall. (Hatte er schon einmal gesagt.) Und Albrecht I. Auf welch schaurige Art sollte er dann ermordet werden. Bei Windisch, daß einem das Blut gefriere, hinterrücks erstochen, sei er, welche Schmach, verblutet in den Armen einer zufällig am Wegrand hockenden Bettlerin.

Während diesen seinen Worten tauchte in mir ein zartes Bild auf aus der Kindheit, da die Mutter uns allen Kutteln, dünn geschnitten aus dem Magen einer Kuh, zubereitete nach Zürcher Art. Aus Pflicht aß ich sie und mit leisem Ekel. Jetzt hingegen dachte – und denke – ich nur mit Rührung daran.

Er aber fuhr fort und erhob die Stimme, indem er sagte, jetzt wäre einzig und allein noch das Skriptorium der Manesse ein Pol der Ruhe im Meer der allgemeinen Unruhe.

Dies entspricht den Tatsachen.

Ruhe wie immer, als würde ringsum nichts geschehen, herrscht im Manessischen Skriptorium, nur daß es sich seit geraumer Zeit nicht mehr im Haus der Manesse befindet, sondern im Chorherrenstift unter dem Propst Kraft von Toggenburg. – Und der Traum würde wahr, wie Hadlaub es gesungen hat: Nirgends im ganzen Königreich würde man so viele Lieder finden wie in den Handschriften von Zürich.

Und behutsam begannen wir mit Klatsch um das Unternehmen Manesse und kamen unweigerlich immer mehr auf den Tod zu sprechen. Gernot ist tot. Konrad ist tot. Ortwin, er auch? Ja. Wie die Zeit verfliegt. Erst sind wir noch jung gewesen.

Prosit.

Wir beide haben im Skriptorium weit voneinander entfernte Plätze gehabt.

Da ging ich ihm das Hadlaub-Blatt heraussuchen.

Ihn fror.

Kalt ist es in Oberdorf, sagte er.

Das ist die Bise, sagte ich.

Dann zeigte ich ihm das Blatt und schenkte nach.

Er hielt es ganz weit von seinen Augen weg und flüsterte: Seine unverwechselbare Schrift.

Dann machte er den Witz über Rudolf von Fenis, beziehungsweise Penis. Jetzt, wo es von ihm kam, fand ich es nicht mehr so ganz witzig. Aber wir waren nun einmal zurückversetzt in die Jugendzeit. Gestandene clerici, beide nicht unbewandert in Liebesdingen. Und ohne Pfaffenarbeitslosigkeit gäbe es weder Kloten noch Oberdorf: Prosit. Bis zum Tod genössen wir unsere Pfründen. Und war Kloten für ihn ein Abstieg, bedeutete Oberdorf für mich um so mehr einen Aufstieg. Längst nicht jeder Metzgerssohn in unserem Mittelalter bringt es schließlich zu einer solchen Pfründe. Und welcher Ritter, traurig genug, kann schon lesen oder gar schreiben wie wir clerici.

Ich tröstete meinen Besuch. Eine gewisse Anti-Adel-Bewegung war hierzulande einfach unbestreitbar *in*.

Wir kamen dann wieder auf die Eidgenossen mit ihrem Anti-Habsburg-Fimmel. »Wir wollen sein ein einzig Volk von Brüdern.« Nun ja. Zwar hielten wir es beide für ausgeschlossen, daß Zürich der Eidgenossenschaft beiträte oder etwa Solothurn. Schließlich hat auch ein zürcherisches Aufgebot am Morgarten gekämpft – aber auf Habsburger Seite. Nein, Zukunft gaben wir der Eidgenossenschaft keine – überhaupt keine. Und Habsburgs Albrecht II., der Weise oder der Lahme, weilte meist, hing ja eben mit seiner Gicht zusammen, in Wien oder doch zumindest den Donauländern. Zürich vernachlässigte er. In der Tat ist Zürich, allzuleicht vergißt man das, rings umgeben von habsburgischem Gebiet, und Zürichs Adel hegt, offenes Geheimnis, verkappte Sympathien Habsburg gegenüber, wie mein Besuch aus Kloten es ja auch tut. Aber auch die gesamte regio Solodurensis liegt im habsburgischen Machtbereich. Und was wollte Albrecht II., der Weise oder der Lahme, schon mehr als ein geschlossenes Staatsterritorium im Bereich der Alpen mit einer modernen fiskalischen Verwaltung – was denn mehr? Und: Was ist eigentlich progressiv, die Eidgenossenschaft oder Habsburg? Mein Besuch aus Kloten führte da die eidgenössische und zeitkritische Chronik eines großen Autors ins Feld, der das Progressive eher auf Habsburger Seite sieht und in diesem Zusammenhang gar einen Engels zitieren wird: »Der Kampf der Urschweizer gegen Österreich war der Kampf störrischer Hirten gegen den Andrang der geschichtlichen Entwicklung.« Unser Gespräch wurde feurig, und das Feuer hat fast gebrannt wie der ewige Schnee über der Eidgenossenschaft beim Alpenglühen – vielleicht gerade so heftig, weil hierzulande ringsum Habsburg war und ist.

Am Vierwaldstätter See also wollte man nicht die Revolution, sondern daß alles beim alten blieb. Dies geht schon aus dem Wahlspruch hervor, der im klassischen Freiheitsdrama der Eidgenossen folgendermaßen lautet: »Wir stiften keinen neuen Bund, es ist / Ein uralt Bündnis nur von Väter Zeit.« Aber wie ist das in Zürich, im unruhigen Zürich? Nichts Sozialistisches, auch nicht in der zürcherischen Eidgenossenpartei? Steht da nicht das ganze Unternehmen Manesse auf dem Spiel?

Ich beruhigte meinen Gesprächspartner und nahm ihm seine Angst vor dem Sozialismus, indem ich bemerkte, in der gegenwärtigen historischen Situation, wo der Kampf gegen den Feudalismus das Vordringlichste sei, verkörpere der Kapitalismus und damit eben das Kapital der Zürcher Kaufleuteschaft den gesellschaftlichen Fortschritt. Dies gerade und zumal in stramm linientreuer sozialistischer Doktrin, derzufolge nämlich unter der »Führung der revolutionären (sic) Bourgeoisie« der Feudalismus in der »bürgerlichen Revolution« (sic) gestürzt werden und dem Kapitalismus »zum Siege« (sic) verholfen werden soll.

Der Besuch aus Kloten schwieg.

Ich fuhr fort: Und wenn in Zürich Handwerker in mildem Sozialismus die Macht an sich reißen, ist dies erstens unwahrscheinlich, und zweitens dulden das die feudalistischen Habsburger nicht, und drittens erst recht nicht die kapitalistischen Kaufleute.

Er sagte: Und wenn am Schluß alles ganz anders herauskommt?

Ich antwortete, dies könne natürlich niemand so genau wissen.

Er habe allerdings das Gefühl, sagte er, eine Generation sei im Kommen, die sich von unserer idealen Geisteswelt abwende zugunsten nackter Politik und vor allem nackter Wirtschaft –

Nun schwieg ich.

Er sagte, auch wir beide könnten uns nicht der mittelalterlichen Einsicht verschließen: Das Neue sei immer Zerfall. Und was stelle zur Zeit und wohl auch künftig das wichtigste Vergnügen dar in Zürich? Das Armbrustschießen.

Ich verwies darauf, daß es nach wie vor Turniere gebe in Zürich.

Er sagte, die Zukunft gehöre dem Schießen. Er wurde rot im Gesicht und schrie fast: Der Pöbel! Der Pöbel will keine Turniere, der Pöbel will schießen und will die Fasnacht. Fasnacht statt Minnesang! Das Neue ist immer Zerfall. Die Zukunft des Minnesangs ist die Fasnacht!

Er war jetzt sehr aufgeregt.

Am andern Tag gingen wir noch über die nun kahlen Felder und in die Kirche, ich zeigte ihm die Nische mit Maria, auf den goldenen Wolken schwebend, und übergab ihm daselbst das Hadlaub-Blatt mit der Bitte, es in Bern, wohin er doch komme, einzutauschen gegen Griffel aus Elfenbein für meine Konzepte auf Wachs.

Ich habe Unsinn geschrieben, als ich beiläufig von mir gab, die Wirklichkeit und Gott wären nicht ein und dasselbe. Ich muß mich korrigieren. Es gibt keine Wirklichkeit außerhalb von Gott. Aber die Wirklichkeit – und das ist das Delikate – muß sich von Gott korrigieren lassen. Nur insofern ist die Wirklichkeit nicht gleich Gott. Denn in Epheser 1,4–5 steht geschrieben: »Gott aber hat uns, die wir tot waren durch Übertretungen, mit Christus zusammen lebendig gemacht.« Das ist alles. Gott ist mehr als die Wirklichkeit, viel mehr.

Vielleicht trifft doch zu, was mein Besuch aus Kloten gesagt hat: daß alles Neue Zerfall ist. Weil nur das wirklich ist, was sich nicht ändert. So etwas wie Bewegung wäre letztlich etwas Gleichgültiges. Oder Fortschritt. Gott korrigiert jeden Fortschritt.

(Korrigiert nicht auch der Minnesang die Wirklichkeit, und sei es auch nur die Wirklichkeit der Frau?)

Jede Unruhe ist irgendwie nicht in Ordnung und also zu verurteilen. Jedenfalls aus unserer mittelalterlichen Sicht.

Und die Zeit steht still. (Samt der Nostalgie um das Unternehmen Manesse, das sich so schleppend hinzieht.)

Unser Mittelalter ist ja nur auszuhalten, weil es durchsichtig ist. Schnee ist nicht einfach Schnee. Aller Schnee ist durchsichtig und nur ein Gleichnis. Die Korrektur aber aller Wirklichkeit samt dieser Wirklichkeit heißt Gott. Ich bin schließlich clericus und muß – wohl oder übel – an Gott glauben, Epikur hin oder her.

Jemand Kompetentes hat mich einmal darauf hingewiesen, daß die Helden in den Ritterepen nicht altern. Sie würden lediglich von einem Alter zum andern gelangen. Unser Mittelalter kennt strenggenommen keine Entwicklung und folglich auch keinen progressus oder Fortschritt. Fortschritt ist absurd und recht eigentlich superbia. Gott ist unberechenbar in jederlei Richtung, und jeder Fortschritt kann ein Rückschritt sein.

Ich höre die schleifenden Schritte vom Annebääbi nebenan in der Küche und will mich doch jetzt überhaupt nicht auf theologische speculationes einlassen.

Die Felder sind kahl.

Die Geräusche in Oberdorf sind, vom Gesang der Vögel einmal abgesehen, ewig die gleichen.

Und die Bise geht, die Wolken fliegen nur so –

Die Zeit fliegt nicht. Sie steht.

Immer die Wand von Berg.

Epikur muß sich täuschen, wenn er behauptet, die Atome seien in ständiger Bewegung durch alle Ewigkeit. Er täuscht sich. In Gott steht alles still.

Ob mein eigener Aufstieg vom Niederdorf nach Oberdorf ein Fortschritt ist –

Der Ruf des Niederdorfs ist nicht immer so schlecht gewesen. Man braucht nur an den Turm der Manesse zu denken.

Und doch befinde ich mich als clericus etwas außerhalb der ständischen Ordnung. Andererseits ist es mir in Anbetracht der Pfaffenarbeitslosigkeit auch nicht gestattet, ganz ungeniert zu sagen, was ich denke. Ein kleiner Freiraum nur ist mir vergönnt –

Der Steigbügel ist ein Fortschritt gewesen, dank dem die Ritter viel besser aufeinander zurasen und sich aus dem Sattel werfen können.

Die Armbrust, wie sie so häufig auf den Miniaturen der Manessischen Handschrift zu sehen ist, bedeutet einen Fortschritt, weil man mit ihr leichter töten kann: Wucht und Zielgenauigkeit sind einfach größer als beim herkömmlichen Bogen. Und man kann in aller Ruhe zielen und auch lange in schußbereitem Zustand verharren. Allerdings: Das Spannen der Waffe ist aufwendig, umständlich, zeitraubend. Man muß bekanntlich den am Gürtel getragenen Spannhaken in die Sehne einhängen, dann den Fuß in den Bügel an der Spitze der Armbrust setzen und dann durch Strecken des Beines die Waffe so weit von sich wegdrücken, bis die Sehne in der Abzugshalterung, der sogenannten Nuß, einrastet.

Fortschritte sind ferner: die Pflugschar, die Dreifelderwirtschaft, das Kummet, das Hufeisen, das Wasserrad.

Aber ist das insgesamt nicht sehr mager und dürftig und armselig, wenn das der ganze Fortschritt sein soll?

Und die Burgen sind weiterhin düster, eng, primitiv.

Ich kenne doch die Burg Manegg nicht nur von außen.

Das Essen auf Manegg war ein jedes Mal süperb. Und nach jedem Mahl erzählte man sich noch lange von den einzelnen Gängen, den Weinen, und ganz besonders zum Beispiel vom Fasan, delikat, jung, knusprig, und die Sauce: um die Finger abzuschlecken –

Aber hat man auf derselben feudalen Manegg beim Scheißen nachher, höfisches oder höfliches Getue hin oder her, gottsjämmerlich den bloßen Arsch nicht an die eisig kalte Luft halten müssen? Ich hatte doch persönlich Gelegenheit, die Toilette auf Manegg aufzusuchen, gedämpft die Klänge der Band »Paradise Lost« im Ohr. Wobei allerdings, das muß ich zugeben, der Zustand der Toiletten noch nichts zu besagen braucht über die allgemeinen gesellschaftlichen Zustände.

Gut. Die Wandteppiche. Größer als Fahnen. Auch sie kann ich beschreiben. Sie hingen und hängen wohl immer noch im Großen Saal. Da, wo nur die Männer Zugang haben. Entworfen sind sie vom gleichen Mann, der den ersten Nachtrag der Miniaturen in der Manesseschen Handschrift gemalt hat und von dem auch das in den Flächen- und Linienbezügen so überaus raffinierte Wandbild mit Samsons Tod im Haus zur Hohen Eich stammt. (Der Besitzer jenes Hauses, Konrad Thya, gehört ja zum Kreis der Sponsoren um das Unternehmen Manesse, dazu später, auch daß er langjähriger Rat war und so weiter.) Der eine Teppich mit dem Bild der schönen Helena, der andere, an der Wand gegenüber und noch größer, mit dem Bild von Äneas und Dido in Karthago vor dem Meer, das zwischen Türkis und Rosa schimmert – traumhaft, Meer und Himmel verschwimmen ineinander vor lauter Sehnsucht, es muß Dämmerung sein. Dann die Trompetenklänge dazu als Signale zu erhöhter Festfreude. Dann die Männergespräche mit den Themen Liebe, aventiure (Pferde selbstredend eingeschlossen), Geld. Gut. Aber Fortschritt? Ist es nicht doch sehr jämmerlich, was sich da so zusammentut an Fortschritt? Oder nicht zusammentut. Was hat die Armbrust zu tun mit dem Wasserrad. Was die erbärmlichen sanitären Anlagen mit Wandteppichen. Gott allein weiß. Was wird Zürich sein in tausend Jahren? Das wäre exakt im Jahr 2336.

Oder schlägt sich ein progressus als ein wahrhafter processus civilisationis vorab eben in der genau deshalb so idealisierenden Literatur nieder? Unsere Literatur wäre weltfern, um die Welt in diese Ferne zu ziehen – eine speculatio. Eine illusio? Gott weiß.

Von einem anders gelagerten Fall hat mir mein Besuch neulich berichtet. Wie alles, was ich von ihm gehört habe, kann ich es nicht verbürgen. Er hat mir nämlich erzählt von einer mit heidnischen Dingen vertrauten weisen Frau in Kloten, die in die Zukunft sehen kann. Nichts ist unmöglich. In Kloten also sollen dereinst riesige künstliche Vögel mit Menschen im Bauch auf- und niedersteigen. Dazu der Kollege, lachend: Vielleicht werden wir einmal von dort in den Himmel steigen. Ich blieb ernst dabei, fielen mir doch Verse ein zu diesen künstlichen Vögeln und zum ewigen Traum vom Fliegen. Nur in den Welten von Traum, Wahn und Poesie ist solches möglich. Vielleicht deshalb stehe ich auf Poesie, vielleicht daher mein Faible für Minnesang, daß ich meine Manesse-Vergangenheit nicht abzuschütteln vermag. Es war das Gedicht des Bernger von Horheim, wo er sagt, ihm wäre immer, als ob er im Flug dahinfahre über die ganze Welt, die ihm ganz gehörte. Aber das sei gelogen, in Wirklichkeit wäre er schwer wie Blei. Mir ist alle zît als ich vliegende var / ob al der werlte und diu mîn alliu sî. / daz ist gar gelogen: ich bin swaere als ein blî.

Das aber wohl ist superbia der süperbsten Art. Superbia superbiarum.

Zwei Beerdigungen

Leben ist schwierig. Tod ist einfach.

Und als Ritter Rüdiger Manesse II. starb, schien mir, eine Welt würde versinken. Es geschah in jenen ruhigen Jahren. Ich war jung und übermütig. Aber bei seinem Tod hatte es mit meinem jugendlichen Übermut sein Ende. Ich täusche mich da nicht. Am 5. September 1304 ist er gestorben. Drei Tage lang trauerte ich und begann mich dann einzuüben in die resignatio der Erwachsenenwelt. Ich sehe das heute klar, sonnenklar. Einfach ist der Tod. Hôher muot, good bye.

Ich sehe den nun schon so lange Verstorbenen immer mit einem Lächeln vor mir, das wie zufällig seine Lippen umspielt, ein mildes Lächeln. Aber will es mir gefroren erscheinen, weil er tot ist – oder weil er es sein ganzes Leben lang zur Schau getragen haben muß? Sei es so oder so, sein mildes Lächeln ist mir ein Zeichen für ein geheimes Verständnis zwischen ihm und mir, das über den Tod hinausreicht –

Er war ein Greis, schon als ich ihm das erste Mal begegnet bin.

Er wirkte ruhig und sicher. So wird es auch der Novellendichter bezeugen.

Die Zürcher Ritterfamilien waren vollständig erschienen, die Mülner, Brun, Biber, von Hottingen, von Kloten, von Lunkhofen, Wyss und so fort. Adlige auch von weit außerhalb der engeren Region gaben dem Toten das letzte Geleit. Einige der Rittersleute trugen die Rüstung zu Ehren des Toten. Die Minnesänger Graf Kraft von Toggenburg und Johannes Hadlaub standen weithin sichtbar an vorderster Stelle bei den Manesse. Es waren dabei der Bischof Heinrich von Klingenberg, die Fürstäbtissin mit mehreren Frauen, die Äbte von Einsiedeln und Petershausen, Lüthold von Regensberg, Herr Jakob von Watt mit Sohn Rudolf, die Edlen von Landenberg und Tellinkon und der von Troßberg. Aber auch das gewöhnliche Volk in großer Zahl tat seine Trauer kund.

Hinter dem Sarg ging sein Lieblingspferd, gesattelt und mit baumelnden Steigbügeln. Es hieß nicht Parzival oder Tristan, sondern Erec. Erec hielt den Kopf gesenkt, als müßte dies so sein.

Ich sehe alles fern, aber es ist ganz nahe.

Der Himmel war strahlend blau, er strahlte, als ob die Sonne ihn verbrennen würde.

Still waren alle Häusermauern ringsherum geduckt um den Friedhof der Augustiner, sehr zerbrechlich in den Farben der Fassaden, sehr vergänglich, als wären sie das sonst nie.

Der Adel, der dem ganzen Geschehen sein Gepräge gab, war für mich eine immer noch und immer wieder fremde und unheimliche und betörende Welt, so, als ob ein bestimmter Geruch mit ihr verbunden gewesen wäre, und ich meine auch jetzt, als wäre er gegenwärtig, ich würde mich an diesen bestimmten morbiden Geruch erinnern. Vielleicht ist er von den vielen Blumen damals ausgegangen.

Der Propst hielt die Trauerrede. Das Leben bestand für ihn nur aus dem Skelett, demjenigen nämlich der Daten, die aktenkundig waren. Und sonst drosch er Phrasen.

Aktenkundig aber war:

1252 Rüdiger Manesse II. wird in den Urkunden erstmals erwähnt.
1264 Er wird als Mitglied des Rats aufgeführt.
1268 Er trägt den Titel eines Ritters.
1280 Er wirkt bis 1302 unter den Ratsmitgliedern aus dem Ritterstand.
1283 Er steht an der Spitze des Herbstrats.

Die Urkunden nannten ferner die beiden Gemahlinnen Adelheid und Margaretha. Seinen Einfluß bewiesen die zahlreichen Angelegenheiten, bei denen er als Schiedsmann und Zeuge angerufen wurde. Dies alles aufzuführen, hätte allerdings zu weit geführt. Von seinen vier Söhnen überlebte er drei, die sämtlich dem geistlichen Stand angehörten, darunter Johannes, den custos. Das sind dürre Worte.

Die Anekdoten aber um den Ritter Rüdiger Manesse II. werden noch heute leben. Als sich sein Pferd Amfortas das Bein brach. Wie er seine spätere Frau Margaretha kennengelernt hat. Ein pures Mißverständnis das Ganze. Er wollte sie ja wirklich nur nach dem Weg fragen zum Hof des Ruedi in Schwamendingen. Ich könnte sie nur so aus dem Ärmel schütteln, die Anekdoten. Als er jung war und ein bißchen zuviel des Weines genossen hatte – wie sang er da von Minne und von den Sternen und sogar vom Bett im nächtlichen Gras mit zartem Schmelz. Im Alter war er von Wehmut gezeichnet, melancholia. Und wie wahrhaft nobel hatte er auch dann noch auf dem Pferd gesessen, dem falben Erec. Die Turniere in der Zeit seiner Jugend. Ach. Den Tod der anderen Söhne schien er mit Fassung getragen zu haben, mit der ihm eigenen Fassung. Geknickt hat ihn der Tod des Johannes. Dabei hatte er es gerade mit ihm nicht leicht. Der junge Johannes rebellierte. Ritter Rüdiger Manesse mußte sich von seinem eigenen Sohn anschreien, anbrüllen lassen. Wahrscheinlich hat erst des Johannes' Beichtvater diesen dann in die rechten Wege der geistlichen Karriere geleitet. Aber von der Hitze seiner Jugend blieb ihm das Feuer der Poesie lebenslang. Der düstere Johannes Manesse, kaum vorstellbar, ist doch in seiner heißen Jugend einer leichtsinnigen Wette wegen auf dem schwankenden Brückengeländer über die Limmat geschritten. Sein Vater Rüdiger verspürte mit zunehmendem Alter eine zunehmende Kluft zwischen der Literatur, für die er lebte, und seinem Leben. Wie bescheiden aber ist er gewesen zeit seines Lebens. Tauchte er im Skriptorium auf, entschuldigte er sich, als befürchtete er zu stören. Sein Herz hat all den Sängern geschlagen. Manche, die er persönlich kannte, hat er zu weiteren Liedern ermuntert, wie geradezu süchtig hat er aber darauf gedrungen, alle berühmten Sänger deutscher Zunge über die bestehenden Grenzen hinweg in seiner Sammlung zu vereinen.

Die Phrasen des Propstes jedoch lauteten: Auf dem Friedhof wären einmal wir alle und warteten bis zum Jüngsten Tag. Et cetera. Eigentlich erst bei der Beerdigung zeige sich, ob ein Leben erfüllt sei. Et cetera. Alles wäre Bestandteil des göttlichen Heilsplans, und der Tod bedeute die Erlösung. Et cetera. Der Tod wäre mächtiger als das Leben, gäbe es nicht Christus, denn Christus sei das Leben.

Die anderen Phrasen, die er drosch, habe ich vergessen.

Kurz, die Trauerrede wurde Ritter Rüdiger Manesse II. in keiner Weise gerecht. Wer ihn gekannt hat, weiß es. Aber immer weniger sind am Leben, die ihn gekannt haben. Ritter Rüdiger Manesse II. war – aber was sollen da Worte. Man muß ihn nur gegenwärtig vor sich haben, und dann bedarf es keiner Worte. Aber vielleicht ist jedes

Ideal schönen Lebens, und Ritter Rüdiger Manesse II. hat es gelebt, letztlich doch nur schöner Hochmut?

Für das Leichenessen gab es im Haus zum Rüden viel zuwenig Platz. Die Trauernden mußten auch auf andere Wirtshäuser verteilt werden. Aber alle vom Skriptorium wurden in den oberen Saal des Rüden geladen. Es gab sehr viel zum Essen und sehr viel zum Trinken. Dem Verstorbenen hätte es gefallen. Ich sah zum offenen Fenster auf die Limmat hinunter, die sich träge abwärts bewegte, ich spürte hinter meinen Augen die Tränen. Die Sonne ging dann unter über der Limmat, so daß die Lampen angemacht werden mußten bis in späte Stunden, die lauter und lauter wurden.

Sieben Jahre zuvor, ich war zwölf und gerade ins Skriptorium aufgenommen worden, war Johannes Manesse, Rüdiger Manesses Sohn, gestorben: am 20. Mai 1297, ohne das Unternehmen, das sein Vater angeregt hatte, an ein Ende führen zu können. Gebeugt erschien sein Vater bei der Beerdigung, gestützt von zwei Verwandten, und auch da umspielte ein Lächeln seine Lippen. Aber läßt sich solch ein Unternehmen überhaupt je an ein Ende führen? Was ist ein Plan, und was ist dessen Verwirklichung, je vermessener er geraten ist. Weder Rüdiger noch Johannes Manesse haben eine Verwirklichung erreicht. Wer überhaupt wird sie je erleben? Und wenn: wie viele derer, die dafür tätig gewesen sind, werden dann tot sein? Tod ist einfach – an wie unendlich vielen Beerdigungen habe ich seither teilgenommen. Die früheste jedoch, an die ich mich erinnern kann, ist diejenige von Rüdiger Manesses Sohn Johannes gewesen. Wie zeitlos steht ihr Bild in meinem Gedächtnis und so, als ob sie unter einem winterkalten Licht stattgefunden hätte. Im Mai. Ich war ein Kind und tue dem custos sicher unrecht. Ich kannte ihn ja kaum.

Vielleicht hatte Johannes Manesse eine innere Unruhe erfüllt, die er sich um keinen Preis anmerken lassen wollte. Taufgevatter des Johannes Hadlaub war er, als custos Verwalter des Stiftsschatzes sowie Chorherr und scholasticus der Propstei.

Wahrscheinlich war er konservativ bis zum Selbstverrat. Von daher könnte seine Strenge gekommen sein. Wie verschieden Söhne sein können von ihren Vätern.

Wir alle werden älter. Nun ja.

Wir erstellten im Skriptorium zuerst eine Vorstufe für den Codex. Die Nachwelt wird auf eine solche, falls sie nicht tradiert werden sollte, aus Indizien schließen müssen – wo gehobelt wird, fallen Späne. Sie wenigstens haben Vater und Sohn noch gemeinsam erlebt. Rüdiger Manesse sollte sie dann als unzulänglich ablehnen. Nicht unbedingt erhebend fand ich es damals, lediglich für ein Provisorium tätig zu sein, wenn meine Buchstaben nicht mehr für die Nachwelt bestimmt waren. Der Vorstufen gab es ja viele. Diese sollte die letzte sein und wurde dann, als der Codex angefangen wurde, Seite für Seite, als Metzgerssohn liegt mir der Ausdruck nahe, richtiggehend ausgeschlachtet. Handschriftenaustausch nannte sich das. So gibt es ein paar Seiten, die dereinst bis nach Buda oder Pescht gelangen sollten und der Nachwelt vielleicht einmal zufällig als Budapester Fragment geläufig sind – eine Abschrift aus eben jener Vorstufe, die als solche entbehrlich geworden war und eingetauscht wurde gegen anderes Pergament. Ob alles je an ein Ende kommt oder auch der Codex Manesse unvollendet bleibt und bleiben muß aus der Vermessenheit seiner ganzen Anlage heraus? Ich bin skeptisch.

Wo liegt Budapest?

INVIDIA

Der Rivale

Ich habe Hadlaub nie beneidet.

Er ist genau anderthalb decennia älter als ich. Was er erreicht hatte, hätte auch ich erreichen können.

Kann man überhaupt neidisch sein auf Ältere? Kaum. Man hat ihnen immer die Zukunft voraus.

Neid auf Jüngere – das geht. Wegen der verlorenen Jugend und so, aber auch allein schon um ihrer Zukunft willen, die einem selbst nun fehlt.

Aber am besten neidisch sein kann man nur auf Gleichaltrige.

Kann man Tote beneiden?

Kaum. Ich empfinde keinen Neid zum Beispiel auf Walther von der Vogelweide. Es ging ihm bei allem Ruhm eigentlich doch ziemlich dreckig. Hat auch was Tröstliches, ja Aufbauendes.

Wenn aber ein Gleichaltriger dann auch noch von ähnlichem Stand ist –

Nennen wir den, dessen Namen ich der Nachwelt nicht überliefern will, nach dem Zürcher Stadtpatron Felix.

Felix habe ich beneidet.

Felix entstammte einer Bäckerfamilie. Ich hätte etwa den von Kloten nie so heftig beneiden können, einfach weil der von Adel war, und Adel ist gottgegeben wie der Handwerkerstand.

Felix haute später ab nach Italien. Völlig abgebrannt ist er dann zurückgekehrt. Vielleicht, wahrscheinlich gar ist er heute tot.

Vielleicht sind die Manesse in einer künftigen Zeit auch nicht mehr, was sie einmal waren, und müssen ihre Manegg ganz schäbig verkaufen, wer weiß. Und auch in ihrem Manesse-Turm werden Spinnen und Fledermäuse hausen auf dem dunklen Estrich.

Felix ist dann unter die Bettler gegangen, aber ohne daß er fiedelte. Apathisch saß er, den Hut neben sich, an der Froschaugasse. Dort gab ich ihm einmal eine kleine Münze. Er hat mich nicht erkannt.

Die schönste Befriedigung des Neids bringt immer noch die Schadenfreude.

Es ist um die Jahrhundertwende gewesen. Das Skriptorium hätte einem Laien das Bild eines Chaos bieten müssen. Wachstafeln waren zu sehen, viele einzelne lose Pergamentblätter, beschrieben oder bemalt oder leer, manche Bündel von Pergamentblättern, Codices dann auf den Pulten und in den Regalen entlang den Wänden. Vor lauter Bäumen wäre der Wald nicht zu sehen gewesen, aber die Bäume waren der Wald. Der Laie hätte vielleicht dieses nur scheinbare Chaos auf den erst kürzlich erfolgten Umzug des Skriptoriums aus dem Haus der Manesse ins Chorherrenstift zurückgeführt, welcher aus Platzgründen unumgänglich geworden war. Das Skriptorium befand sich nun also im Haus zum kleinen Paradies. Natürlich hatte sich der Umzug schwierig gestaltet. Aber er war nicht schuld an diesem Chaos mit der geheimen Ordnung, das einen Laien um so gespenstischer hätte anmuten müssen, als in manchem wieder eine pedantische Ordnung zu erkennen war. Alle Schreib- und Malutensilien befanden sich überexakt ausgerichtet an ihrem Platz. Das nur scheinbare Chaos war das Abbild eines Prozesses, der eigentlich ein Prozeß ohne Ende war und ist, der immer wieder neue Einschübe ermöglichen sollte an hierfür freigelassenen Stellen am Ende der Liederhefte von den einzelnen Sängern, ein Prozeß, der zudem auf Vorstufen und Vorstufen von Vorstufen beruhte. Man war schlicht und einfach bestrebt, restlos alles Berühmte aufzunehmen, dessen man nur irgendwie habhaft werden konnte. Wie aus einer Torschlußpanik heraus. Aber ist ständige Bewegung und Unordnung ein Chaos, wenn ihr ein Ordnungsprinzip zugrunde liegt? Als einem wahrhaften work in progress? Dessen prinzipieller Endlosigkeit sich alle Schreiber, Maler und Initialzeichner unablässig bewußt sein mußten?

Der Arbeitstisch von Felix befand sich damals neben dem meinen. Wir hätten Freunde sein können. Felix war schön. Ich hätte nicht angeben können, woran dies lag, aber ich fand ihn *sehr* schön. Er konnte lässig den Kopf zurückwerfen, daß seine Haare wehten wie im Wind. Und der Illuminator J2 (wir hatten unsere internen Abkürzungen) schien verliebt zu sein in ihn. J2 war einst in Italien gewesen und galt deswegen als florentinischer Gesell. Vielleicht auch war er von daher, als hätte ihn das südländische Naturell angesteckt, heißblütiger als wir anderen. Der florentinische Gesell, der längst ein Meister geworden war, sollte auch in einer Novelle mit dem Titel »Hadlaub« kurz erwähnt werden, dort als gebürtiger Südländer. Dies trifft nicht zu. J2 ist in Winterthur geboren. Von Felix wird dort überhaupt nicht die Rede sein. Er gehört aber zur vollen Wahrheit. Zum andern wird dort J2 als Maler am Codex Manesse auftauchen, und es wird sogar angeführt werden, wie sehr »manche der Gemälde ihre ausdrucksvolle Einfachheit und edle Gewandung erhielten«. J2 war aber Illuminator. ›Lumen‹ heißt an sich Licht, also bestand J2's Aufgabe im allerwörtlichsten Sinn darin, zu erleuchten oder zu erhellen – weiß Gott, er wäre wohl lieber richtiger Maler gewesen, statt sich mit Schmuckbuchstaben begnügen zu müssen.

Felix ist später vielleicht nur dem Traum nachgelaufen, den J2 geträumt hatte, dem, ein freier, freischaffender, vogelfreier auctor zu sein, angesteckt womöglich, wie J2 ein Angesteckter war, von dem Freiheitsfimmel der modischen Eidgenossenpartei, die allerdings nicht Kunst, am allerwenigsten schöne, im Schilde führte.

Es ging nicht lang, und Felix stand in der Gunst von J2. Es war unübersehbar für jeden.

Für J2's Kunst sind »Grenzüberschreitungen« – so nannten wir es in milder Ironie – charakteristisch. Es gefiel ihm, bisweilen den Schmuckausläufer der letzten Lombarde so tief herunterzuziehen oder das Fleuronnée der nächsten Strophe so hoch hinaufzuführen, daß ein Teil des freien Zwischenraums zum Rand hin abgeschlossen wurde. Die allermeisten Schmuckbuchstaben im Codex stammen von J2 und damit aus einer Zeit, da auch noch der Grundstockmaler, Gott hab ihn selig, die Bilder malte. Die Folgezeit war ja schon eher eine Zeit des Zu-Ende-Gehens, soweit es ein Ende überhaupt geben kann. Es gibt dann ein plötzliches Nachlassen von J2, erschreckend wahrzunehmen, sagte mir der von Kloten, der auch zu berichten wußte, dieses künstlerische Nachlassen wäre nach einer Midlife-crisis des J2 erfolgt, in der jener all seinen unerfüllten Träumen nachgelaufen ist. Wieder eine Parallelität in den Lebensläufen von J2 und Felix. Doch fällt dessen Krise in eine spätere Zeit.

Aus der Blütezeit von J2's Illuminationskunst stammen auch Initiale und Lombarden der Hadlaub-Lieder sowie der kleine rote Auszeichnungsstrich, mit dem der Name Rüdiger Manesse besonders hervorgehoben ist. Es menschelt halt überall. Die Zusammenarbeit zwischen

Schreiber und Illuminator ist eng, sehr eng, schon weil die Raumaufteilung auf jedem folio gemeinsam getroffen werden muß. Die Hadlaub-Lieder aber, das ist bekannt, hat Johannes Hadlaub eigenhändig geschrieben. Auch der Nachwelt wird es nicht abwegig erscheinen, dies zu vermuten. J2 und Hadlaub sind gemeinsam und ganz spontan auf die Idee gekommen, dies wäre der Ort, auf diese Weise des toten Rüdiger Manesse dezent zu gedenken. J2 hat Hadlaub bewundert, verehrt, angebetet – es zeigt sich in der prachtvollen Initiale zu Beginn der Hadlaub-Strophen, die auch den Kreis der Auftraggeber, kam sie ihnen im Haus zum kleinen Paradies zu Gesicht, geradezu bezauberte, die Äbtissin Elisabeth von Wetzikon fand sie »einfach süperb« – gewiß ohne dabei an superbia zu denken als an eine Sünde.

Wie pries J2 Italien in allen Farben. In den Farben Giottos. Von ihm hörte ich zuallererst diesen Namen: Giotto.

Giotto muß der letzte Schrei gewesen sein damals in Italien. Die wunderbaren psychedelischen Farben. Die Gesichter, von denen ein jedes individuell lebendig war. Auch dann die ungewohnten und eben modernen Perspektiven. Ein Bild lebte in J2's Erinnerung, da hätten in den zartesten Farben zwei Menschengruppen im Vordergrund gestanden, jede Gestalt individuell, die ganze Szene voller action in einer gewaltigen Ruhe vor einem Hintergrund, in dem sich zwei Gebäude rosa auftürmten und zerklüfteten, daß ihm selbst rein vom Zuschauen schwindlig geworden sei damals vor der gewagten Perspektive. – Wir sahen nun das Bild plastisch vor uns. J2 begeisterte, auch wenn niemand schon je von psychedelischen Farben gehört hatte, aber jetzt wurden sie gegenwärtig mit den Gesichtern und den Perspektiven samt dem Schwindel, in Ruhe voller Bewegung –

Und als die Miniaturenmaler gerade abwesend waren, fragten wir Gehilfen ihn, was er denn ehrlich hielte von den Produkten unserer Manesse-Maler mit den ewig gleichen Puttengesichtern drauf, ob die nicht vorgestrig wären –

J2 spielte Giotto nicht gegen unsere Buchmaler aus. Wir unterschätzten das Innovatorische gerade bei unserem Grundstockmaler, sagte er. Vor allem aber sei Giotto so einmalig, so unvergleichlich, so unnachahmlich, daß jeder Vergleich und jede Nachahmung dahinfallen müßten. Erst hätte es ihm ja richtiggehend Angst gemacht, als er vor diesen schwindelnden und wie ins Leere führenden Perspektiven gestanden sei.

(Die Griffel aus Elfenbein sind mir soeben überbracht worden zusammen mit der Nachricht des alten Bekannten von Kloten, er wäre sehr in Eile, die Zeichen in Zürich ständen auf Sturm.)

J2 machte mir Italien mit dem revolutionären Giotto gegenwärtig. Italien war für mich von da an nicht mehr nur das Land mit den Umschlagplätzen für orientalischen Luxus, sei es Pfeffer, seien es Mandeln. Doch wollte ich nie selbst nach Italien, schon der Strapazen wegen nicht, ich schätzte meine Bequemlichkeit schon damals. Womöglich hätte ich nur Heimweh bekommen jenseits der Alpen, so, wie das der kreuzfahrende Friedrich von Hausen, den ich nicht mag, in einem Gedicht vermeldet und sich an den Rhein zurückwünscht: waere ich iender umb den Rîn.

Ich habe auch schon wilde Tiere aus sehr fernen Ländern gesehen: ein Stachelschwein, ein Kamel, einen Elefanten – und gestaunt, was es nicht alles gibt auf unserer mittelalterlichen Welt.

Das Forum Romanum mit seinen Tempeln und Bögen antiken Triumphes soll sich unter Schutt befinden, hatte J2 erfahren, der von Rom schwärmte, aber nie in Rom gewesen war. Schafe weiden in den Thermen und klassischen Theatern. Sic transit gloria mundi.

Er berichtete verzückt von Venedig, wo er gewesen war, und ich glaubte ihm die Verzückung, sah aber auch die hell entzückten Augen von Felix, der neben mir saß. Weil ich nie in Venedig das Glück zu sein hatte, stelle ich es mir möglicherweise kitschiger vor, als es in Wirklichkeit ist. Schwarze Gondeln, man bedenke, schaukelnd auf Kanälen vor noblen Palästen, die sich zitternd in den schwankenden Wellen dieser Kanäle spiegeln. So hat es Felix, den Spuren von J2 folgend, dann mit eigenen Augen gesehen.

War Felix in J2 verliebt? War es J2 in Felix?

Immer mehr wandte sich Felix von mir ab. Wir hatten doch eine ganze Zeitlang die Gespräche geführt über Epikur, in dem wir heimlich lasen.

Dann durfte Felix schon J2 beim Schmuckbuchstabenmalen behilflich sein, als ich noch immer Strichübungen machen mußte für die gewöhnlichen Buchstaben.

Da wohl begann ich Felix zu beneiden.

Der Neid war wie ein wildes Tier, das sich in meinen Bauch hineinfraß.

Ich versuchte mich damit zu trösten, daß Hadlaub selbst einmal diese Strichübungen absolviert haben mußte. In der bereits erwähnten Novelle »Hadlaub« sollte zu lesen sein: »Nach Brauch und Art des Handwerks mußte er so bald als möglich Nützliches hervorbringen, was an seiner Stelle in sauberer und genauer Abschrift bestand.« Ob mein Vater im blutbespritzten Schurz die Nützlichkeit des Buchstabenabschreibens je einsah, die Nützlichkeit der clerici überhaupt? Der erste Illuminator übrigens am Codex, J1, hat sein Handwerk noch in einem rein geistlichen Skriptorium erlernt. War nämlich ein durchgebrannter Benediktinermönch. Vermochte das Gelübde des Gehorsams nicht einzuhalten. Habe ich hintenherum in Erfahrung gebracht. Aber an sich heißt ein schreibkundiger Laie beim Volk Pfaff trotz fehlender Tonsur. Und wie nah können und könnten sich geistliche und weltliche Welt sein. Wie zart doch ist, sieht man einmal von den derben Dörperstrophen ab, nicht auch der Minnedienst.

Er dient ihr, indem er Blumen pflückt für sie.

Er dient ihr, indem er das Wasser trinkt, worin sie ihre Hände gewaschen hat.

Sein höchstes Glück ist es, wenn er etwas, was die Dame auf nackter Haut getragen hat, für sich erhält: eine Spange, einen Ärmel, vielleicht ein Hemd sogar. Und die Dame übergibt es ihm huldvoll mit niedergeschlagenen Augen und sagt leise: Das růrte mine blossen hut – als entspränge sie direkt einem höfischen Roman des Rudolf von Ems.

Ich aber sah Felix und J2 vertraut miteinander scherzen, lachen.

Wäre ich ihnen aber je begegnet bei sündigem Tun, ich hätte mich geradewegs und gnadenlos an die Fürstäbtissin persönlich gewandt und bestimmt Gehör gefunden bei ihr. Bestimmt.

J2 sang im Übermut zu Felix leise im modischen Ton die Verse des Kaisers Heinrich: Ich grüße mit Gesange die Süße ...

Sie sangen sich auch leise Tonfolgen »arabischer« Musik zu, die selbst auf mich, der ich unmusikalisch bin, sehr fremdländisch und sehr sehnsüchtig wirkten.

Mag sein, daß letztlich alles an meiner Unmusikalität gelegen hat.

Minnelieder können gelesen werden, aber man soll sie auch singen können und tanzen. Als ich noch meine Minnesängerambitionen hatte, mußte ich mehrmals erleben, wie meine Lieder abgelehnt wurden. Ich war unfähig zu Lyrik wegen eben dieser Unmusikalität. Beim Dichten war ich, da mir jedes Gefühl für Rhythmus abging und abgeht, gezwungen, das Strophenschema einer Vorlage zu entnehmen, beispielsweise einer französischen.

Der Zauber der Musik soll, in unserem Mittelalter wenigstens, besonders auf Frauen wirken. Meine kleine Isolde schmilzt ja auch dabei. Sogar, wenn es selbst in meinen Ohren Katzenmusik ist.

Ohne Musik also keine Lyrik.

Ich hätte mit meiner trockenen Art noch eher zum Spruchdichter getaugt als zum Minnesänger. Dessen war ich mir damals einfach zu wenig bewußt.

Natürlich sind Minnestrophen in ihrer seichten Tiefe nicht viel anderes als Songtexte und leben wie diese ganz wesentlich von der Musik. Ich übernahm also stur, so mancher deutsche Dichter hat schließlich schon bei den Troubadours geklaut, komplette Strophenschemen aus dem Französischen – vergeblich. Frustra. Ich begann an dieses Wort »frustra« zu glauben und ersetzte es dann durch das Wort «nît«, welches aber bedeuten kann: feindselige Stimmung im allgemeinen, besonders die Gesinnung, dem Feinde (Felix!) im Kampf zu schaden, Groll, Eifersucht, Mißgunst, Arg, Neid, aber auch: Eifer, Heftigkeit.

Niemals wieder gegen niemanden loderte Neid in mir so heftig auf wie gegen Felix damals.

Felix war musikalisch.

Felix flog alles zu. Und alles fiel ihm in den Schoß.

Zwar wußte ich theoretisch recht gut Bescheid, welche Instrumente sich zu welcher Musik schickten, in welchem Ensemble und bei welchem gesellschaftlichen Anlaß. Beispielsweise ging Trompete zusammen mit Pauke und

Trommel bei Reiterspielen. Oder daß als Tanzbegleitung vor allem die Fiedel in Frage kam, weil nämlich die wahrhaftigen Damen lieber Saiteninstrumente hören als den Krach von Pauken und Trompeten. Ich aber vermochte in der Praxis, leider auch in noblerem Kreis, lediglich zu unterscheiden zwischen lauter Musik und leiser.

Hätte ich als Spruchdichter Zukunft gehabt? Mit Tadel und Spott und ohne die Schönheit des musikalischen Klangs, da der Tadel und der Spott vorrangig gewesen wären?

Der Codex enthielt keine Melodien und sammelte Spruchdichtung ebenso wie Minnesang. Von daher hätte mir jene naheliegen können –

Weil ich unmusikalisch bin, schreibe ich jetzt nur noch Prosa.

Damals wollte ich Minnesänger werden. Troubadour!

Felix wurde es, schmiß eines Tages alles hin und ging mit der Fiedel nach Italien.

Fast wäre es ihm geglückt.

J2 war untröstlich.

Ich gelangte über die Strichübungen hinaus.

Als Felix ausgebrannt von Italien zurückkehrte, vertrieben ihn die zünftigen Bettler vom Wellenberg, auf dem er zuerst betteln wollte, sie duldeten ihn gerade noch hinten in der schmalen und finsteren Froschaugasse. Er besaß ja alle seine Gliedmaßen. Ein Gebrechen vermochte er, und das wäre in den Augen seiner zünftigen Kollegen die mindeste Ehrensache gewesen, nicht einmal vorzutäuschen. Er war immer noch schön. Nur seine Augen schienen erloschen.

Und mein Neid konnte in Schadenfreude umschlagen.

Neid nagt erst heimlich und nagt und schlägt dann unversehens zu. Beim Jahrestag meiner Primiz ist es auch so gegangen.

Alles, was ich erlebt habe, ist gewesen, wie wenn es gestern gewesen wäre. Aber das ist es ja gerade. Für die Jugend gibt es kein solches »gestern«. Dabei hätte ich ihn fast noch vergessen gehabt. Dann ist er gekommen wie eine riesiggroße Wetterwolke: der runde Jahrestag meiner Priesterweihe.

Owê war sint verswunden alliu mîniu jâr! / ist mir mîn leben getroumet, oder ist ez wâr? – Walther von der Vogelweide.

Daß ich nicht daran gedacht habe, bis er wie eine Wolke über mir gestanden ist, ist ja wohl das Typische dafür. Jugend vergißt keine Gedenktage.

Ich werde alt.

Ich *bin* alt.

Die Gemeinde betet jetzt für mich. Hat mir jemand von der Gemeinde gesagt und mir gratuliert und ein Huhn gebracht.

Aber alles Vergangene kommt mir nur durch die Gegenwart entgegen.

Die Gegenwart bringt es an den Tag.

Daß mir Felix in den Sinn kommt, hängt auch damit zusammen, daß ich vorgestern bis in den Abend hinein Beichte gehört habe mit all den schlimmen Dingen. Sechstes Gebot. Ich mußte sehr in sie eindringen, in die armen

Sünder. Ich habe geglaubt, der Traum Felix wäre endgültig ausgeträumt. Dann hat es mir das Annebääbi gesagt mit dem Jahrestag, und mir ist gewesen, ich träume. Und Felix ist aufgetaucht wie die leibhaftige Jugend mit all ihren Sünden im Dorf.

Das Annebääbi hat mir das Huhn gekocht.

Alle haben sie an meine Priesterweihe gedacht, nur ich hätte sie vergessen.

Ein schales Gefühl vor, während und nach dem Huhn.

Die Worte des Freiherrn von Attinghausen fallen mir ein: »Und so in enger stets und engerm Kreis, / Beweg ich mich dem engesten und letzten, / Wo alles Leben stillsteht, langsam zu.« Und, ebenfalls aus dem eidgenössischen Nationaldrama, wenn es nicht eine vaterländische tragoedia ist, die Verse: »Der Senne muß scheiden. / Der Sommer ist hin.« Und all unsere Liedersänger, wie loben sie den Sommer und hassen den Winter. Natürlich haßt auch Hadlaub den kalten Winter, und wie. Es ist eine obsessio, der auch ich einmal erlegen bin in Jünglingsjahren, bis ich dann vernommen habe, wie Hadlaub es bedichtet, nämlich daß die Frauen die weißen Kehlen und Hälse, ihren Kopf und oft auch die weißen Hände verbergen – das war, mußte ich neidlos eingestehen, einfach origineller als meine ewigen Vöglein, die verstummt waren: sî bergent nu keln blank unde nekelîn / Und ir houbit, wîzze hende ouch dike. – Hübsch, nicht?

Winter also.

Wieder einmal Spitalwein. Für mich allein. Die ewig schleifenden Geräusche vom Annebääbi in ihrem kanonischen Alter. Wann endlich werde ich kanonisch, und zwar bevor ich tot bin.

Isolde hat mir das Geschenk mit einem Blick überreicht, der bis ganz zuhinterst an die Innenwand meiner Augen gegangen ist. Alterchen, hat sie gesagt und mit einem feuchten Schimmer in ihren Augen hinzugefügt: Macho, kleiner Macho, du ewiger kleiner Macho –

Der Spitalwein läßt vergessen. Ist glücklich, wer vergißt? Felix ein für allemal vergessen, neidlos? Tote beneidet man nicht, ich kann mir Felix nicht anders als tot vorstellen.

Wenn ich die Wand von Berg sehe, befindet sich Felix dahinter.

Isoldes Geschenk ist rührend gemeint gewesen und hat mich gerührt. Rührt mich noch immer, so, daß ich die Tränen hinter den Augen spüre, nicht nur, wenn ich es sehe – auch, wenn es nur in der Phantasie vor mir steht und in meine Träume tritt. Es ist wie mit der Lyrik, aber Lyrik besteht auch nur aus Träumen, Träumen aus lauter Träumen.

Isolde hat es mir zuerst nur ganz kurz, wie zum Necken, gezeigt, ließ es blitzen und sogleich wieder verschwinden, lächelnd, kokett, wie es zu ihrer professio gehört, dann hat sie es mir dargereicht: ein Freiergeschenk. Freier unbekannt. Irgendwann muß ich ihr den Tag meiner Primiz verraten haben.

Es ist ein Kästchen.

Was ist das? fragte ich sie.

Ein Minnekästchen, antwortete sie, sind jetzt groß in Mode.

Und was soll da hinein? fragte ich.

Was immer du willst, erwiderte sie.

Ich schloß die Augen.

Etwas von deinen Schamhaaren, sagte ich.

Da holte sie ein Maniküreschercher, schnitt ein paar ab und gab es mir.

Jetzt, wenn ich sie berühre, knistern sie.

Haare vergehen schneller als Knochen.

Neidhart von Reuental: Schaut mein Haar an, es ist wie Eis.

Aber das Kästchen ist über und über bemalt und prangt in allen Farben. Weiße Pferde mit Rittern drauf sind zu erkennen. Schwarz aber sind die Buchstaben. AHC. GVNdIS. DV. MIR. ARMIN. EINV! NAHT. Ach. Gönntest du, meine kleine süße Isolde, mir doch noch so manche Nacht bis ans Ende meiner Tage.

Was mir aber durch das Kästchen mit seinen Buchstaben zur Gewißheit geworden ist: Isolde kann lesen. Wie eine Emanze. Zwar sind die Frauen sowieso lesekundiger und nehmen auch reger Anteil am kulturellen Leben als die Männer, sieht man von den clerici ab. Aber bei Isolde erschreckt es mich. Andererseits paßt es auch wieder zu ihrem Selbstverwirklichungsspleen. Stillschweigend habe ich bis jetzt angenommen, sie rezitiere die Lyrik rein vom Hörensagen aus dem Gedächtnis. Nun hat sie sich verraten. Das mit dem Emanzentum hat es alles auch schon einmal gegeben. Aber der Minnefimmel kann die Frauen noch übermütig machen. Wie hebt Hadlaub, von dem Isolde weiß, die Frauen in alle Himmel – Der welte krône sint frowen –, um andererseits doch wieder den Gedanken an Vergewaltigung nicht preiszugeben (und si dan anz bette swingen). Aber im allgemeinen sind die Frauen doch nicht zu beneiden, das Emanzentum inklusive Lesekunde sei ihnen gegönnt.

Vielleicht kann Isolde auch schreiben und schreibt heimlich? Obszönes gar?

Jetzt steht das Minnekästchen auf meinem Nachttisch. Wie viele Nächte und wie viele Tage, wie viele Sommer und wie viele Winter werden es noch sein bis an mein irdisches Ende? (Auch Schamhaare sind vergänglich.)

Noch EINV! NAHT.

Aber mehr als einen baldigen Tod fürchte ich, ganz Kind des Mittelalters, den plötzlichen. Ich habe Leute gesehen, denen ich die Hostie auf die Zunge legte, und am andern Tag sind sie tot gewesen.

Nicht plötzlich in der Nacht.

Bei den Operationen betäuben sie einen und geben viel Wein und pressen Holzstücke zwischen die Zähne, vielleicht halten sie einen Schlag ins Genick für angebracht.

Das Minnekästchen auf dem Nachttisch mahnt mich an meine Vergänglichkeit.

Beerdigungen gehören zum Leben.

Fünfzigjährige sind alte Leute. Das ist einfach mittelalterliche Realität. Sechzigjährige sind Greise. Vor Siebzigjährigen verneigt man sich in Ehrfurcht. Aber schon mit vierzig ist man alt und man kann Gott danken, daß man noch am Leben ist. Gott danken? Ich bin fünfzig.

Plötzlich bei alledem: Neid auf die Jugend. Schneidender Neid auf die Jugend, die alles vor sich hat oder, wie ich aus der Sicht des Alters sogleich korrigieren muß: manches, etliches, einiges – nicht alles.

Nicht plötzlich tot sein.

Mir überlegt, ob die Annahme, die Seele wäre nicht unsterblich (Epikur), das Leben nicht glücklicher machen würde. Aber Sterben bleibt wohl ewiglich die größere Kunst als Leben. So wünsche ich mir ein sehr langsames Sterben. Aber ich erzähle Selbstverständlichkeiten.

Johannes Hadlaub, der damals schon hochberühmte Sänger, hat, als ich ihm das erste Mal begegnet bin, auf mich gar nicht den Eindruck gemacht, den ich erwartet hätte. Er schien sehr abwesend. Abwesend, als ich ihm vorgestellt wurde, begrüßte er mich, abwesend lächelte er wie gefroren auf den dünnen Lippen. Seine Metapher vom Herzen fiel mir ein, das ihm zappelte und quietschte wie ein Schwein im Sack, das zum Metzger gebracht wird, und ich habe sofort gemerkt, daß sein eigenes Herz kaum je so heftig hatte schlagen können. Vielleicht ist ja alles, was man sich vorstellt, genau anders als die Wirklichkeit nachher, aber bei Hadlaub waren Vorstellung und Wirklichkeit für mich unvereinbar, daß mir schien, zwei Welten fielen auseinander.

Ich habe seine sämtlichen damals vorliegenden Lieder auswendig gekannt.

Zumal seine Erntelieder machen zunächst einen lebenslustigen Eindruck.

Heute weiß ich, daß hinter dieser Lebenslust die Trauer steht und die Distanz dem Leben gegenüber, das »frömden«. Der Novellendichter wird das übersehen. Je genauer ich versuche, mir diese Novelle zu vergegenwärtigen, desto genauer sehe ich deren Löcher. Und die will ich stopfen. Zum Teil wenigstens. Jede Geschichte muß selbstredend ihre Löcher haben. Nur die Löcher machen sie dicht. Aber ebenso selbstredend will ich meine eigenen und ganz anderen Löcher aufreißen.

Und so wie einer, der »frömdet«, sah Hadlaub auch aus.

Als Metzgerssohn gefielen mir seine Litaneien mit den fetten Schweinebraten, den Würsten, Schafshirnen, Hammen, Kuttelplätzlein und Därmen.

Hadlaub war nicht schlank – er war mager, ja regelrecht knochig war er. Seinem Aussehen nach muß er in ständiger Askese gelebt haben.

Das wahre Leben seiner Lieder war von ihm, gelinde gesagt, erdichtet und erlogen und lediglich Abbild seiner Sehnsucht. Von wegen Fressen, Saufen, Huren oder gar Vergewaltigung (war jene seine letzte Sehnsucht?). Das ist traurig, traurig wie das wahre Leben. Aber hat denn Meister Hadlaub jemals wie ich als von Kindesbeinen an frühkapitalistisch ausgebeuteter Metzgerssohn stundenlang realiter den Gestank einer mittelalterlichen Metzgerei aushalten müssen? Ich frage.

Und Hadlaub muß Neid empfunden haben jenen gegenüber, die das wahre Leben leben können. Hatte er sich das wahre Leben von seinem Haus erträumt? Es gibt Zeugen, die in seiner Miene vorher die Verheißung eines reichen schönen Schaffens lasen, wenn ihn nur erst sein Häuschen unterm warmen Dach in seinen stillen Frieden aufgenommen hätte. – Der klassische Fall.

Eine illusio.

Ich übergehe Hadlaubs dunkle, ja womöglich illegitime Abstammung, über welche sich bekanntlich die wildesten Gerüchte jagen. Die gehen etwa dahin, sein illegitimer Vater könnte der clericus und vielseitige academicus Konrad von Mure sein, Verfasser unter anderem des Lehrbuchs »Novus Graecismus« in 10 554 lateinischen Versen, eines naturwissenschaftlichen Lehrgedichts »Libellus de naturis animalium« mit über 2000 Versen, einer Leidensgeschichte der Stadtheiligen Felix und Regula, weiter des

»Clipearius Teutonicorum«, welcher eine Wappengeschichte in Hexametern darstellt, sodann eines Namensregisters für Flüsse und Berge und, nicht zu vergessen, schließlich eines Lobgedichts auf den Habsburger König Rudolf. Ich übergehe das und alle hier einschlägigen speculationes und halte nur fest, daß Hadlaub wohl kaum, gerade trotz oder wegen seiner bäurischen Strophen, eine bäurische Abkunft für sich reklamieren kann. Das Pochen auf eine bäurische Herkunft war in seiner Generation einfach schick gewesen wie in der jetzigen das Pochen auf den Handwerkerstand, auch wenn es mit dem nicht weit her sein sollte – schick auch wie Hadlaubs schickes Stadthaus, das jetzt zur Sprache kommen muß. (Nur nebenher: in der erwähnten Novelle wird Konrad von Mure wenn nicht als Vater, so doch als »Taufgevatter« von Hadlaub auftreten.)

Nun aber das schicke Stadthäuschen. Am 4. Januar 1302 beurkundeten der Zürcher Rat mit Rüdiger Manesse an der Spitze, daß Johannes Hadlaub von Niklaus Ochs umb sechs und fünfzig pfunt und vier schillinge ein Haus am Neumarkt käuflich erwarb unter der Zusicherung, daß ihm dort niemand die Sicht verbauen dürfe: das demselben huse dú gesiht hindenan niemer verslagen sol werden. Ein schickes Stadthaus also mit hübschem Vorplatz und nobler Nachbarschaft (die Bilgeris). Und wer befand sich außerdem unter den Nachbarn? Niemand anders als der Vater von Rudolf Brun wohnte im Nachbarhaus »Zur deutschen Schule«, und von jenem ritterbürtigen Rudolf Brun hat mir der von Kloten nicht nur den wüsten Streitfall erwähnt, sondern auch, obzwar ohne Begeisterung, vorausgesagt, besagter Brun hätte »Zukunft«. Diese Zukunft also mit all ihrer Unruhe – man glaubt es kaum, aber so ist das wahre Leben – befand sich Haus an Haus neben der Manesse-Nostalgie, die Hadlaub besang. Die Welt ist klein. Der Vorplatz ging auf die Froschaugasse hinaus, an der Felix betteln sollte – mein Felix, als ich nicht mehr neidisch war auf ihn und längst nicht mehr das wahre Leben von ihm erhoffte.

Hadlaub also, umgeben von prominenter Nachbarschaft an bevorzugter Wohnlage, lebte fürderhin richtiggehend im Luxus, die sanitären Anlagen eingeschlossen, das Wohnzimmer selbstredend mit offenem Kamin. Seine Ehefrau, die selbst nicht unvermögend war, sonst wäre sie nämlich nicht vom Steueramt erfaßt gewesen, pflanzte im Garten des Hofes neben vielen Blumen auch allerhand Kräutchen an, deren Wirkung nur sie allein kannte. Ihm aber hatte man, eigentlich unerläßlich für das freie Schaffen eines freien Schriftstellers, der unbestreitbar lokalen Ruhm genoß, im Dachgeschoß ein riesengroßes Atelier eingerichtet. Kurz, es war ein Haus nicht nur mit allen Schikanen, sondern auch mit allem Schick, der rundum dazugehört –

Hatte er sich das wahre Leben so vorgestellt?

Wie dichtete er noch kurz davor kleinbürgerlich kleinlaut: Ach, kleiner Mann, trittst du in den Ehestand, / wo du dir kaum Mus und Brot verdienen kannst, / kommst du in Not: hûssorge tuot so wê.

So nah kann alles beisammen liegen.

Er hatte es geschafft.

Wenn er derart fast ebenbürtig in den Manessekreis aufgenommen worden war, hatte dies auch damit zu tun, daß in den alten Ritterfamilien ungefähr gleichzeitig, wie das Geld schwand, das Faible fürs Kulturelle stieg.

War Johannes Hadlaub zufrieden?

Kaum hatte Hadlaub sein Haus bezogen, hörte er auf zu dichten und verstummte lebenslänglich, trotz des schönen

Dachateliers. Man schweigt darüber und tut, als hätte er weiterhin gedichtet. Ich will hier dieses Schweigen brechen. Schweigen ist etwas so Normales, daß es nicht beschwiegen werden muß. Viele, allzu viele durchbrechen ihr Schweigen mit Dichten und dichten, wo Schweigen am Platz ist, überflüssig. Und wieviel gewichtiger ist da das Schweigen von Johannes Hadlaub nach dem Bezug seines Hauses – gewichtig und erklärbar durch, wie ich als mit den Umständen intim Vertrauter bezeugen kann, dreierlei:

Erstens. Beim meisten, was Hartmann von Aue gedichtet hat, langweile ich mich. Aber wer kennt nicht seinen Roman »Erec« mit dem »verligen« des Helden. Ein Ritter darf niemals zur Ruhe kommen, sonst droht ihm das »verligen«. Wie es Erec drohte, nachdem er seine Enite durch aventiure gewonnen und aus purem Mitleid dann auch geheiratet hatte. Er hätte zufrieden sein können auch ohne weitere aventiure und war es nicht. Da klagte selbst Enite heimlich über die Schande, die sein tatenloses Leben in den Augen des Hofes über ihn bringt. Erec sagt kein Wort und macht sich wortlos auf zu neuen aventiuren. Hadlaub brach zu keinen neuen aventiuren auf, verligen war sein Schicksal, mit Ehefrau und Stadthaus. Das Dichten hat für ihn das Abenteuerliche verloren. Rüdiger Manesses Lieblingspferd aber hat Erec geheißen.

Zweitens. Im tiefsten Innern ist Hadlaub ein Voyeur gewesen. Aus der Distanz und lüstern bewundert er die Frauen – als ein bieder verheirateter Voyeur. Und von wegen die Freude mit Mägden auf dem Stroh zur Zeit der Ernte – von wegen jene recht fröide ûf dem strô. Die kannte er zu dieser Zeit allein vom Hörensagen. Voyeur aber kann nur sein, wer Verbotenes sehen will. Mit dem schicken Stadthaus aber in schicker Umgebung sind die verbotenen schicken Frauen erlaubt worden. Die Sehnsucht nach dem wahren Leben ist schaler Normalität gewichen. Wîb sint in mannes ougen / ein süezzer schîn. Süßer Schein. Strenggenommen ist allerdings jede Liebe Sünde. Muß doch auch ich beim ewigen Beichthören mich immer wieder genauestens vergewissern, ob denn jeder coitus dem Zwecke der Fortpflanzung in ehelicher Gemeinschaft gedient hat. Sonst gibt es Buße. Ich bin da noch tolerant. Denn eigentlich, nämlich nach dem Kirchenvater Augustinus, ist der eheliche Verkehr niemals ohne Sünde. Um aber zurückzukommen auf Hadlaub. Hadlaub vollzog seine ehelichen Pflichten und versetzte sich nebenbei, indem er schwärmte von den noblen Damen oder von der Zeit der Ernte, hinein in die Melancholie seiner so und so ewig fernen Liebe. So war das. Die ferne Liebe war das wahre Leben. Und frömd mußte die Geliebte, um deretwillen er angeblich dichtete, sein, frömd und unnahbar – aber nun begegnete sie ihm überallherum in der Nachbarschaft, nämlich der häuslichen. Und weg war der Beweggrund seines Dichtens, den er selbst angibt, daß durch die Weiber wirt sô vil süezzekeit, / dur si man wol singet. Voyeurismus und Melancholie bei Schweinebraten und Würsten, bei weißen Hälsen und erträumten Brüsten. Alles auf Distanz, frömdes minnen mit – allerhöchstens – frömdem gruoz. Das kehrt durch seine Lieder immer von neuem. Aber seine Lieder waren erlogen. Hat er sich das wahre Leben von seinem Haus erträumt? (Vergeblich.)

Schließlich: Manesse. Vertraulichkeiten. Als solche zu behandeln. Keinem Minnesänger ist eine reichere Liedersammlung zugänglich gewesen als Hadlaub im Skriptorium der Manesse. Hadlaub, der Spätzeitler, hat den Reichtum nachgeahmt. Aber solcher Reichtum kann auch lähmen. Alles ist schon dagewesen. Vor allem aber: alles wurde schon besungen. Auch aus diesem Grunde ist Hadlaub als Dichter verstummt. Die anfänglich so inspirierende Wirkung, die vom ungeheuren Manessematerial ausging, und gar mancher mittelalterliche Autor hätte sich eine solche Einsicht gewünscht, mußte, vielleicht recht bald, sich in ihr Gegenteil verkehren, der Reichtum hat ihn wohl dann einfach erschlagen. Auch ich könnte ein Lied davon singen.

Nun wird zwar genug gedichtet und viel zuwenig geschwiegen, doch Hadlaub litt unter dem Schweigen, darunter, daß er nicht mehr dichten *konnte*. Dieser Leidensdruck schien allen im Manessekreis sehr groß. Hadlaub magerte weiter ab. Man mußte etwas für ihn tun. Ich weiß nicht, wer als erster dann auf die Idee kam, ihm aufzutragen, seine eigenen Lieder eigenhändig für die Sammlung abzuschreiben. War es J2? Beschäftigungstherapie sollte es sein, nichts weiter. Kein Dichtername steht deshalb vor Hadlaubs Strophen. Zur Ermunterung malte J2, J2 und Hadlaub kannten sich seit langem, diese riesige prachtvolle Initiale, das große *A* von *Ach* im Eingangsvers von *Ach, mir was lange / nach ir so wê gesîn*. Kein Buchstabe war größer in der Handschrift als dieses *A* in diesem *Ach,* und es sollte der größte Buchstabe bleiben. Mitunter würde bei der Schreibtätigkeit so etwas wie ein Leuchten über Hadlaubs Augen huschen. Hoffte er, wieder dichten zu können? Wir im Skriptorium hatten keine solche Hoffnung. Wir sparten keinen Platz für neue Strophen, wie wir das sonst für lebende Sänger zu tun pflegten, denn wir wußten, daß von Hadlaub nichts mehr zu erwarten war. Rüdiger Manesse, den er als Lebendiger gepriesen hatte, weilte bei den Toten. Alles war nur noch Pergament. Vielleicht war alles, was er nun abschrieb, seit jeher nur Pergament gewesen, alle frömden Frauen, alle Hammen und Kuttelplätzlein. Und das wahre Leben, das waren Ehefrau und Stadthaus. Ach, mir was lange / nach ir so wê gesîn. Er mußte es gemerkt haben beim Abschreiben, wie seine Lieder erlogen waren. Er muß sich gesagt haben: Schluß mit Sehnsucht, Schluß mit Dichten.

Geben wir es zu. Die Literatur vollzieht sich weitgehend außerhalb der Öffentlichkeit in den dafür vorgesehenen Kreisen. Nehmen wir die Manessische Liederhandschrift. Späterer Titel: Codex Manesse. Auflagenhöhe: 1 Exemplar. Der Manessekreis, unter dessen Anteilnahme sie entstanden ist, streut zwar weit über Zürich hinaus, bis nach Konstanz und St. Gallen, aber er ist überschaubar. Die Personen sind bald genannt. Zählen wir sie noch einmal auf nach jener Novelle »Hadlaub«, in der sie uns anläßlich einer Jagdbelustigung in den Albisforsten bei der Burg Manegg vorgestellt werden wird: »Es waren dabei der Bischof Heinrich von Klingenberg, die Äbtissin mit mehreren Frauen, worunter die Fides, die Äbte von Einsiedeln und Petershausen, Graf Friedrich von Toggenburg, Lüthold von Regensburg, Herr Jakob von Wart und dessen jugendlicher Sohn Rudolf, die Edlen von Landenberg und Tellinkon und der von Troßberg. Herr Walter von Eschenbach ritt mit den Knechten und den Hunden dem Zuge voraus, und Herr Manesse mit seinem Sohne, dem Kustos, und mit Johannes Hadlaub schloß denselben.« Der eine und die andere kämen zwar noch hinzu, ob weltlich oder geistlich, und dürften nicht einfach so als unentschuldigte Absenzen auftauchen. Ich komme darauf zurück und erlöse dannzumal die beteiligten Frauen aus ihrer Anonymität. Aber das wäre dann der ganze Kreis und eigentlich auch schon, nimmt man das Skriptorium dazu und das eine oder andere gönnerhafte Mitglied aus anderen vornehmen Familien, der ganze Literaturbetrieb samt dem sogenannten Markt. Genügt dies für die Mitwelt? Für eine Nachwelt mag es bestimmt wenig scheinen. Aber ist die Nachwelt nicht noch ungewisser als die Mitwelt? Und doch lohnt, da die Mitwelt so verschwindend klein ist, der ganze Aufwand um den Codex nur in Hinsicht auf eine Nachwelt, selbst wenn die Zukunft der Fasnacht gehören sollte. Aber jede Fasnacht nimmt ihr Ende. Dem Codex Manesse ist sein Publikum zu gönnen. Ob er dereinst gar unters Volk gerät, und sei es gewissermaßen aus Versehen? Gott weiß. Aber ich, Pfaff ohne illusiones, denke klammheimlich, das arg strapazierte Rütli der Eidgenossen wird abgegrast sein und der Codex Manesse erstrahlen in seinem alten Glanz. Und daß wenigstens seine wunderbaren Bilder angeschaut werden – dahin gehen meine realistischen speculationes. Das wäre dann die Rendite, kapitalistisch gesprochen. Und bei den Liedertexten setze ich vorab auf die Frauen. Sie wohl werden – da es für sie immer noch besser ist, sie werden wenigstens in der Poesie verehrt als gar nicht – entscheiden, ob sich diese Lieder durchsetzen gegen die Fasnacht, auf deren Seite die Zukunft zu stehen scheint – in der beschränkten Sicht des Mittelalters.

Von unserer Gegenwart aus gesehen hat der Codex nach kapitalistischem Ermessen eine unsichere Rendite allenfalls als Investition in eine ungewisse Zukunft. Hoffen wir das beste. Wir kennen ja in diesem Mittelalter kein Verlagswesen (was ist das eigentlich: ein Verlag?) und keinen Buchhandel (ist das wirklich nötig: Buchhandel?) und auch kaum eine literarische Öffentlichkeit (braucht es denn die überhaupt?).

Immerhin gibt es die Lesungen. Wer nicht lesen will oder kann, kann hören. Die Rendite ist allerdings auch hier, wie so oft im Literaturgeschäft, fraglich. Und zwar sowohl für den Veranstalter wie für den Auftretenden. Für letzteren aber gewiß mehr als fraglich, bedenkt man, was heutzutage die Handwerker verlangen, und zwar auch diejenigen, die nicht in einer Zunft organisiert sind und also schwarz arbeiten. Wie symbolisch nimmt sich da doch das Honorar für eine Lesung aus. Hinten in der Kirche von Oberdorf tropft der Regen durch. Soll es tropfen. Aber mit einem Handwerker von unten in der Stadt könnte ich mir ja nicht einmal mehr den Solothurner Spitalwein leisten und müßte vorübergehenderweise ganz auf Bätzi umsteigen. Dort hinten in der Kirche stehen sowieso nur die Männer aus der Mitte des Lebens, die nur auf das Ende der Messe warten und aus der Kirche gehen schon direkt nach meinem Segen. Memento mori.

Und dann die Andacht bei diesen Lesungen, und wie sie tun müssen, als würden sie den hochgestochenen Käse verstehen. Diese Andacht ist ärger als in der Kirche. Also wenn ich eine Messe halte, ist mehr los als in all diesen Lesungen zusammengenommen. Ich brauche doch nur vom Jüngsten Gericht zu sprechen und den Höllenstrafen, und sie brechen in solch großes Wehklagen aus, daß ich geraume Zeit schweigen muß, bis sie sich mit dem Weinen wieder beruhigt haben. Und wie werfen sich die Büßenden heulend auf die Erde nieder. Und die Dorfjugend, auch das ist unser Mittelalter, verabredet sich, während ich die heilige Kommunion austeile, für ihre Rendezvous. Eigentlich kann ich mir ja nur gratulieren, daß ich kein Minnesänger geworden bin nach dem Vorbild der westlichen Troubadours. Ein Troubadour stößt doch bestenfalls auf andächtiges Schweigen. Allerdings, wem behagt es nicht, anschließend an die Lesung beim gemütlichen Teil leibhaftig dem Autor zu begegnen und vielleicht diesen Autor

Graf Kraft von Toggenburg

gar im kleinen Kreis ganz privat im persönlichen Gespräch kennenzulernen. Möglicherweise glückt eine sehr nachhaltige Begegnung, wenn man, den Nachhall der Lieder im Ohr, das Glas Wein in der Hand, Bonmots von sich gibt bei Bedarf und in lauter fremde Gesichter lächelt, die durch die Lieder miteinander verbunden sind –

So war das auch im Kreis der Manesse.

Und Sie kennen Johannes Hadlaub wirklich ganz persönlich?

Ja, hätte der Autor erwidert mit einem Understatement, von dem er aus Erfahrung wußte, daß es ankam.

Aber das ist ja ganz furchtbar aufregend.

Ist es.

Und kennen Sie zufällig auch den Grafen von Toggenburg? Den Sänger?

Zufällig ja.

Seine letzten Lieder?

Die letzten nicht.

Also die müssen Sie unbedingt kennenlernen. Die sind so – kühn.

Da bin ich ja gespannt, erwidert der Autor, knabbert weiter, trinkt einen Schluck Wein, Eglisauer Beerli, lächelt –

Und jemand anders fragt, ebenfalls eine Dame: Wer genau gehört denn nun eigentlich alles zum Manessekreis?

Der Autor zieht sich aus der Affäre, indem er andeutet, so daß es auch die erste Dame hört, der Graf von Toggenburg gehöre nur am Rande dazu.

Und der Gastgeber kommt und läßt nachschenken.

Zürich sei für den weitgestreuten Manessekreis ein bequemer Meeting-Place, weiter, sehe man vom Skriptorium ab, nichts.

Und immer wieder daran denken: Hörerinnen sind

wichtiger als Hörer. Nicht nur, weil sie lesekundiger sind. Auch, weil sie auf den Minnesang geradezu fliegen und auf die hohe Stellung der Frau in ihm, wenn er klassisch ist, und je unrealistischer er ist, für desto klassischer halten sie ihn. Aber deshalb ist ja dieser von Toggenburg noch lange kein Klassiker, ist doch wahr. Und was denn soll kühn sein bei diesem seichten Epigonen? Da müßte man diese Dame mal konfrontieren mit richtigen Unanständigkeiten, die es in der Liedersammlung *auch* gibt, so unanständig, wie eben das Leben unanständig ist, etwa beim Tannhäuser, etwa da, wo die Dame sagt, sie schätze es, »daz ich ir taete, als man den frouwen tuot dort in Palerne«, womit Palermo gemeint ist.

Die Autoren im Literaturbetrieb kennen sich selbstverständlich alle persönlich. Kennt man jemanden nicht persönlich, ist er entweder unwichtig oder ein Outsider. Aber gibt es, da jeder Autor ein Outsider ist, überhaupt Outsider von Outsidern? Bei einer Lesung ist mit ungefähr zwei Dutzend Personen adligen Standes zu rechnen. Dazu kämen die Mitglieder der fürstlichen Familie, die Hofgeistlichkeit, die Damen, die Gäste. Der Rang des Hofpersonals läßt sich an der Zahl der Pferde ablesen, die dem einzelnen zustehen, von möglichem Understatement auch hier jetzt einmal abgesehen. Geistliche sind immer willkommen, sogar Bürgerliche, haben sie Geld. Überhaupt: Jede Art von Elite. Nicht: Eidgenössische Rebellen von der Eidgenossenpartei. Wobei es da freilich Ausnahmen gibt. Wem läge nicht daran, wenigstens ein einziges Mal im Leben einem wahrhaftigen Rebellen begegnet zu sein, im kleinen Kreis anschließend an die Lesung. Die wahren Rebellen sehen überhaupt nicht rebellenhaft aus, sie knabbern, sie nippen, sie lächeln –

Das literarische Programm des Manessekreises besteht,

drückt man es in germanistischer Diktion aus, darin, die alten adligen Leitbilder ritterlicher Tugendhaftigkeit und höfischer Minne neu aufleben zu lassen. Um nicht mehr und nicht weniger ging es doch. Es ist Nostalgie, zugestandenermaßen. Und wer diese ob der Weltflüchtigkeit beneidet, der beneide sie. Aber gerade hier in der engeren und weiteren regio des deutschsprachigen Südens blüht noch heute recht manches, was sonst weit herum bereits *ver*blüht ist. Herbstlich also ist das kulturelle Programm. Aber das Kulturelle allein hätte es nicht getan, antiquarisch und epigonal die vergangenen Lieder zu sammeln. Das Kulturelle ist es allerhöchstens in dritter Linie, was den Manessekreis vereint. In allererster Linie ist es – traurig, aber wahr – wirtschaftliches Interesse. In zweiter Linie gemeinschaftliches politisches Interesse, und das heißt: eindeutig prohabsburgisches. Das Gegenteil also von Eidgenossentum ist der Liedersammlung unterlegt. Herbst statt Zukunft. Immerhin meldet sich in der ganzen Aufmachung von der Vergangenheit bis hinein in die Gegenwart ein neues Selbstbewußtsein der Autoren. Es gibt keine anonymen Verse, kein nur anonym überliefertes »Du pist mîn ih bin dîn«. Die Autoren selbst geben dem Codex die Ordnung nach ihrem Stand von Kaiser Heinrich bis hinab zu jemandem wie Hadlaub. Und Bilder zeigen diese Autoren.

Sogar die fahrenden oder freien auctores. Sie sind ja auch die besseren. Ich komme auf den jämmerlichen Hobbydichter aus dem Toggenburg später zu sprechen. Aber wer sich nicht getraut, *alles* hinter sich zu lassen, der soll sich das Dichten besser aus dem Kopf schlagen. Es gibt andere Hobbys. Man kann auf hübschen Pferdchen reiten und diese Pferdchen so richtig munter laufen lassen. Oder wandern kann man. Wenn's denn unbedingt sein muß, kann man sich auch einer psychoanalysis unterziehen, koste es, was es wolle. Auf alle klerikalen Annehmlichkeiten hätte auch ich verzichten müssen und habe mich nicht getraut. Deshalb nur diese trockene Prosa. Beneide ich von daher die Vogelfreiheit der »Freien«? Sie werden beneidet nicht nur von mir. Dabei ist die Konkurrenz riesig, allein schon im Zeichen der allgemeinen Pfaffenarbeitslosigkeit. Und Lehrer sind in unserem Mittelalter noch viel weniger gefragt. Wer von diesen jungen Leuten sucht da den Ausweg, die Zuflucht und das Heil nicht im Dichten. Wie auch Felix es versucht hat auf dem romantischen Weg nach Italien und zurück in die Bettelei an der Froschaugasse. Aber der Neid gilt der Romantik, die mit der Freiheit der freien auctores verbunden sein soll. Es ist ein Elend. Sie sind die besseren, aber sie müssen leben vom einzelnen Auftritt (Lesungen). Sie müssen um des lieben Geldes willen lügen, loben, spotten, tadeln. Siehe auch und nicht zuletzt Walther von der Vogelweide. Noch schlimmer als der Zwang zum Lob, wissen Insider zu berichten, wäre die Erwartung von stetem Spott. Siehe Walther von der Vogelweide und seine Aussage, er sei zu lange arm gewesen und hätte giftig sein müssen, bis ihm der eigene Atem gestunken hat: ich was sô voller scheltens daz mîn âten stanc. Vom auch sonst den Fahrenden und Vaganten gegenüber spendablen Bischof Wolfger erhielt er Geld für einen Pelzrock. Das mit dem stinkenden Atem bekennt er im Lied, wo er in alle Welt ruft: Ich hân mîn lêhen. Das war gegen sein Lebensende. Mit einem Lehen hat ihm der König endlich den Atem gereinigt. Endlich war er realiter ein freier auctor geworden.

Auch Hadlaub übrigens, Gott sei's geklagt, mußte Bücklinge machen, obwohl er ungleich besser dastand als sein Kollege aus dem vorigen Jahrhundert – Bücklinge nämlich im Rahmen seiner Lektoratsarbeit für den Codex. Welche Autoren sollen aufgenommen werden? Diese Bücklinge sind allerdings nur Insidern bekannt. Bücklinge zum mindesten an die Adresse eben jenes läppischen Grafen von Toggenburg. Ich komme darauf noch ausführlicher zurück und gedenke, etwas ans Licht der literarischen Öffentlichkeit, womöglich erst derjenigen der Nachwelt, zu ziehen, was sonst verborgen bliebe. Aber sage mir einer, wer keinerlei Bücklinge zu machen brauchte. Überall lastet mächtig die Macht über der Ohnmacht, übermächtig aber auf der Ohnmacht der freien auctores, der Willkür selbst von ausgesprochenen Nullen oder farblosen Flaschen ausgesetzt.

Hadlaub wie Walther von der Vogelweide und so mancher der freien auctores verstand Latein. Etliche freilich verheimlichen ihre Bücherstubenluft, weil sie nicht blutleer erscheinen wollen. Als käme aus den Büchern Leben. Es ist aber, von der Pfaffenarbeitslosigkeit jetzt einmal abgesehen, kein Wunder, daß Intellektuelle – vielleicht nur heimlich – dichten, vielleicht gar verhinderte Dichter sind, und daß umgekehrt Dichter fast unvermeidlich einen intellektuellen Touch haben und verblüffend oft tatsächlich Latein lesen und schreiben können. Dieser Deckungsbereich markiert, möglicherweise, zugleich den spektakulärsten Bezirk des Literaturbetriebs in unserem Mittelalter, der da besteht, wo Autoren zugleich Kritiker sind, die Spreu vom Weizen scheiden – und umgekehrt. Siehe den Literaturstreit zwischen Walther und Reinmar ob der Frage, welche Frauen man besingen soll – dies erregte Aufsehen, wer erinnert sich nicht. Und in diesen allerdings nicht immer auch effektivsten Bezirk fällt Hadlaub, da ihm doch gleich zwei Traumjobs zugeflogen sind: der des Dichters und, wie schon erwähnt, derjenige des Lektors und späteren Cheflektors beim Skriptorium. Nach dem plötzlichen Tod des strengen Johannes Manesse wurde von den Sponsoren Hadlaub mit der verantwortlichen Leitung des Unternehmens betraut, und dieser erwies sich, nachdem ihm das Träumen abhanden gekommen war, als durchaus fähig für ein effektives Management. Und wie er dann, nachdem mit seiner Dichterkraft Sense war, aus den angegebenen Gründen (die Doppelspurigkeit im Literaturbetrieb birgt ihre Risiken), eigene Lieder abschrieb, gab er dadurch all seinen Mitarbeitern erst recht ein Beispiel für entsagungsvolle Arbeit. Wie ist die Körperstellung beim Schreiben mühselig. Drei Finger schreiben. Zwei Augen sehen. Die Zunge spricht. Die Füße sind auf einen Schemel gestützt. Der ganze Körper muß angestrengt arbeiten in ständiger Monotonie.

Zum Spektakulären und Effektiven aber noch: Ich besitze ja die Verse dieser frühen Emanze. Aber die mag noch so schön und grausam gedichtet haben – allein von mir und meinem guten Willen hängt es ab, ob sie das Mittelalter überlebt mit ihren Männerlästereien. Noch bin ich mir unschlüssig. Ich schwanke.

An anderen Orten, nicht nur in Konstanz, wurden ja ebenfalls, der Zeitgeist stand nun einmal auf Nostalgie, Liedersammlungen projektiert und gediehen über die Planung nicht hinaus. Träumerei allein genügt nicht, kommt kein nüchterner Sinn dazu. Wer aber hätte sich besser geeignet, das Unternehmen Manesse verantwortlich zu leiten, als Hadlaub, der doch alle Arbeiten des Skriptoriums aus eigener Erfahrung kannte: das Sammeln der Handschriften, die endgültige Auswahl der Lieder, das Abschreiben, das Illuminieren, das Malen der Miniaturen. An den anderen Orten muß das Träumen überwogen haben, und wo wird nicht geträumt, treffen Intellektuelle aufeinander – dabei maskieren zu oft diese Träume nur die resignatio.

Meine eigenen Träume, und ich träumte noch andere als um Felix, sind ausgeträumt. Der Fünfzigste hat ihnen den Rest gegeben. Merke ich im nachhinein.

Schon als halbes Kind ist Hadlaub, wie auch die Novelle es aus ihrer freilich ganz anderen Perspektive bezeugen wird, der Liederbücher wegen in andere Städte, Klöster, Burgen gesendet worden. Er durcheilt sie süchtig auf Pergament und ohne Augen für die Landschaft. Hier ist wohl schon angelegt, daß er später auf fremde Landschaften verzichtete zugunsten des jetzt gesammelten Pergaments, das so manche decennia, so manche regiones vertrat – sein wahres Leben hat sich in lauter Tierhaut verwandelt, nun ja, und am Ende ist nur noch das Pergament geblieben.

Obwohl ein Ende des Unternehmens Manesse noch nicht sicher abzusehen ist, liegt dessen Erfolg doch auch die traditio zugrunde, dank welcher die Interessen von Ritter- und Geldadel, von Laien und clerici auf den Punkt gebracht werden konnten und, dem Bericht des von Kloten zufolge, auch weiterhin, allen Unruhen zum Trotz, gebracht werden können. Es ist eine traditio, die in der Novelle beschworen werden wird, wenn Rüdiger Manesse auf Hadlaub bezogen sagt: »So haben wir die Aussicht, daß es ganz aus der gleichen Hand entstehen wird, auch wenn wir selbst darüber wegsterben sollten!« Viele sind über dem Pergament weggestorben, und das Pergament hat's überlebt, dank dieser traditio – und dank der Sponsoren und damit letztlich des Gedeihens unserer Industrie, von der in unserer Gegenwart Gedeih oder Verderb jedweder höheren oder elitären Kultur abhängt, aber dazu später in anderem Zusammenhang, ohne Wirtschaft läuft da nichts –

Ich komme jetzt aber auf diesen banausischen Blödian Graf Kraft von Toggenburg zurück.

Bereits in der Kindheit stellte ich fest, daß die Welt des Adels eine vollkommen andere Welt war. Neidlos erst nahm ich dies zur Kenntnis. Der Neid kam später dazu und wirkt nach bis zu meiner Befangenheit dem von Kloten gegenüber. Ausgelöst wurde er durch Graf Kraft von Toggenburg.

Es gibt viele adlige Sänger. Allzu viele, meine ich.

Zwar können die meisten Adligen, ich muß es leider wiederholen, weder lesen noch schreiben. Deshalb ist ja höfische Dichtung auch notgedrungen zu einer geselligen Angelegenheit geworden: sie wird »vorgetragen«. Geschrieben wird sie aber zudem mit lateinischen Buchstaben, und die Adligen sind des Lateins selten kundig. Trotzdem gibt es Adlige, die dichten, ohne des Lateins kundig zu sein und ohne lesen und schreiben zu können – indem sie noblerweise diktieren.

Graf Kraft von Toggenburg mußte aus diesen Gründen seine Lieder diktieren, weniger aus Noblesse als notgedrungen.

Im Codex ist er abgebildet als ein Jüngling, der, sorgfältig frisiert und mit schön fallendem Gewand, eine Leiter hochsteigt und die Hand nach einem Kranz ausstreckt, den ihm eine Jungfrau vom Söller herabreicht.

Graf Kraft von Toggenburg war sehr dick und kaum in der Lage, eine Leiter hochzusteigen. Nicht ganz zufällig zeigt sein Wappen eine schwarze Dogge, denn breit und feist ähnelt sein Gesicht tatsächlich dem einer Dogge – und die beiden Fische als Helmzier gemahnen mich nur allzusehr an sein glitschiges, ja schleimiges Wesen. Einfach ekelhaft. Meine Schulung im allegorischen Denken der theologia hat doch ihren Nutzen. Dabei kommt mir Chorherr F. in den Sinn. Ach, Chorherr F. Was er nur sagen würde zu Fischen und schwarzen Doggen oder gar zum Besteigen einer Leiter. Gott weiß –

Also. Dieser Toggenburg ist verwandt gewesen mit Friedrich von Toggenburg, der 1315 in der Schlacht am Morgarten gefallen ist, selbstverständlich auf Habsburger Seite.

Er war vor allem aber verwandt mit Kraft von Toggenburg, dem Propst am Chorherrenstift seit 1310, und dieser Person wird nachgesagt, wie der von Kloten mir berichtet hat, sie würde die Wendung zu einer konservativen Herrschaft in Zürich »sehr begrüßen«.

Aber damit habe ich eigentlich schon alles gesagt.

Ohne diesen Analphabeten und Dickbauch, der sich zum Minnesänger berufen fühlte – es hätte mein ganz großer Auftritt werden können.

Es war kurz vor dem Tod Rüdiger Manesses.

Man hatte mich geladen zum Vortrag eigener Verse anläßlich eines Candlelight-dinners auf Burg Manegg.

War es der Neid auf meine Jugend? Oder neidete er mir den Erfolg, weil ich nicht adlig war? Und jung dazu?

Mit vielen Pferden waren sie gekommen. Die Stufen des steinernen Aufgangs zur Burg erleuchteten in kurzen Abständen Fackeln, die durch den Abendwind unruhig wurden. Der Weg war für alte Menschen, und ihrer sollten nicht wenige sein, beschwerlich. Vor mir ging der alte Ritter Biberli gestützt von Sohn Markwart, der später Prior werden sollte am Predigerkloster. Überhaupt waren Ritteradel, Geldadel und höhere Geistlichkeit bunt gemischt.

Es spielte, bald schon unüberhörbar, die Niederdorf-Band »Paradise Lost«. Jeder Gast erhielt eine Rose angesteckt. Die Frau von Rüdiger Manesse wirkte zu meinem Erstaunen höchstpersönlich in der Küche. Ebenfalls zu meinem Erstaunen lagen keine Decken auf den Tischen. Ich hatte Damast erwartet. Aber dies war eben das typische Understatement des Zürcher Adels. Sollte mir noch öfter begegnen. Das Menu bestand aus Eiersuppe mit Safran (vorzüglich), Schaffleisch mit Zwiebeln (leicht zerkocht), Brathuhn mit Zwetschgen, Schweinskeule mit Gurken (leider kalt geworden) und gesottenen Fischen, sauer zubereitet. Dann klopfte der greise Rüdiger Manesse mit dem Löffel an den Pokal und sprach mit leiser und brüchiger Stimme, einmal verlor er den Faden, einen Toast aus auf das Wohlergehen aller. Anschließend wieder »Paradise Lost«.

Ich selber, würde man mich fragen, finde, Walther von der Vogelweide geht mit seinem Lied »Under der linden / an der heide, / da unser zweier bette was« mit dem Refrain »tandaradei« unter sein Niveau. Es ist halt so eine Sache mit künstlicher Naivität. Jedenfalls schätze ich seine sarkastischen Töne um so mehr. Aber um wieviel primitiver ist des Grafen Krafts von Toggenburg Geklingel um Blumen, Laub, Klee, Berg und Täler und den Mai, die alle fahl seien gegenüber der Rose der Herrin, und die lichte Sonne erlösche in seinen Augen, wenn er die Rose sehe, die aus einem roten Mündlein blüht wie die Rosen aus dem Tau des Mais. Aber bitte, im Originalton: Bluomen loup klê berge und tal / und des meien sumersüeziu wunne / diu sint gegen dem rôsen val / sô mîn vrouwe treit: diu liehte sunne / erlischet in den ougen mîn, / swann ich den rôsen schouwe, / der blüet ûz einem mündel rôt / sam die rôsen ûz des meien touwe. Die Sonne also mit der Rose im Mund – fast surreal, aber es ist kein Surrealismus. Zwar liegt das Niveau der Minnelieder, die von adligen Dilettanten gedichtet worden sind, ganz allgemein nicht sehr hoch – aber daß Cheflektor Hadlaub derartige Stilblüten in den Codex aufgenommen hat, begreife ich nicht. Das heißt, ich begreife es schon, denn die von Toggenburgs sind eine äußerst mächtige Familie. Vielleicht auch markiert es, wenn er diesen Kitsch aufgenommen hat, die Wende vom träumenden Hadlaub zum tüchtigen Hadlaub, der anstellig ist und auch Bücklinge macht. – Ich bin befangen.

Ständen, wäre ich adlig, auch meine Strophen im Codex? Hoffte ich aus jugendlichem Übermut? Und geriet desto mehr in resignatio, die am tiefsten spürbar wurde, als Ritter Rüdiger Manesses Beerdigung gewesen ist.

Was mir damals auf Manegg auch noch auffiel: das weiße Brot. Es ist lächerlich. Zum ersten Mal in meinem Leben aß ich Weißbrot. Jeden Bissen davon kaute ich, als wäre es der letzte. Wie muß der alte Hadlaub seine Möwen geliebt haben, daß er sie mit Weißbrot fütterte.

Es folgte eine Art Sängerwettstreit.

Ich sang.

Dann äußerte Graf Kraft von Toggenburg, das Lied hätte keine Musik gehabt. Griesgram lag in seiner Stimme. Niemand fügte dem etwas hinzu. Meine Verse waren sang- und klanglos bachab gegangen.

Ich hatte neuen Sound bringen wollen. Graf Kraft fügte dann noch hinzu, es wäre Katzenmusik gewesen. Heute kann ich dieses Wort erst recht nicht hören, nämlich seit der letzten Ernte, wo die Jugend hier in Oberdorf, die Sonne machte schon den Himmel rot, aus Übermut heraus in einem Käfig Katzen verbrannt hat und ich deren grauenhaftes Miauen noch jetzt im Ohr habe, obwohl auch ich gelacht habe dabei, alle dabei haben gelacht. Das Mittelalter ist grausam wie das Leben.

Damals wurde mir die Katzenmusik vorgehalten ausgerechnet von diesem Dickbauch, und ich habe mir stumm gesagt: senilitas senilitatum.

Dann hatte ich nur noch den Wandteppich vor Augen mit Äneas und Dido in Karthago vor dem Meer, das schimmert zwischen Türkis und Rosa. Erst durch den Tod der Dido wird ihr Flirt mit Äneas unsterblich – schön, erhebend. Ich begriff: Minne ist ein Gegenprogramm zur Realität. So zum Trost sagte ich es mir. Und: Je höher der Grad an Fiktion, desto fraglicher derjenige an Realität. Und: Höfische Dichtung soll schmeicheln. Wem? Dem höfischen Publikum. Damit dieses die triste Realität wenigstens für Augenblicke vergessen kann.

Die Lieder der andern waren auch nicht besser, ob mehr oder weniger erotisch.

Ausgenommen das Lied von Felix. Er sang, er wäre traurig, habe sie doch gesagt in seiner Gegenwart, er könnte Äneas heißen, und niemals und nie wollte sie seine Dido sein.

Lebhafter Applaus.

Mir kam das Lied gleich bekannt vor, als wäre es erklungen aus tiefster Vergangenheit. Niemand hat gemerkt, daß er es dem alten Friedrich von Hausen, gestorben auf einem Kreuzzug, geklaut hatte.

Sein Lied war besser.

Ich applaudierte wie gelähmt. – Ich muoz von schulden sîn unvrô, / sît sî jach, dô ich bî ir was, / ich mohte heizen Enêas / und solte aber des wol sicher sîn, / si wurde niemer mîn Tidô. – Dabei mag ich diesen Friedrich von Hausen gar nicht sonderlich. Ich hab' was gegen Kreuzzüge.

Am Schluß spielten wieder die »Paradise Lost«, überlaut. Ich aber hielt die Tränen an, und sie verflüchtigten sich hinter meinen Augen ungeweint ins Nichts, und ich versuchte, den gräßlichen Dickbauch zu vergessen.

IRA

Zorn im Kopf und Wut im Bauch

Es ist wieder Sommer. Eine Zeitlang habe ich gedacht, ich erlebe ihn nicht mehr.

Tandaradei.

Ich sehe es den zittrigen Buchstaben an, wie müde mir dieses Tandaradei daherkommt.

Man müßte böse sein können mit richtiger Wut im Bauch.

Den ganzen Winter und den Frühling krank gewesen. Habe nicht schreiben können oder wollen, und es ist auch nichts passiert. Auch das Annebääbi hat mich manchmal aufgegeben. Fieber. Kalter Schweiß.

Jetzt jagen sich die Ereignisse.

Es regnet viel zuviel.

Die Bauern in ihren graublauen und fast schwarzen Kleidern sagen: d sunne söuu durechoo.

Ich muß sie davon abhalten, daß sie mit Gott hadern. Ich erteile unermüdlich den Wettersegen. Dominus vobiscum. Herr, wollest du die Früchte der Erde geben und erhalten. Herr, segne dein Volk, das auf dich vertraut. (Passe wie der Teufel auf, daß ich nicht aus Versehen bete: Herr, bedecke den Himmel mit Wolken und gib der Erde deinen Regen.)

Die Stimmung in Oberdorf entspricht dem bedeckten Himmel.

Im »Kreuz« aber in der Stadt unten an der Aare ist wieder viel Bier geflossen und gegen Wirtschaftsschluß Jubel, Trubel, Heiterkeit gewesen. Dabei weiß kein Mensch, ob das »Kreuz« zu Recht so heißt, nämlich aus lauter Sympathie zur Eidgenossenpartei, die es auch in Solothurn gibt, oder ob das Kreuz auf dem Schild vom »Kreuz« reiner Zufall ist. Niemand weiß es. Ich trinke pöbelhaftes Bier. Für was lebt man schon. Plötzlich hat mich eine Frau in gelbem Kleid mit viel Holz vor dem Haus aus heiterem Himmel gefragt, ob ich nicht das Alterchen wäre. Ich tat, als hätte ich nichts gehört. Sie ließ nicht locker. Ich gab klein bei. Fragte, wo Isolde bliebe. Lange Pause. Ihre Schwester Isolde sei weg in ein Kloster, weit weg jedenfalls. Selbstverwirklichung (ich vermag mich an den genauen Wortlaut nicht mehr zu erinnern) und noch einmal Selbstverwirklichung. Ich habe mein Bier getrunken. Mit Isolde war es also Essig. Aber Frauen, auch wenn sie vereinzelt Abschied nehmen von der Männerwelt, gibt es wie Sand am Meer. Also fragte ich die Frau, die mir die traurige Mär von Isolde aufgetischt hatte, nach ihrem Namen. Sie schwieg, sagte dann wie im Zorn (alle scheinen sie zur Zeit zornig zu sein): Maria. Das hat mir noch gefehlt. Aber wenn ich ebenfalls zornig bin, so habe ich wegen dem sang- und klanglosen Abrauschen von Isolde auch Grund zu Zorn, wogegen mir der Zorn von Maria schleierhaft bleiben muß. Aber es gibt ja heutzutage Frauen, die Wut im Bauch haben, sobald sie einen Mann auch nur aus der Ferne sehen, und dann flüchten sie ins Frauenkloster. Ich fragte sie, ob ich sie Marilyn nennen dürfe. Sie hat eine Art zu lachen, indem sie die Augen ganz schließt. Marilyn. Sie lachte weiter und sagte, ich müßte ja ein halber Ritter sein mit meinem ewigen Minnesang, habe ihr Isolde erzählt, worauf ich entgegnete, damit sei es auch wieder nicht so weit her, mir läge nämlich überhaupt nichts an Pferden, ich verabscheute Pferde. Das leuchtete ihr ein. Sie wurde ernst, und wir kamen miteinander überein. Cash. Ich halte es mit dem sonst so langweiligen Hartmann von Aue, der einmal, im Zorn, eingesteht, er wäre zu den Damen so, wie sie zu ihm wären, und mit niederen Frauen könne er sich die Zeit sehr viel besser vertreiben als mit spröder hoher Minne: wand ich mac baz vertrîben / die zît mit armen wîben. Für die adligen Herren ist das Vergnügen mit niederen Frauen sogar gratis und nichts als recht und billig in unserem Mittelalter, im Notfall tut's die adlige Vergewaltigung bei niederer Minne.

Auch eine Isolde ist ersetzbar.

Auch Marilyn versteht sich auf die Liebe nach der Art von Palermo.

Ist das »Kreuz« ein Bordell?

Im strengen Sinne nicht. Es fehlt zum Beispiel eine Badestube. Seinen zweifelhaften Ruf verdankt das »Kreuz« aber viel eher der antifeudal eidgenossenfreundlichen Gesinnung, die hier herrscht, so daß der Obrigkeit schon das Schild mit dem Kreuz ein Dorn im Auge ist. Immerhin, das Kreuz wird geduldet. Die Gründung dieser Eidgenossenschaft verliert sich, wie ich das einschätze, bald im Nebel des Mythos, falls es überhaupt zu einem solchen kommt, und aus diesem Grund will ich für alle Fälle hier das ganz genaue Datum angeben: es war der 1. August 1291. An den Wänden vom »Kreuz« hängen also im neuen italienischen Stil, Giotto nachempfunden, Gemälde von jenem sagenhaften Wilhelm Tell, vom Rütlischwur, vom Apfelschuß und so weiter in sanften Linien (das Gesicht Tells so, als ob es ihn gegeben hätte) und den Hintergrund mit verwegener Perspektive. An den Tischen aber herrscht ein Schweigen, wie es derzeit ebenfalls von den Bergen um den Vierwaldstätter See her Mode geworden ist – bewußt unhöfisch, aber nicht unbedingt unhöflich, jedenfalls nicht unbedingt so gemeint. Zu vorgerückter

Stunde kann es dann durchaus passieren, daß es laut wird gegen die da oben, die ja nur nicht meinen sollen und daß wir dann ja auch noch da seien. Und im Anschluß daran kommt es regelmäßig zu Jubel, Trubel, Heiterkeit.

Marilyn hatte noch einen Freier vor mir.

Ich kam in eine disputatio mit einem litteratus, der zufällig am gleichen Tisch saß (arbeitslos, vagabundierend).

Mein Zorn gründet im tiefsten vielleicht darin, daß ich zu sehr von den Ausnahmen her denke und fühle und zu wenig von der Regel aus. Per exemplum. Schließe ich, ungehörigerweise, Macht sei schlecht, tue ich es offenbar von der Regel aus, die da lautet, Macht sei gut, in der Regel, denn sie ist ja gottgegeben, und ich halte mich an die Ausnahmen und hege erst mal den Verdacht auf Machtmißbrauch. Die hohen Herren können einen ja vierteilen lassen für nichts. Vielleicht bin ich einfach zu intellektuell, um den Gedanken und das Gefühl aufzugeben, daß erst die Ausnahmen die Regel bestätigen, die Regel der Wahrheit nämlich. Gibt es Wahrheit außer in Gott? Vielleicht ist alles ein heilloses Durcheinander. Vielleicht bin ich noch zu geschwächt von der Krankheit. Spüre sofort wieder kalten Schweiß.

Item. Die Rede kam auf die Freiheit. Mein Gesprächspartner, Friedrich oder kurz Fritz mit Namen, sagte, die Freiheit der Eidgenossen sei vorab die Freiheit von Habsburg. Ich hielt Fritz entgegen, es gäbe aber Freiheit auch außerhalb seiner Freiheit von Habsburg einerseits und andererseits Freiheiten auch im Bereich von Habsburg, in dem wir uns an diesem Ort befänden, oder wie es denn mit jener anderen fryheit bestellt sei, mittels der manche Eidgenossen auf spontanes Abenteuertum mit kriegerischen Aktionen aus wären, mit Gewalt gegen Sachen und mit Gewalt auch gegen Personen. Fritz entgegnete, ich schwebte zu sehr in meiner Manessewelt und nichts gegen die schöne Literatur, aber auszugehen sei von einem radikal emanzipatorischen Freiheitsbegriff und der würde von der hiesigen Eidgenossenpartei besser vertreten als von der Eidgenossenschaft selbst. Prost.

Prost.

Ich stellte die Frage, ob sich solche Gedankengänge nicht über unser Mittelalter hinausbewegten, wo es doch keine absolute und allgemeine Freiheit gebe, sondern nur die einzelnen Freiheiten, deren jede aber ein letztlich durch Gott gewährtes Privilegium oder Vorrecht darstelle, und Vorrechte ständen unweigerlich nicht jedem zu.

Unweigerlich? fragte er zurück. Zorn stand jetzt in seinem Gesicht: Wo es doch konkret um den einmaligen und historisch unumkehrbaren Prozeß einer zunehmenden Emanzipation vom Heiligen Römischen Reich Deutscher Nation ginge.

So kamen wir auf die jüngsten Ereignisse von Zürich. Unweigerlich.

Dann winkte mir Marilyn und trieb es mit mir nach der Art von Palermo. Frauen sollen gar nicht erst lesen und schreiben lernen, weil sie sonst gegen die Keuschheit verstoßen. Dermaßen sinngemäß Philipp von Novara. Daran halten sie sich aber nicht, und schlußendlich wollen sie ins Kloster. Marilyn ist auf dem besten Weg.

Minnesang ist Adelskunst. Wenn er in der Manessischen Handschrift gesammelt wird wie sonst in keiner, stellt sich doch auch die Frage, wie denn die Arbeit an ihr so völlig ungestört weiterlaufen konnte auch nach der Zürcher Umwälzung im Jahre 1336.

Kurz die Fakten. Vorangestellt sei die Anmerkung, daß eine adelsfeindliche Entwicklung im Raum Zürich zwar in principio vor 1336 ähnlich feststellbar ist wie im Raum Vierwaldstätter See bei den Eidgenossen, daß aber solche Adelsfeindschaft, um es im kapitalistischen Jargon künftiger Geschichtsbücher zu sagen, nicht auf eine »Liquidation« des Adels hinauslaufen mußte, zeigt sich gerade an der Eidgenossenschaft, welche die ritterliche Gesellschaftsordnung zwar bekämpfte, deren »Restbestände« aber übernahm. Sie haben ja auch schon mit dem Freiherrn von Attinghausen zusammengespannt.

Minnesang ist Adelskunst. Man hat, es wurde im Skriptorium darüber des öfteren geplänkelt, den deutschen Minnesang, wo er die Frau in eine derart erhabene Distanz stellt, dahingehend interpretiert, daß er aus einem bedrohten adligen Bewußtsein heraus entstanden sein könnte. Wir haben das hin- und hergedreht in manchen Arbeitspausen. Der Gedanke hatte etwas Bestechendes. Hochstellung der Frau als Ausdruck eines Minderwertigkeitskomplexes.

Die Manessische Handschrift ist, wie gesagt, so angelegt, daß sie die Sänger nach ihrer Standeszugehörigkeit ordnet und diese gliedert nach Herrschern, Herzögen, Grafen, Freien, Ministerialen entsprechend dem besten Wissen der Redaktion. Am Anfang steht, beziehungsweise sitzt, mit Krone, Szepter, Globus der Kaiser, den Schluß bilden, Inbegriff des sündhaften Welttreibens, die Spielleute. Möglich, daß die Auswahl der Sänger, wie sie die Handschrift bietet, nicht ganz objektiv ist. Die oberen Ränge sind auffallend reich vertreten. Und wenn es Adel ist aus der Nähe, liegt die Aufnahme eines Sängers um so näher. Das zeigt ja zur Genüge besagter Dickbauch aus dem Toggenburg mit seiner mageren Begabung. Nun gut.

Die Zürcher Umwälzung kam nicht überraschend. Für mich nicht, auch nicht für Fritz. Ich habe da in meinem Oberdorf ja alles nur indirekt, diesmal also von Fritz.

Brun war etwas über dreißig und bis dahin praktisch ohne jede politische Qualifikation.

Die Handwerker in Zürich, in so manchem leer ausgegangen, wollten nicht den Umsturz aller Dinge wie Fritz, unserem Mittelalter möglicherweise weit voraus, ihn sich zu erhoffen schien, wenn er, bleich und heiser, von Systemveränderung, Abschaffung der Stände und gar, sich auf Ciceros »De officiis« berufend, von der Gleichheit aller Menschen sprach – und darunter nicht die sehr baldige Gleichheit aller Menschen im Tod verstand. Nein, die Zürcher Unruhen hatten bescheidenere Ziele: konkret die Beteiligung des Handwerks an der Macht und, wenn's hoch kam, mehr abstrakt und freundeidgenössisch, Freiheit und Solidarität. Irgendwann ja schlägt Neid in Zorn um. Aber die Kaufleuteschaft Zürichs wollte ihre neu errungene Macht behalten, und der Zürcher Ritteradel suchte die verlorengegangene Macht wiederzugewinnen.

Es herrschte ein Machtkampf in Zürich rundum, der allerdings das Anordnungsprinzip der Manessischen Handschrift in Frage stellte – nicht grundsätzlich, aber im einzelnen. Und mancher Kaufmann, auf die Zukunft des Kapitalismus bauend, wurde den alten Rittern gegenüber frech und allzu frech. Der steinreiche Tuchherr Melchior an der Trittligasse soll allen armen Rittern den Gruß verweigert haben.

Rudolf Brun scheint vorsichtig bis ängstlich zu sein, dabei überaus sensibel, scharfsinnig, »intellektuell«, vor allem aber: machthungrig.

Und jetzt scheint er ja die Macht tatsächlich zu besitzen.

Ich fragte Fritz doch etwas besorgt nach dem Skriptorium der Manesse.

Fritz konnte mich sogleich beruhigen: die Arbeit am Unternehmen Manesse gehe weiter, als wäre nichts geschehen.

Vielleicht ist auch tatsächlich nichts geschehen. Ist alles nur Einbildung?

»Selig, die hungern und dürsten nach der Gerechtigkeit, denn sie werden gesättigt werden.« Matthäus 5,6.

Wenn es das Himmelreich nicht gäbe, es müßte erfunden werden.

Möglicherweise wird dereinst der Verfasser einer Zürcher Kulturgeschichte die gegenwärtigen Ereignisse folgendermaßen kommentieren: »Rudolf Brun gilt als Begründer des Zunftwesens und als Vorkämpfer für den Eintritt Zürichs in den Bund der Eidgenossen. In Wirklichkeit lag ihm wohl nichts ferner als die Anliegen der Handwerker, der Aufbau demokratischer Strukturen oder gar eine ernsthafte Bindung an die Eidgenossen.« Und: »Sein Vorgehen ist ein klassisches Beispiel für die Erfahrung, daß man eine konservative Politik am vorteilhaftesten mit einem progressiven Programm verwirklicht.«

Alles ist Einbildung.

Fritz im »Kreuz« hat sich illusiones gemacht. Viel Zorn um nichts. Eine klassische restauratio. Das nämlich mußte Fritz eingestehen, daß am Schluß der alte Ritteradel der lachende Dritte war. Alles ist grosso modo so wie früher, auch wenn es der Handwerkerstand noch nicht gemerkt haben sollte. Richtete sich Fritzens Zorn vielleicht weniger gegen diese »Umwälzung« als gegen seine ureigenste Geschichte? Sie spielt, wie bei J2, wie bei Felix, in Italien. Jede dieser Geschichten ist gewöhnlich. Fritz ist unheilbar krank, hat er mir erzählt im »Kreuz«. Sterben ist gewöhnlich. Was für ein Glück hat Fritz in seinem unnötigen Zorn. Er hat das unverschämte Glück, ein ungewöhnlich langes Sterben vor sich zu haben, und er hat keine Augen für sein Glück. Er scheint vergessen zu haben, daß wir in unserem Mittelalter leben. Der Tod ist schrecklich. Aber Sterben, kommt es nicht plötzlich, ist doch schön. Und was empfindet Fritz? Zorn. Zorn »auf Zürich«, und mit Zürich meint er die Welt. Statt sich auf den Tod vorzubereiten. Nicht das Leben ist eine Kunst, sondern das Sterben. Und die Vorbereitung auf den Tod ist schließlich eine Kunst, die jedermann erlernen kann. Es gibt viele Bücher darüber, zum Teil reich illustriert. Weiß jedes Kind.

Ach ja, wie wünsche ich mir doch immer wieder ein langsames Sterben und freue mich darauf, all die Zeremonien des Sterbens feiern zu können. Ganz Oberdorf wird sich vor meinen Augen von mir verabschieden, aber nur, wenn es nicht plötzlich geschieht, und geht es lange genug, kommt dann auch der von Kloten.

Fritz hat kastanienbraunes Haar. Oder sind seine Haare aschbraun? Fritz verunsichert mich mit seinem Zorn. Das »Kreuz« war bumsvoll. Nachträglich will mir scheinen, hinter Fritz wäre tatsächlich der Tod gestanden mit der

Sense und mit der Knochenhand auf seiner Schulter. Welch Glück. Im Tod wird alles ganz anders. Wie unwichtig sind da Fritzens Ängste vor dem Sterben, die sich in seinem Zorn äußern, seinem lächerlichen Zorn.

Das war, als sie die grauenhaften Lieder gegrölt haben, zu denen es, vielleicht glücklicherweise, keine schriftlichen Vorlagen gibt. Wie immer vor dem Wirtschaftsschluß im »Kreuz« haben sie gegrölt. Da hat Fritz es mir heiser zugebrüllt und bleich:

Pescht!

Pescht!

Fritz trank jeden Schluck vom Bier, als bedeutete er das Ende der Welt. Aber Sterben ist nicht das Ende. Tod ist das Ende. Oder der Anfang. Wie konnte Fritz das vergessen und sich selbst so vergessen.

Die Geschichte von Fritz beginnt strenggenommen in Brescia.

Im Sommer 1311 ist der Krönungszug von König Heinrich VII. bei der Belagerung von Brescia in eine schwierige Situation geraten, und zwar wegen der Pest. Am Schluß mußte die Stadt ebenfalls kapitulieren, auch wegen der Pest.

Das ist lange her und geschehen, lange bevor Fritz nach Brescia kam.

Fritz ist ganz kürzlich in Brescia gewesen und hat dort mit einem Mädchen namens Lucia geschlafen, draußen am Stadtrand. Ein einziges Mal, sagt er. Es muß in einer Lehmhütte gewesen sein, wie es Lehmhütten auch in Oberdorf gibt. Das Mädchen hat ihm nachher von der längst vergangenen Epidemie erzählt, an der viele ihrer Vorfahren gestorben seien. Am anderen Morgen ist das Mädchen namens Lucia verschwunden gewesen.

Jetzt wartet er tagtäglich auf die ersten Pestbeulen, er

will sie bereits gesehen haben und hat sie mir auch zeigen wollen.

Ich habe durch den Lärm im »Kreuz« hindurch gar nicht alles verstanden, was er mir gesagt hat.

Aber gezeigt hat er mir an einem Arm eine Stelle, die vielleicht mit bestem Willen wie eine Beule ausgesehen hat.

Ich wollte ihn doch nicht enttäuschen mit dem zudem überflüssigen Hinweis, daß er längst vor seinen sogenannten Lymphknotenschwellungen hätte Schüttelfrost und starkes Fieber bekommen müssen.

Auch Pest muß ein schönes Sterben sein.

Doch diese meine blöden Schweißausbrüche, die einfach so blödsinnig wie aus heiterem Himmel kommen.

Als er die Beule zum erstenmal entdeckt habe, sagte er, sei ihm nur vorübergehend flau geworden, aber sonst habe er nichts gespürt, vielleicht eine Leere, nicht einmal unangenehm. Aber dann sei die Beule zum Fremdkörper geworden. Beim Erwachen am andern Tag hätte dieser Fremdkörper die ganze Welt bestimmt.

Es scheint ja fast, als habe er mehr Angst vor dem Sterben als Angst vor dem Tod. Aber wie kann man zornig sein aus Angst vor dem Sterben, wo beim Tod alles Irdische seine Bedeutung verliert, jede Bedeutung.

Tief zufrieden müßte er sein, Fritz mit seiner Pest, statt zornig.

Lucia ist schuld.

Er hielt inne.

Das ist, sagte ich da, eine schöne, eine sehr schöne Beichte gewesen. Jetzt wollen wir alles einschließen in die Gnade des Herrn. Ego te absolvo et cetera. Zur Buße gab ich ihm eine Wallfahrt zu unserer Lieben Frau von Einsiedeln, und zwar barfuß. Maria von Einsiedeln ist bekanntlich habsburgisch, das war bei seinem Eidgenossenfimmel die doppelte Buße. Dominus vobiscum. Et cum spiritu tuo, sagte Fritz. Prost, fügte er hinzu und hob sein Glas. Ich erhob mein Glas.

Auf die Revolution, sagte er.

Auf die Revolution, erwiderte ich, wissend, daß in unserem Mittelalter niemals eine Revolution möglich sein wird, und das ist beruhigend.

Nur der Weihrauch fehlte im »Kreuz«.

Seine Beule also war die pure Einbildung. Aber privates Sterben derart auf die Politik zu schieben – also ich finde das geschmacklos; und sich derart über unser gottgegebenes Mittelalter hinauszuwagen – ich finde das einfach peinlich. Und dann die Sache mit der Freiheit. Das Mittelalter kennt keine Freiheit, sondern nur Freiheiten. Ist doch wahr.

War die Freiheit der Weltrevolution der Grund seiner Pest? War er deshalb auch enttäuscht von der »Umwälzung«?

Er hat auch manche Giottos gesehen in Italien.

Er sei dann wieder nordwärts gezogen den Gardasee entlang und habe an Catull gedacht, den ganz phantastisch frechen Catull (dieser Catull, von dem ich bislang nichts weiter kannte als ein braves Gedicht auf den Gardasee, der ihm heimatliche Gefühle bescherte, dieser Catull also muß für ihn gewesen sein, was ich an Epikur habe), all die Obszönitäten wären ihm in den Sinn gekommen wie reife, überreife Früchte, die in keiner Weise mittelalterlich schmeckten, sondern mittelmeerisch unter südlich blauem, azurblauem Himmel, fremd. – Bis ihn wieder die Pest eingeholt habe wie eine große, riesig große Wetterwolke.

Fritz wird barfuß nach Maria Einsiedeln pilgern und

erst spät, sehr spät die doppelte, die dreifache Buße entdecken – dann, wenn aus der Beule nichts geworden ist.

Fritz hat freche Vergleiche gezogen zwischen der Manessischen Liedersammlung und Catull. Einsiedeln wird ihn zur Besinnung bringen.

Fritz hat im »Kreuz« Catull zitiert! »Ipsitilla, mein Schätzchen, meine Lust du, / mein Vergnügen, ich möchte gerne um die / Mittagszeit dir den Schlaf verkürzen kommen.« Et cetera. Dagegen nähme sich doch der ganze Minnesang mehr als verklemmt aus.

Maria Einsiedeln tut ihm gut. Als Beichtvater bestrafe ich nicht, ich erlege Buße, das ist: Besserung auf. Fritz wird an ein Wunder glauben.

Wertvoller dann aber und letztlich aufschlußreicher als seine Beichte mit den Enthüllungen über Brescia war mir Fritzens Bericht aus dem Skriptorium, der von einer wahrhaft intimen Vertrautheit mit den Verhältnissen zeugte. Ganz beiläufig erzählte er, wie der Grundstockmaler mit der Farbe Weiß seine Schwierigkeiten hatte, der Nachtragsmaler I offenbar mit dem Schwarz und der Nachtragsmaler II wieder mit dem allerdings schwer zu handhabenden Weiß. So eindrücklich war sein Bericht, daß ich selbst jetzt alles durcheinanderzuwerfen beginne mit der Brunschen Umwälzung und jenen Manessischen Bildnachträgen. Bekanntlich mußte der Grundstockmaler aus Gründen des Alters, das sich in einem Händezittern bemerkbar machte, den Dienst quittieren. Als Buchmaler übt man ein gewissermaßen aristokratisches Handwerk aus, so daß es mich nicht wundert, wenn weder der Nachtragsmaler I noch der Nachtragsmaler II, Fritzens Worten zufolge, von der Handwerkerunzufriedenheit angefressen sind, das heißt, Fritz drückte sich anders aus und sprach von »nützlichen Idioten des reaktionären Scheißadels«.

Gewisse Äußerungen jedoch, die diese Fritz zufolge gemacht haben, scheinen mir von einer erstaunlichen Hellsicht zu sein, wenn sie nicht einen geradezu prophetischen Wert besitzen.

Was sich in unserem Mittelalter verändert, ich muß mich dieser Einsicht beugen, führt immer zum Zerfall. Zürich wirkt heute entzaubert. Wie lange ist man, auch im Ausland, seinem Zauber erlegen. Vielleicht bestand schon immer Fäulnis unter dem Glanz des Zaubers. Aber jetzt, schlagartig: Korruption bis in die höchsten Kreise, weitverbreitetes Spekulantentum, der Vorwurf an angebliche Kriegsgewinnler seit Morgarten. Zürich verändert sich – und zerfällt. Dies weiß heute jedes Kind.

Unverdrossen mischen die Nachtragsmaler I und II ihre Farben. Und es entsteht vom Nachtragsmaler I, der sich wegen seiner Tante in Rapperswil darum gerissen hat, das wunderschöne Bild, welches den ganzen ohnmächtigen Zorn des Mittelalters in sich vereint, Albrecht Marschall von Rapperswil darstellend. In einem Turnier. Das heißt, der Kampf ist entschieden. Der Hobbyminnesänger Albrecht und sein Kontrahent sind zu Pferd aufeinander losgerannt ganz verrückt im Zorn und aufeinandergeprallt, und jetzt sind die Speere gebrochen, der Kontrahent hält sich nur noch mit Mühe so grad im Sattel, ein Steigbügel ist ihm entglitten, sein Helm liegt am Boden. Albrecht triumphiert in Siegerpose. Und oben schauen die Frauen. Die Zeit steht still auf dem Bild.

In Wirklichkeit vollzog sich die Umwälzung hinter verschlossenen Türen.

Dann wurde sie sichtbar wie eine Fasnacht. Brun zeigte sich dem Volk mit ausgestreckten Armen. Der Jubel erhob sich spontan in mehrfach gebrochenem Widerhall. Es war kurz vor dem Mittagessen. Nach dem Jubel verteilten sich die Mitglieder der dreizehn neugebildeten Handwerkerzünfte in ihre Zunfthäuser. Brun aber begab sich, sagen die beiden Nachtragsmaler, mit der Konstaffel, der die Ritter, die Kaufleute, die Grundbesitzer angehören, ins Haus zum Rüden.

Fritz sagt, die Regierung Brun wäre nur scheindemokratisch und in Wirklichkeit eine Diktatur, weil bei geteilter Meinung immer Brun die entscheidende Stimme habe, den dreizehn Zünften zum Trotz.

Auch den nächsten Tag über herrschte der Jubel. Auf den Plätzen, in den Gassen, an den Fenstern waren unzählige blau-weiße Fahnen und Fähnchen zu sehen, aber auch manche ausländische Fahnen mit dem weißen Kreuz im roten Feld. Und wieder erschallten die Lieder, zu denen es keine schriftlichen Vorlagen gibt. Trommeln waren zu hören und Pfeifen wie an der Fasnacht, und Gegröle erhob sich in der Nacht.

Der Nachtragsmaler I und der Nachtragsmaler II sagen, es könnte dereinst eine Zeit kommen, da keine Fasnacht mehr stattfinden würde in Zürich.

Aber dann machte der Jubel einer Stille Platz. Immer weniger und weniger Straßenmusikanten zogen durch die Stadt –

Zorn hatte die Umwälzung ausgelöst – aber war es ohnmächtiger Zorn der Handwerker auf die Mächtigen? War es nicht viel eher der Zorn des Adels auf die allzu reichen Kaufleute? Brun jedenfalls stellte sich mitten in den Fluß der Dinge, die Kälte der Limmat nicht scheuend, selbst kalten Blutes und politisch begabt, daß er nicht versank im Agitatorischen, sondern es verstand, die Bewegung der Wellen zu lenken, und er führte so gewissermaßen, um im Bild zu bleiben, die Wellen der Handwerker mit denen des Adels zusammen –

Am 16. Juli dieses Jahres wurde die Verfassung der Brunschen Reaktion beschworen.

Einige Familien mußten Zürich verlassen.

Von einem Tag auf den andern hörte dann auch das nächtliche Grölen auf. Stille herrschte in der Nacht, laute Stille bei Tag. Es war wie Aschermittwoch nach Fasnacht. Oder hatten sie eine Ausgangssperre verhängt über die Stadt? Hier von Oberdorf aus vermag ich es nicht zu entscheiden. Die ganze Stadt soll, sagt Fritz, wie ausgestorben sein. Und dermaßen normalisiert sich die Umwälzung: unsichtbar, unhörbar, unwahrnehmbar. Der Geist der Korruption: vergessen. Die Spekulationswut: vergessen. Das Kriegsgewinnlertum: wie nie gewesen.

Am 1. August erließen sie, wohl unnötigerweise, ein allgemeines Fahnenverbot, außer für die blau-weißen.

Was danach kam, war die Tagesordnung.

Auch in Zürich soll es viel geregnet haben, eigentlich den ganzen Sommer über.

Dieser Tage dann starb Johannes Hadlaub.

Alles, was in unserem Mittelalter mit Unruhen zusammenhängt, ist nicht in Ordnung und muß wieder in Ordnung kommen.

Es verhielt sich in principio mit dem Unternehmen Manesse wie mit der Brunschen Umwälzung.

Das Skriptorium im Haus zum kleinen Paradies kann einem Laien wie das reinste Durcheinander vorkommen. Mehrere Schreiber schreiben gleichzeitig nebeneinander. Ist klar. Die Schreiber müssen sich mit den Illuminatoren abstimmen und diese mit den Bildermalern. Ist schon problematischer. Vorstufen zum endgültigen Codex und Vorstufen zu den Vorstufen liegen überall herum. Schön. Aber das Prinzip der Anordnung wenigstens leuchtet auch dem Laien ein, wenn es oben beim Kaiser anfängt und schrittweise hinunter führt bis zu den Spielleuten. So will es die Ordnung – die Tagesordnung. Daß nämlich alles beim alten bleibt. Und blitzt und blinkt die Stadt Zürich nicht wie eh und je? Besonders vom See aus, auch und gerade bei grauem Himmel. Ist sie nicht wirklich ganz wunderschön? Von links bis nach rechts. Kirchen und Türme prägen die Silhouette. St. Peter, Fraumünster und Großmünster, die Wasserkirche. Aber erst die Limmat verleiht dem Stadtbild das Leben. Und zu den schönsten Städten gehören bekanntlich diejenigen, die zugleich an einem Fluß liegen und an einem See, so daß sie wie ein weites Tor am Ende des Sees den Fluß aufnehmen, der dann mitten durch sie hin in das Land zieht.

Die Nachtragsmaler I und II sollen gesagt haben, es wäre Brun zuzutrauen, daß er sich um ein Bündnis mit Habsburg bemüht, und wenn er damit keinen Erfolg hat, sei ihm ebenso zuzutrauen, daß er Anlehnung bei den Eidgenossen sucht. Zuzutrauen wäre ihm einfach alles. Und Verblüffung wisse er schließlich schon immer als Taktik einzusetzen. Das allfällige Bündnis der Diktatur Brun mit der »freien« Eidgenossenschaft würde aber, und ich gebe hier nur die Meinung der Nachtragsmaler wieder, unweigerlich wirtschaftliche Rezession bedeuten, der Zürichs kultureller Niedergang auf dem Fuß folgen muß, diese Eidgenossenschaft wäre nämlich eine Insel ob mit oder ohne Brun, und es gälte wohl oder übel, so ihre Worte, sich dann mit einer »Gegenläufigkeit zur Entwicklung im übrigen Europa« abzufinden, wohl oder übel. Und so wird es in der späteren Kulturgeschichte über das mittelalterliche Zürich auch wörtlich zu lesen sein. Daran gewöhnen könne man sich natürlich schon und sich dann auch damit schlußendlich abfinden. Sei's drum. Ähnliches hat sogar Fritz zugeben müssen, sinngemäß: Die Entwicklung hin zum progressiven Kapitalismus würde unweigerlich aufgehalten.

Lassen wir die düsteren Prophezeiungen. Im Haus zum kleinen Paradies jedenfalls geht, so wurde mir versichert, die Arbeit am Codex weiter, als wäre nichts geschehen. Blitzt und blinkt denn die Stadt Zürich nicht in der Tat wie eh und je? Die Gebrauchsanweisung, wie sie die Traktate geben, und wir zogen im Skriptorium selbstverständlich vorrangig das über alle Zweifel erhabene Standardwerk des Theophilus Presbyter, betitelt »Schedula diversarum artium«, zu Rate, lautet: »Es gilt, beim Buchmalen alle Farben zweimal aufzutragen, zuerst dünn, dann dicker, für die Buchstaben jedoch nur einmal.« Leider hat gerade der Nachtragsmaler I dies nicht oder zuwenig konsequent befolgt, so daß, ich sehe es mit Gewißheit auf die Nachwelt zukommen, dereinst zumal dessen schwarze Malereien abplatzen werden. Bedauerlich. Vielleicht hat er einfach zuwenig dick aufgetragen. Manchmal, wenn etwas die Zeit überdauern soll, besteht die Kunst darin, richtig dick aufzutragen. Und mitunter muß man es eben noch einmal machen, damit es schön hält. Ich kann ein Lied davon singen. Eine ruhige Hand ist natürlich die Voraussetzung. Und Geduld. Geduld bringt da Rosen. Man muß ja auch in der Tat höllisch aufpassen. Trägt man allzu dick auf, entsteht nur eine heillose Schmiererei. Trägt man allzu zaghaft auf, riskiert man, daß etwas gar nicht wahrgenommen wird. Ich sage: Erfahrung hilft da. Kein Wunder, daß die Maler und Illuminatoren bei uns sich eher im reiferen Alter befanden – und in reiferem Alter stehen dem von Kloten zufolge die Maler und Illuminatoren dort auch noch heute. Wo die meisten Sänger tot sind, ist solche Reife erst recht am Platz.

Verschiedenes aber taugt zu den Farben der Buchmaler:

Albrecht Marschall von Rapperswil

gemeine Ochsengalle, Safran, die Schale der weiblichen Kermeslaus, kaiserliches Purpur aus der Drüsenflüssigkeit der Purpurschnecke, Indigo, Zinnober – et cetera, et cetera. Voraussetzung beim Buchmalen aber ist, daß die Welt draußen stillsteht. Und erweist sich der Stil des Grundstockmalers in manchem als recht innovatorisch, so sind die Nachtragsmaler I und II wieder viel stärker einer bereits ausgebildeten Formensprache verpflichtet. Und die Gesichter schauen einem aus der Handschrift in ihrer oft stereotypen Lieblichkeit entgegen, als wollten sie jeden, aber auch wirklich jeden Zorn beschwichtigen, sei es, der Kaiser betrachte einen, sei es irgendein armer Spielmann und Vagant.

Die Zukunft des Unternehmens Manesse ist auch heute nach Hadlaubs Tod bis auf weiteres gewährleistet.

Hadlaub stirbt

Es ist kein Wunder, daß recht wenig oder fast nichts bekannt ist über Hadlaubs Sterben. (Auch der Novellendichter wird sich über den greisen Hadlaub ausschweigen.)

Zuerst habe es nach einer Grippe ausgesehen.

Der Föhn? Ein paar Tage war Föhn.

Man muß ständig damit rechnen.

Hadlaub hatte die Unruhen genauso aufmerksam verfolgt wie jetzt die Umwälzung. Vielleicht ist er eher allzu neugierig gewesen und hat jeden Besuch ausgefragt, was er »Genaues« wüßte. Sein Fragen nahm kein Ende. Die wenigen Besucher berichteten übereinstimmend, er hätte Partei nehmen wollen für das »Volk«. Vielleicht hat er dann auch wirres Zeug geredet, macht es den Anschein, von einer »Demokratie« et cetera.

Er hat eine heiße Stirn gehabt. Seine Frau hat sie ihm abgewischt immer wieder.

Über dem Sterbenden hängt ein Bild der Jungfrau Maria, ein Lächeln wundersam spielt um ihre Lippen, Goldgrund ist um sie herum und um das Kind.

Warum nur so wenige Besucher bei ihm Einlaß gefunden haben?

He ja. Die Brunsche Diktatur, oder. Die ganze Zeit sind doch unten zwei Mann Wache gestanden und haben niemanden durchgelassen, der nicht unverdächtig war.

So ist Hadlaub schon ein bißchen einsam gestorben, oder.

Man hat ihn, hat es immer geheißen, einfach abschirmen müssen schon in seinem eigenen Interesse. Schließlich war jetzt Diktatur.

Aber am Anfang hat es ganz nach einer Grippe ausgesehen. Oder.

Ich brauche nur ein klein wenig länger mit einem Zürcher wieder zusammenzusein, und mich selbst überkommt es wieder mit diesem zürcherischen Oder. Oder.

Wie gern hätte ich Hadlaub noch einmal lebendig erlebt. Aber für mich lebt Hadlaub nicht nur in seinen Liedern, sondern auch in der persönlichen Erinnerung, wie er mich zum Beispiel mit den grauen Augen anblickte, aufmerksam, etwas müde, freundlich.

Das Wetter hat sicher seine Rolle gespielt, wie bei all diesen Sachen.

Hadlaub lebt.

Hadlaub stirbt nicht.

Ich kenne alle seine Strophen auswendig. Wenn ich sie mir vergegenwärtige, höre ich sie gesprochen von seiner Stimme, die brüchig war, trocken, hell, samten, aber brüchig. Nie je wird er wieder sprechen. Früher hat er gesungen zur Fiedel und edlen Damen und Herren das Herz erfreut. Er hat aber gesagt, bei einem Gedicht sei es besser, wenn es erst nur gesprochen werde und nicht schon gesungen, es sei besser so, einfach zur »Kontrolle«. Oder.

Ein Hadlaub stirbt nicht.

Er hat es dann schon ziemlich früh gemerkt, daß es zu Ende geht.

Der greise Hadlaub hat fast jeden Tag den gleichen Spaziergang gemacht, von der Froschaugasse hinüber zum Wellenberg, von dort hinunter zur Limmat. Dort hat er die Möwen gefüttert, und zwar – so gern hatte er die eben – mit Weißbrot, dann ist er den gleichen Weg wieder zurückgegangen. Manchmal, bei schönem Wetter, hat ihn seine greise Gattin begleitet. Er selber ist bei jedem Wetter gegangen. Auf seinen allerletzten Spaziergängen sind ihm die fremden roten Fahnen mit dem weißen Kreuz aufgefallen. Er muß viel mehr gedacht haben, als er sagte. Unten bei den Möwen hat er immer vor sich hin gelächelt. Sein Lächeln war direkt unheimlich. Im Sommer natürlich sind die Möwen nicht so hungrig wie im Winter, und Hadlaub hat weniger Weißbrot mitgenommen, seine Gattin hatte es ihm eingepackt.

Gelesen hat er längst nichts mehr. Warum sollte er lesen, wo er gar nichts mehr geschrieben hatte.

Aber alles hat er gottergeben entgegengenommen.

Wohl wohl, er hat es so ziemlich als erster gemerkt, daß es dem Tod zugeht. Er hat gefragt, was die Möwen machen. Da ist es ihm schon schlimm gegangen mit dem Bauchweh.

Er soll alle Menschen aufgezählt haben, denen er je begegnet ist, und kam an kein Ende mit der Litanei.

Du mußt jetzt halt Geduld haben, Johannes, sagte seine Gattin zu ihm und wischte ihm wieder den Schweiß ab.

Nur die Möwen, die haben ihn nicht losgelassen.

Wo ist das Weißbrot? konnte er seine Gattin unwirsch fragen.

Du mußt jetzt einfach Geduld haben, Johannes.

Jede Krankheit ist Zerfall. Jede Änderung ist Krankheit.

Seine Gattin hat ihm dann zugeredet, das Gewissen zu erforschen.

Ein Pfaffe hat ihm auch die letzte Beichte abgenommen, die heilige Kommunion gegeben und die Letzte Ölung gespendet.

Er hat zum Glück alles bei vollem Bewußtsein miterleben dürfen.

Dann sind seine merkwürdigen Worte über das Volk und die Demokratie gefallen, und er hat gegen die Obrigkeit, »diese Diktatur«, aufbegehrt, daß J2 ihn nicht besuchte. Er hatte gemerkt, daß ihn nicht jedermann besuchen durfte. Herrgott, hat er gesagt, und auch geflucht hat er auf »diese Diktatur«. Herrgott noch mal, daß ich das noch erleben muß.

Die Jungfrau Maria hat ihm große Kraft gegeben.

Dann natürlich die Gebete. Zur Jungfrau Maria, oder.

Die Lieder dann auch zur Jungfrau Maria. Er hat leise mitgesungen, wenn nicht das Bauchweh kam.

Ich glaube, die weltlichen Lieder hatte er vergessen. Einmal besuchte ihn ein Urenkelkind von Ritter Rüdiger Manesse, und er kam aus dem Lachen nicht mehr heraus, so drollig schien es ihm. Er küßte das Kind. Erzählte ihm von den Möwen, kam wieder ins Lachen.

Das Bauchweh wurde schlimmer und das Fieber auch. Er phantasierte schon ab und zu.

Zweimal war Propst Kraft von Toggenburg zu Besuch gekommen, dessen Zuverlässigkeit bei den zwei Mann Wache über jeden Zweifel erhaben gewesen ist. Unkontrolliert ließen sie ihn durch. Auch beim zweiten Mal hat sich der Propst auf jenen Stuhl gesetzt, dessen Lehne höher war als sein Kopf, und er hat ein leutseliges Gespräch begonnen, das dann immer wieder unterbrochen wurde durch das elende Bauchweh. Der Propst tat, als gäbe es kein Bauchweh. Gesprächspausen wegen dem Bauchweh hat es natürlich trotzdem gegeben, und wenn er sie noch so geschickt zu übergehen versuchte.

Als J2 nie erschienen ist, hat Hadlaub keine Ruhe gelassen, bis seine Gattin es ihm gesagt hat mit den zwei Mann Wache unten: Es geschieht ja nur zu deinem Schutz, Johannes.

Ohne diesen Schutz wäre der sterbende Hadlaub der grausamen Öffentlichkeit unseres Mittelalters ausgeliefert gewesen: den Prozessionen, den Schreien, den Klagerufen, der entsprechenden Musik auch, alles ständig übertönt von einem Klang: dem der unaufhörlich bimmelnden Glocken. Umgekehrt hätte Hadlaub, so der Öffentlichkeit ausgeliefert, den öffentlichen Frieden gefährden können mit seiner Demokratie et cetera.

J2 gilt bei der Regierung Brun als ausgesprochen unzuverlässig.

Nachdem nun aber die Gebete keinerlei Linderung gebracht haben und auch der Segen nicht segensreich gewesen ist, holte man den Arzt. Der Arzt war jung, tänzelte herein, lächelte ohne Unterlaß, fühlte den Puls und beschaute sich den Urin, machte einen Aderlaß. Dann verordnete er verschiedene Kräuter. Es haben aber die Kräuter nichts genützt und der Aderlaß auch nichts. Das sagte ihm Hadlaubs Gattin dann auch. Darauf pochte der zum einen auf seine Ausbildung in Straßburg und zum anderen darauf, daß es auf die ideale Säftemischung im Körper ankäme, und sonst habe jede Krankheit ihren Sinn im Heilsplan Gottes. Aber die Säftemischung ist eine Theorie, und die Praxis doch anders. Da hat Hadlaub auch wieder ganz arg gestöhnt vor Bauchweh, so daß seine Gattin geradeheraus fragte, wie ihr Mann gesund wird. Worauf der junge Arzt zur Antwort gab, mit Aderlaß und Kräutern, oder. Haben aber selbe zwar nichts geschadet, aber auch nichts genützt oder vielleicht sogar doch eher geschadet, denn das Bauchweh ist schlimmer geworden von Tag zu Tag und fast schon Stunde auf Stunde mit langem Phantasieren über Demokratie et cetera.

Statt aber sich allzu schnell in den Heilsplan Gottes zu

schicken, habe man auch noch das Letzte versuchen wollen und bestellte die mit heidnischen Dingen vertraute weise Frau, die in die Zukunft sehen kann, aus Kloten nach Zürich. Bis sie erscheinen sollte des Nachts, sang man Marienlieder, in die hinein immer wieder, nämlich bei stärkerem Bauchweh, Hadlaubs laute Phantasien über Demokratie et cetera gerieten, was aber die Singenden nur ermutigte, um so lauter zu singen, auch wenn Hadlaub nicht mitzuhalten vermochte: »Maria zu lieben ist allzeit mein Sinn; / In Freuden und Leiden ihr Diener ich bin. / Mein Herz, o Maria, brennt ewig zu dir.«

Die zauberkundige Frau aber ist gekommen und hat aus ihrer Tasche, in die Zukunft sehend, ein Pulver genommen, welches hergestellt worden sei aus einem zerstampften Krötenkopf, abgehauen in einer Vollmondnacht, und selbiges nütze auf Teufel komm aus. Sie verrichtete daraufhin ihre Zeremonien, und Hadlaub hat geschluckt und gewürgt und das Teufelspulver hinuntergebracht, das nach nichts geschmeckt habe, hat er seiner Gattin gesagt. In der Nacht ist die Frau gekommen hin an den Neumarkt, und in der Nacht mußte sie den Neumarkt wieder verlassen.

Sterben ist eine Kunst. Leben ist nichts gegen das Sterben.

Den ersten Tag nach dem Teufelspulver hat Hadlaub lange phantasiert über Demokratie, Diktatur, Herrgott noch mal.

Den zweiten Tag aber hat er wiederholt, was er am vorherigen gesagt hat, nur viel lauter –

Am dritten Tag drauf hat er plötzlich gesungen, daß man erschrocken ist: »Meerstern, ich dich grüße, / Gottesmutter süße, / Allzeit Jungfrau reine, / Himmelspfort' alleine!«

Wenige Augenblicke danach sei Johannes Hadlaub, Minnesänger, gestorben.

Der Pfaffe hat dann zum Trost der Anwesenden Christi Passio gelesen. Das Zimmer ist dann schwarz ausgeschlagen worden. Auf den Boden hat man statt des weißen Teppichs ein großes schwarzes Laken gelegt. Der Vorraum ist in gleicher Weise schwarz verhängt worden.

Die Regierung Brun gebietet bis auf den heutigen Tag das strikte Stillschweigen über Hadlaubs Sterben. Mag sein mit Grund. Nicht umsonst heißt es jetzt im Volk, das seine Lieder nie verstand, Hadlaubs Herz sei gebrochen wegen der Umwälzung. Die Nachtragsmaler I und II sollen dazu geäußert haben, dies gehörte ins Reich der Legenden. *Ist* Legende. Keine Akte tut Hadlaubs Sterben kund. Vielleicht nimmt man wenigstens von seinem Jahrzeit Notiz. Wenn man selbes nicht vergessen hat.

Fast so wenig von den Akten erfaßt wie Hadlaubs Tod wird der Hintergrund, vor dem sich die Brunsche Umwälzung abgespielt hat, und gibt es erhellende Hinweise, die den Vorhang der Szene lüften, sind sie indirekt. Das liegt in der Natur der – dunklen – Sache.

Je reicher eine Stadt, um so geringer ihre Neigung zur Demokratie – dieser Satz mag als Faustregel für unser Mittelalter herhalten, und prompt schlittert oder »mündet« die Zürcher Aristokratie denn auch 1336 in die Diktatur. Das eidgenössische Nationaldrama läßt zwar verkünden: »Wir wollen sein ein einzig Volk von Brüdern / In keiner Not uns trennen und Gefahr.« Aber das ist graue Theorie wie ungefähr die eben erwähnte Körpersäftemischungslehre und hat vielleicht auch ebenso wenig Zukunft, oder. Realiter, sagen wir es offen, regiert die Korruption, und diejenige in den allerhöchsten Kreisen ist immer noch am allerwirksamsten, fabula docet. Ja, wie Schnee an der Sonne ist die Macht des Adels in Zürich geschmolzen die letzten Jahre, und nur im Anker der Diktatur hat diese Schmelze zu ihrem – einstweiligen – Stillstand gefunden. Meine Bilder müssen notgedrungen hinken, weil die Wirklichkeit hier hinkt.

Ich habe die folgenden Nachrichten vor allem von Fritz, vertraulich, der wiederum hat sie zur Hauptsache von den beiden Nachtragsmalern erfahren, auch das vertraulich. Manches geht auf den Illuminator J2 zurück. Dazu kommen dunkle Quellen, über die ich mich nicht auslassen kann – es liegt wieder an der dunklen Natur der Sache. In diesen allerhöchsten Kreisen herrscht ja auch ein heilloses Durcheinander von Politik mit Wirtschaft, mit Kirche, Polizei, Militär und Kultur. Und ganz heillos wäre es ja auch schlußendlich, dieses irdische Durcheinander, wenn über allem nicht Gott schwebte.

Zwei Namen sind in diesem riesigen Zusammenhang oder Durcheinander für das Zürich der Gegenwart einschlägig: Ritter Gottfried Mülner, genannt Götz, der früh zur Erkenntnis gelangte, daß nur eine »radikale« Maßnahme den Gang der Dinge zu ändern vermochte – und dann auch und wieder Kraft von Toggenburg, Propst am Chorherrenstift, Verwandter des besagten Minnesängers, gegen den ich meine starken Vorbehalte bereits geäußert habe.

Am Anfang des Versuchs, das Komplott aufzudecken, stand Angst. Die ganz egoistische Angst nämlich bei den Nachtragsmalern und J2, das Unternehmen Manesse könnte durch die Brunsche Umwälzung in Frage gestellt sein und sie infolgedessen bald auf der Straße stehen. Diese Angst hat sich zum Glück als völlig unbegründet herausgestellt: Die Umwälzung bringt das Unternehmen nicht in Gefahr, im Gegenteil, ist doch die Regierung Brun durchaus bereit, das Unternehmen sowohl materiell wie ideell zu unterstützen – so, als hätte sich überhaupt nichts geändert und die Zeit wäre stillgestanden.

Es bleibt aber die Frage in der Luft stehen, aus welchem Beweggrund ausgerechnet eine Diktatur das Unternehmen nicht nur duldet, sondern ausdrücklich »sowohl materiell wie ideell« unterstützt.

Es war an Christi Himmelfahrt des Jahres 1310, als sich anläßlich einer Autorenlesung in der Stadtwohnung der Manesse der spätere Probst von Toggenburg und Ritter

Götz Mülner das erste Mal trafen. Die Lesung war verklungen. Der Autor, damals eine junge Hoffnung, heute längst vergessen, stammte aus dem Tirol. Er soll schön funkelnde Augen gehabt haben und schwarzes krauses Haar, und er feierte hymnisch Habsburg, nun ja. Damals ging es um die Besetzung der Propstei am Chorherrenstift, und von Toggenburg hatte einen lästigen Mitkonkurrenten. Wie der Zufall es wollte, stellte sich im Gespräch heraus, daß dieser auch Mülner unliebsam war – wegen einer Frauengeschichte. So wusch eine Hand die andere. Mülner setzte Gerüchte in Umlauf, die dezent, aber eindeutig waren. Von Toggenburg wurde Propst. Wenig später wusch die Hand des Propstes diejenige Mülners. Es drehte sich um einen frechen Kaufmann, über den von Toggenburg nun aus Revanche ausstreute, sein Lebenswandel wäre nicht christlich. Auch diese Sache klappte. So ging das die Jahre über ein paar Male hin und her, und andere Hände wuschen mit.

Es war dann irgendwann während der Unruhen im letzten Jahr bei den Bilgeri, die ja mächtig angaben mit den Fresken in ihrem Haus zum langen Keller. Ja, sie waren wunderschön, diese Fresken, auch sehr kaiserfreundlich mit der Abbildung des Kaisers inmitten der Kurfürsten – die Bilgeri standen schon immer auf Habsburg. Da machte Mülner bei einem Glas Beerliwein auch von Toggenburg mit seiner Überzeugung vertraut, nur eine »radikale« Maßnahme vermöchte den Gang der Dinge zu ändern. Schon bald würde Mülner tot sein. Brun war sein engster Mitarbeiter. Bei jenem Gespräch aber versprach von Toggenburg, die längst fällige Wende zu einer konservativen Regierung »sehr zu begrüßen«, und fand vice versa mit seinem Anliegen Gehör, das Unternehmen Manesse auch nach einer eventuellen Umwälzung weiterlaufen zu lassen. Die Zusicherung Mülners erfolgte zwischen zwei Schlucken Beerliwein. Ich instruiere Brun, sagte er.

In Rudolf Bruns Arbeitszimmer brennt jetzt wie meist bis in die ersten Morgenstunden das Licht. Nachher schläft er kurz. Er braucht wenig Schlaf. Vielleicht denkt und handelt er wie ein Schachspieler, der manche mögliche Züge vorausdenkt, bevor er zieht. Allerdings muß er sich sehr viel schneller entscheiden als ein Schachspieler. Er kennt ja diesen Minnesänger Hadlaub von Kind an und erinnert sich, wie sein Vater, als in der unmittelbaren Nachbarschaft ein Mann sein Haus verließ, ihm sagte, das wäre ein Sänger. Der singe aber gar nicht, sagte der kleine Rudolf. Trotzdem, entgegnete ihm der Vater, ist er ein Sänger – später einmal wirst du es begreifen. Und dieser Hadlaub ist eine lokale Größe, zweifellos, aber unzuverlässig und in Sachen Habsburg seltsam zweideutig. Brun ist ebenfalls zweideutig, aber zu politischem Handeln gezwungen. Ewig die Intellektuellen. Auf der andern Seite geht ihm in dem Zusammenhang auch wieder das Angebot an ideologischer Unterstützung durch diesen Propst im Kopf herum, Kirche ist immerhin Kirche. Und die Umwälzung muß sich noch normalisieren. Sehr rasch hatte er sich zur Abschirmung des Hadlaubschen Hauses entschieden, sobald ihm von zuverlässiger Seite berichtet worden war, daß der Mann im Sterben lag. Nur jetzt kein unnötiges Risiko eingehen.

Das Licht brennt Nacht für Nacht.

Aus der Ferne überlege ich mir, wie denn ein diktatorisches Zürich sich augenfällig unterscheidet von einem demokratischen. Die Häuser sind dieselben geblieben. Zwar stehen die Stadttore nicht mehr weit offen wie in der guten alten Zeit. Aber sonst? Kann man Diktatur riechen oder schmecken? Oder sitzt sie wie ein riesiges unsichtbares

Tier in jenem Zimmer, wo das Licht brennt bis in die ersten Morgenstunden?

Das Zimmer ist unscheinbar.

Götz Mülner, der greise Mann, war die treibende Kraft gewesen. Wäre er nicht vor der Umwälzung gestorben, würde er jetzt hier sitzen. Für Brun hat auch gesprochen, daß er dafür bekannt war, keine Schlägerei zu fürchten.

Das Zimmer des Diktators ist unscheinbar. Den Tag über ist ein Kommen und Gehen. Ständig, auch jetzt in der Nacht, stehen zwei Männer Wache.

Der Propst hat dem Diktator Entwürfe zu Bildern dieser Manesseschen Handschrift vorgelegt.

Herr Heinrich von Morungen.

Wo mag Morungen sein?

Flüchtig hat er sich auch die andern Bilder angesehen. Die Farben fand er schön, aber wie aus einer anderen Welt.

Das unscheinbare Zimmer des Diktators, durch das Gott hindurchscheint, wie er durch alles scheint, wird ein bißchen unwirklich bei diesen Farben. Aber die in Aussicht gestellte kirchliche Propaganda steht hinter diesen Bildern mit den nach seinem Geschmack viel zu süßen Gesichtern, so daß er sich mit ihnen beschäftigt.

Bis jetzt genügt die Polizei.

Sonst müßte er das Militär einsetzen.

Man müßte ein zuverlässiges Überwachungssystem haben, so eine Art Staatssicherheitsdienst. Die Schnüffler dafür zu finden, das wäre das Problem nicht. Da gibt es derer genug, die das gratis machen und aus freiem Antrieb schon jetzt. Wozu leben wir im Mittelalter.

Mitunter überkommt den Diktator im unscheinbaren Zimmer das Gefühl, er wäre Gefangener der zwei Mann Wache draußen vor der Tür. Aber das geschieht nur in Augenblicken von Müdigkeit.

Und das von der Eidgenossenpartei für den 15. November geplante Morgarten-Veteranentreffen, das im unruhigen 1336 eben wegen der Unruhen nicht zustande kam, müßte wohl möglichst bald verboten werden. Vorgesehen hatten sie einen Fahnenaufmarsch mit Rekrutenspiel und sogar eine Gedenkmünze mit der Aufschrift »Dank an die Morgarten-Generation«. So etwas zuzulassen wäre ja auch Habsburg gegenüber unklug, und Glanz und Prestige sind nun mal auf der Seite Habsburgs und nicht auf seiten der politisch doch recht bedeutungslosen Eidgenossenschaft. Er würde morgen den Erlaß diktieren. War ja nur gescheit, Hadlaub in Stille sterben zu lassen und in Stille zu beerdigen. Vielleicht müßte auch die Eidgenossenpartei verboten werden. Aber vorläufig muß er sich einfach alles offenhalten. Abwarten, wie sich das Verhältnis zu Habsburg entwickelt. Diese Eidgenossenpartei ist doch tatsächlich im unruhigen 1336 mit dem nicht sehr originellen Slogan aufgetreten »Schlagt die reichen Leute tot / Macht die blaue Limmat rot!« Es liegt ihm in den Ohren, als wäre es gestern gewesen. Aber nein, die blaue Limmat wird nicht rot werden. Er rechnet mit allem und ist gegen alles gewappnet. Ein richtiges Blutbad war ja gar nicht nötig gewesen. Die Mächtigen, die nicht gespurt haben, sind verjagt unter Konfiszierung des Vermögens, welches mehr wert ist als Blut, und die ohnmächtig Zornigen sitzen im Gefängnis und werden verhört. Die Verhöre vollziehen sich nach den bewährten Methoden. Notfalls muß man Lider abreißen, Augen ausdrücken, Lippen spalten, Nasen und Ohren abschneiden oder auch die Zunge, Hände oder Füße abhacken, Hoden abkneifen. Und herrscht jetzt nicht, wie es unserem Mittelalter gemäß ist, Ruhe und Ordnung? Aber ein bißchen Glanz der Kultur, und stamme er von dieser Manessischen Handschrift, kann nicht schaden, oder. Und auch die Handwerker haben Respekt vor der Kirche, also ist dieser Propst gar nicht so verkehrt.

Der Diktator macht ein paar Schritte, der Boden knarrt, alles ist still und alles dunkel draußen, die zwei Mann Wache verrichten unhörbar und unsichtbar ihren Dienst. Also gut, die Familie Manesse ist ihm sowieso gewogen, er hat auch Verpflichtungen der Familie Mülner gegenüber. Götz Mülner persönlich ist ihm damit kurz vor seinem Tod gekommen, und der von Toggenburg gibt seiner Politik den kirchlichen Segen – also gut, das Unternehmen Manesse wird von der Regierung Brun nicht nur geduldet, sondern unterstützt. Er wird es morgen diktieren.

Die österreichischen Damenhüte

Verlassen wir aber nun die graue Gegenwart und wenden wir uns der Vergangenheit zu, die uns wie vergoldet erscheinen will.

Es gibt auch den sanften Zorn.

Das Folgende ereignete sich ja alles noch im letzten Jahrhundert. Das war einmal, so würde es im Märchen, und es ist eines, heißen: Es war einmal.

An einem sprachlichen Merkmal muß es übrigens gelegen haben, daß die österreichischen Lande Hadlaub unverkennbar vorkamen – oder vorzukommen schienen, denn er begann dieses Merkmal sehr schnell auch zu hören, wo es nicht vorhanden war, dann ging es ihm erst recht auf den Nerv. Dieses Merkmal bestand aus einem schwer von einem *e* in ein noch schwereres *aa* übergleitenden Diphthong. Ja. Denn bald hörte alles, alles Österreichische sich an wie solch ein gleitend schwingender Diphthong. Der dann auch seine Träume untermalte. Und schließlich zum Alptraum werden sollte. Lag es an jenem unüberhörbaren Merkmal, waren die österreichischen Damenhüte nebensächlich an der Donau? An der Donau. Die wenigen Schritte damals am Ufer der trägen blauen Donau entlang, entlang. Und schon drang es ins Ohr unüberhörbar, unwiderruflich, unaufhaltsam. Und dann aufhaltsam, endlich. Als er zurückkehrte – zurückkehren mußte.

Begleiten wir also den jungen Hadlaub auf seiner Reise durch Österreich, denn die Lücken der Liedersammlung wiesen damals, wie auch der Novellendichter vermerken wird, vor allem nach Osten und auf den Lauf der Donau. Und er sollte sehr weit nach Österreich, nämlich bis nach Wien – oder eben: Weaan – gelangen.

Er hat viel Elend gesehen in der Fremde. Froh erinnerte er sich an seine Vaterstadt, in der so vieles so sichtbar besser war. Sagte auch bei jeder Gelegenheit, er käme aus Zürich.

Wo ist Zürich?

Je tiefer er in die Fremde geriet, um so häufiger mußte er diese Frage hören, also am häufigsten in Weaan. Geduldig beantwortete er sie und spürte dabei Heimweh, wie er es auch regelmäßig beim Einschlafen verspürte. Selbst wenn neben ihm ein Deaandl gelegen ist. Dann wurde das Heimweh eher noch größer. Er merkte auch, wie mit der zunehmenden Entfernung von der Heimat immer mehr und unaufhaltsam die Jugend schwand. Ein halbwacher Zustand ging über in einen nüchternen. Wenn er Lieder schrieb, und die schrieb er in halbwachem Zustand, bezogen sie sich – außer eben bei den österreichischen Damenhüten – auf die Vergangenheit. Deaandl trugen keine Damenhüte, und für Damen hatte er nur Zeit in Weaan. Er sah die schöne blaue Donau.

Zürich war die Ruhe, der Frieden, die Idylle, ein Traum.

An der schönen blauen Donau war es schön, und war er blau. Letzteres strenggenommen gar nicht an der Donau, sondern in Grinzing oder Greaanzing. Hier nämlich hatte er zuerst übernachtet ohne ein Deaandl im Bett. Vorher war er in der Gaststube gewesen und hatte mit den andern Wein getrunken und Lieder gesungen, für die es keine schriftlichen Vorlagen gibt. Ein alter Mann ist bedrückt vom Tisch gegangen, weil er sich überflüssig vorkam, weil man ihn wie Luft behandelt hat, aber auch als man ihn dann bat, doch zu bleiben, wollte er nicht mehr, ging. Das war der einzige Mißklang. Hadlaub waren die Lieder neu und fremd. Am andern Morgen hatte er einen gräßlichen Kater. Daß hinter diesen zerfließenden Hügeln die richtigen Berge seiner Heimat sein sollten, kam ihm unglaublich vor. Aber irgendwo dort hinten mußte sich die verschlossene Gebirgswelt befinden »in ihrem silbernen Schweigen« – ich nehme hier seiner Schönheit wegen den Wortlaut des Dichters der Novelle »Hadlaub« vorweg – und stand »als Zeuge einer ewig seligen Gegenwart«. Und jetzt der Kater. Und kein Deaandl schlug neben ihm die Augen auf.

Die Donau war weniger breit als der Zürichsee, und ihm hatte man doch vorher gesagt, wie sehr breit sie wäre.

Er suchte dann überall Zeichen seiner Heimat, und waren es die weißen Wolken auf dem überall blauen Himmel.

Das Heimweh kam – eigentlich das erste Mal auf seiner Reise. Und ein sanfter Zorn meldete sich. War die Donau schuld oder das Heimweh, waren es die österreichischen Damenhüte, oder war ganz einfach Weaan schuld? Weaan war das Ziel seiner Reise gewesen.

Am ersten Morgen mit dem Kater ist er ziellos hin und her gelaufen.

Auf der ganzen bisherigen Reise hat er nicht nur nach Liederhandschriften gesucht, sondern auch manche geschäftlichen Aufträge erledigt. Aber für Weaan hatte er keine geschäftlichen Aufträge.

Als ihm bei der Besichtigung des Weaaner Hofes schlagartig bewußt wurde, daß Reinmar der Alte und Walther von der Vogelweide längst tot waren, brach er die Besichtigung ab. Ein Jahrhundert war nun vergangen, seit die beiden sich hier miteinander darüber gestritten hatten, welche Frauen es denn überhaupt wert wären, daß man sie anhimmelt, und Walther dem Reinmar vorhielt, daß eine Frau, die, wird sie angehimmelt, dies auch mit Herz und Kuß et cetera erwidert, sehr viel mehr wert sei als Reinmars ferne, spröde, unnahbare, kalte und noch so noble hohe Dame. Ein Generationskonflikt unter zwei Sängern – und mehr: bewegte der sich doch ganz grundsätzlich um die Frage, wieweit sich die Literatur unerlaubt (und zwar unerlaubt gleich in doppeltem Sinn!) vom Leben entfernen darf. Darf ferne Liebe, sofern es die gibt, auch noch in der Literatur gefeiert werden, oder läßt letztere besser die Hände davon und wendet sich dem zu, was nahe liegt und auch nahe liegen soll, und sei's im Bett aus Gras, welches unendlich höher zu veranschlagen ist als das verwehrte Fenster im Turm einer trutzigen Burg aus kaltem Stein. Kurz: Es drehte sich um einen Himmel auf der Erde statt um einen im Himmel. Und jener längst vergangene Sängerstreit berührte nun eben Hadlaub in Weaan so schmerzlich wie der Tod jener beiden längst toten Sängerkollegen. Item.

Und der Mond auch stand bleich über Weaan.

Als Hadlaub aber den Weaanern von den Eidgenossen erzählt hatte und gefragt wurde, was die denn wollten, und er sagte: Freiheit von Habsburg, fragten ihn die Weaaner erstaunt zurück: Aber wie kann man denn bloß auf habsburgische Protektion und zumal auf habsburgische Konjunktur freiwillig verzichten? Es war schwer, ihnen dies zu erklären, aber schließlich war er selbst kein Eidgenosse. Die Weaaner meinten, die Eidgenossen sollten doch etwas Vernünftiges verlangen, Demokratie beispielsweise, oder Klassenkampf.

Reinmar tot, Walther tot, Neidhart tot – dieses Weaan war eine Stadt des Todes und der Damenhüte. Die österreichischen Damenhüte hatte er zwar durch ganz Österreich, wo immer es nur halbwegs höfisch oder auch städtisch zuging, sehen können, doch erst in Weaan wurden sie ihm richtig augenfällig, so daß er später über sie auch sang, es wäre in Österreich der Minne nicht dienlich, daß die Damen tragent alle hüete breit, derart breite Hüte nämlich, daß ihr minnewertes Gesicht kaum mehr sichtbar sei, sobald si ir hüete hânt ûfgeleit – keine Wangen wären zu sehen und kein Licht von den Augensternen – ach, waerin die hüete geflozzen Tuonowe ab, donauabwärts, so mechte ez sîn! Das also wünschte sich Johannes Hadlaub in Österreich.

Wie schnell ein Leben vergeht. Ich selbst könnte tot sein ob der Krankheit im Winter, tot noch vor Hadlaub.

Die Damenhüte, die jeden Kuß, jede Umarmung verwehrten, und Hadlaub hatte sich ein bißchen mehr (etswaz mêr) versprochen von den Damen als Umarmung und Kuß.

Alles sind flüchtig kurze Bilder.

Die Eidgenossenschaft, vor der die Brunsche Diktatur angst macht neuerdings, denn diese Eidgenossen hätten nur das Brandschatzen und das Plündern im Sinn, und daß dieselbe überhaupt nicht daran denke, die Standesunterschiede zu beseitigen, im Gegenteil, an den Rand würde sie, gälte es ernst, die ganze Handwerkerfrage drängen, die doch so brennend wäre, und sie, die Regierung Brun, würde jetzt unerschrocken das heiße Eisen anfassen und hätte es bereits angefaßt mit der neuen Verfassung, die demokratisch sei. Wie vermag ich das von Oberdorf aus zu beurteilen, wie bloß.

Und nach den österreichischen Damenhüten und vor der Zürcher Umwälzung Hadlaubs kurze Zeit der dichterischen Produktion.

Die österreichischen Damenhüte auch in der Weaaner Nobelherberge »Seaacher«. Die Hüte müssen hier besonders breit gewesen sein. Unten im Salon war nur ein sehr leises Geflüster wie ein Gesäusel, und Hadlaub sah alle Blicke auf sich gerichtet, ging wieder hinaus, dachte, er hätte gestört –

Die Vermählung und der Erwerb des Stadthauses –

Das Leben ist so ungeheuer kurz. Alterseinsicht.

Wie dann Hadlaub im Alter seltsam zu werden begann, so daß Propst Kraft von Toggenburg heimlich die Leitung des Skriptoriums Manesse zu übernehmen sich genötigt fühlte, dieser Reaktionär.

Das erbärmliche Sterben, erbärmlich abgeschirmt durch die Diktatur Brun.

Es war einmal.

Aber am überraschendsten bei diesem Märchen ist, daß Hadlaub in seinem Weaan als Gegenwart erlebte, was dort schon hundertjährige Vergangenheit war: die hohe Minne. Dabei hielt er die Damen mit den breiten Hüten nur für hochmütig, weil er nicht um die höfischen und höflichen Gebräuche in der Ferne wußte. Und er hatte keine geschäftlichen Aufträge in Weaan. So wurden ihm die Damenhüte zu Sinnbildern. Sie begannen ihm die Grenze zu bedeuten zwischen der hundert Jahre alten hohen Minne, die sie verkörperten, und der weniger hohen der Deaandl. Schlagartig muß es ihm bewußt geworden sein, und mit der Bestürzung zusammen ging die Trauer über die toten Sänger einher. Er war zu spät geboren, ein Jahrhundert zu spät.

Dann kam der sanfte Zorn auf die Damenhüte in Weaan.

Mein Zorn ist auch nur sanft. Wohin der wilde Zorn führt, das zeigt die Zürcher Umwälzung.

Aber Hadlaubs sanfter Zorn kam ebenfalls hundert Jahre zu spät. Walther von der Vogelweide sang vom

»sanften zürnen« – hundert Jahre zuvor mit dem Ziel, daß die noblen Damen ihre Spröde aufgäben. Und Hadlaub hundert Jahre danach verließ das Seaacher, ging zum Graben, suchte ein Deaandl, sah die jetzt wieder restaurierte Hofburg mit Tränen hinter den Augen – und sang, wie man schon vor über hundert Jahren gesungen hatte, nachdem er sanft und zornig über die österreichischen Damenhüte geklagt hatte, sehr altmodisch folgendermaßen: Dessen will ich haben steten Mut: / Tugendhaften Damen will ich mehren / Ihr Lob. Möge ich es lange Zeit tun können. Für Hadlaub sollten wie vor hundert Jahren für Reinmar den Alten in Weaan die Damen und die Deaandl zwei verschiedenen Welten angehören, altmodisch ist da seine Sprache und deren Sinn, das eine war das Leben und das andere das Pergament.

Die Rückreise von Weaan ist schnell erzählt.

Nur flüchtig kurze Bilder.

Der Besuch vieler Skriptorien. Pergament bei Tag und Stroh oder Linnen und Deaandl bei Nacht.

Immer wieder die Gefahr, die Besinnung zu verlieren.

Bald erlebte er Weaan in der Erinnerung so, als sei er vor sehr langer Zeit dort gewesen. Das Heimweh kam wieder. Er sah Berge, aber es waren nicht die richtigen Berge. Aber die Berge änderten sich mit der Zeit wie von selbst. Die Last aber der Spätzeit spürte er auf sich wie einen niederdrückenden Fels. Vor einem Jahrhundert war es zweimal zu einem Streit zwischen Reinmar und Walther am Weaaner Hof gekommen, und jetzt bewegte sich in Hadlaubs Kopf der jahrhundertealte Streit, als wäre er Gegenwart. Und sollte er es eher mit Reinmar halten, der sang: Warum fügt mir die Leid zu, / Von der ich Freude erfahren sollte? Oder aber mit Walther, der sang: Sollte ich in ihrem Dienst alt werden, / So wird sie dabei auch nicht jünger?

Mit Reinmar: Sterbe ich, so bin ich auf sanfte Weise tot? Mit Walther: Bringt sie mich zum Sterben, so ist *sie* tot? Hadlaub schwankte hin und her auf der Rückreise durch die Fremde. War er durch die Fremde zum Frömden gekommen?

Hadlaub hat seine Lieder im Fieber geschrieben. Als das Fieber aufhörte, hatte auch das Schreiben ein Ende. Das Fieber war sein sanfter Zorn. Zu kalter Wut war er nicht fähig. Da verstummte er. Er würde in Zürich nichts über Österreich berichten – außer dem, was im Lied über die Damenhüte stand. Als er auf der Burg Manegg dieses Lied vortrug, hielt man es für lustig und lachte verhalten. Niemand hielt es für traurige Wirklichkeit.

Epikur: »Die Gottheit hegt weder Zorn noch Wohlwollen; denn nur bei einem schwachen Wesen sind derartige Regungen möglich.«

Ebenfalls Epikur: »Wichtig ist nur, daß das Leben ohne Beunruhigung dahingehe.«

Die Fremde hatte Hadlaub beunruhigt.

ACEDIA

Herbst

Ritter Rüdiger Manesse II. stand reglos und schaute zwischen den Zinnen hinaus.

Vielleicht war der Aufenthalt auf Manegg doch am schönsten im Herbst. Leichter nahm man dann die Unbequemlichkeiten, die sich hier gegenüber der Stadtwohnung ergaben, in Kauf.

Seine Frau war mit der Aufsicht in der Küche beschäftigt. Ohne das Geschepper von dort unten hätte die Stille vollkommen sein können.

Herbst. Alles wird durchsichtig.

Überall wird die Ernte jetzt eingebracht.

Dann kommt bald die Jagd.

Wie kann man bloß des Lebens überdrüssig sein.

Acedia.

Nein, er konnte mit dem Wort nichts anfangen.

Der Plan der Liedersammlung nahm immer mehr Gestalt an.

Er hatte dem Bischof, der jetzt wieder gegangen war, das Blatt des von Morungen gezeigt. Gemeinsam hatten sie es gelesen.

Wie bloß kann man des Lebens überdrüssig sein.

Er verscheuchte eine Fliege.

Ein Glas Wein war ihm hinaufgebracht worden. Fast hätte er es vergessen. Es muß nicht immer Zyprer sein.

Er nippte.

Früh sind seine Haare schon silbern geworden. Und das also war das letzte decennium des Jahrhunderts. Sein Urgroßvater hatte die Burg Manegg erstmals bezogen. Mit dem Bischof nun hatte er auch die nötigen Restaurationsarbeiten hier auf der Burg besprochen.

Alles, was schön war, gälte es zu bewahren, gerade um seiner Vergänglichkeit willen.

Die Äste am Boden, ging man über sie, knackten jetzt nur so, zerbrechlich trocken und leicht. Auch das Laub zerbrach unter jedem Schritt. Herbst und Herbstblätter überall – nun ja. Hinter allem und jedem stand der Tod, allgegenwärtig.

Er nippte.

Acedia. Er schüttelte den Kopf.

Der Bischof hatte das Wort vorgebracht.

Manchmal wie jetzt schien ihm, alle sichtbaren Gegenstände wären durchsichtig.

Es hatte sich wieder um Fides gedreht.

Er und der Bischof von Konstanz standen im Festsaal des Palas und beratschlagten über einen neuen Wandteppich, der dem Raum mehr Licht, Wärme, Farbe geben sollte, und erwogen diverse biblische und auch antike Motive, der Bischof wußte von einem Teppich mit Dido und dem Meer, das hell glänzend und wunderbar bunt aussah. Und von der trauernden Dido lenkte sich das Gespräch hinüber zu Fides –

Tempus fugit –

Das letzte decennium –

Es heißt, acedia wäre bei den Teenagern heutzutage sehr verbreitet.

Ist acedia das gleiche wie hysteria? Oder wie melancholia? Aber melancholia muß doch ihren Grund haben, beispielsweise in der Vergänglichkeit alles Irdischen. Aber dann ist doch gerade melancholia etwas auch wieder zum Genießen, so wie man Lyrik, die ja von Natur aus zum

Traurigen neigt, ihrer Traurigkeit wegen genießt. Ist acedia eine Traurigkeit ohne jeden Grund und von daher Sünde und eine der sieben Hauptsünden?

Tatsache ist: Fides, der Teenager, schwankt hin und her zwischen melancholia und hysteria, wo die Jugend doch alles vor sich hat, sogar das Alter. Ist sie ein Kind ihrer Zeit?

Die Tore Zürichs stehen weit offen in dieser Zeit des Friedens und des Gedeihens.

Dieser Teenager hat doch alles, was er will.

Ihr Zimmer hier auf Manegg ist aufs schönste restauriert nach ihren Wünschen.

Und jetzt das naß geweinte Kopfkissen und die roten Augen.

Dann wieder schließt sie sich ein, und kein Laut ist zu hören.

Den Tag über stundenlanges Brüten, sie ist überhaupt nicht ansprechbar und verschmäht Speise und Trank.

Dann will sie das Fiedelspiel erlernen. Die Fiedel wird ihr besorgt und der Fiedellehrer auch, nämlich dieser Hadlaub, und handkehrum schmettert sie die Fiedel an die Wand, daß das schöne Instrument kaputt ist. Aus heiterem Himmel.

Ist das Fiedelspiel nicht etwas Schönes für ein junges Mädchen?

Teenagerallüren?

Die Öllampe hat sie auch heruntergeworfen, daß sie in tausend Stücke zerbrochen ist.

Oder ob sie es von ihrer Mutter hat? Trotz derer doch so beherrschter Art?

Der Teenager hat keinen Grund zu all dem. Aber das ist es ja.

Auch der Bischof ist ratlos.

Ob sie im Kloster besser aufgehoben wäre?

Für ein Kloster fehlt es ihr an Disziplin.

War es ein Fehler, sie in Literatur unterrichten zu lassen? Dieser junge Hadlaub leitet sie auch an in Deklamation.

Alles soll sie auf andere Gedanken bringen.

Auf welche?

Mitunter schien ihm, die Literatur hätte dem Teenager nur geschadet.

Dido wäre übrigens doch nicht verkehrt.

Er nippte vom Wein.

Oder es lag an der Geschichte von Fides.

Ihre Geschichte ist einfach und jedem bekannt. Lassen wir kurz jenen späteren Novellendichter erzählen.

»Gleich unterhalb des aargauischen Städtchens Kaiserstuhl stehen die beiden Schlösser Schwarz- und Weiß-Wasserstelz, jenes mitten im Rhein, das heißt näher dem linken Ufer und jetzt noch von allerlei Leuten bewohnt, die es kaufen mögen, dieses zerfallen auf dem rechten Ufer. Zu den Zeiten Rudolfs von Habsburg aber saßen zwei Schwestern auf den beiden Burgen als Erbinnen eines mäßigen Lehnswesens, das nach seiner Teilung keiner großes Gut übrigließ.« Und: die ältere sei häßlich und bös, die andere aber schön und lieb gewesen. Der Novellendichter wird sich natürlich nuancierter ausdrücken. Item. Er wird verzaubert in die Vergangenheit schauen, ich aber, und das macht den zwar nicht einzigen, aber doch wohl entscheidenden Unterschied aus, sehe ohne illusiones in die Gegenwart, wenn auch nicht ganz ohne Couch und psychoanalysis, weil ich, wieder im Gegensatz zum Novellendichter, den Chorherrn F. nicht glatt verdränge, obzwar ich an dessen Zauber, ich leiste mir auch hier keinerlei illusiones, überhaupt nicht glaube, ich muß schließlich wegen meinem Job an Gott glauben. Chorherr F. freilich hätte mancherlei sich denken können in Sachen Schwarz-und-Weiß-Wasserstelz-Geschichte, wäre sie ihm erzählt worden auf der mit bunter Decke überworfenen Couch. Ich bleibe bei den facts.

Die schöne Kunigunde also verschloß sich zuletzt ganz in ihr festes Wasserhaus, das von den tiefen grünen Wellen des Rheins umflossen war. Weiter: »Im übrigen war ringsum Stille der Wälder und man hörte nichts, als das Ziehen des Flusses, bis einmal jemand sagte, er habe in der Nacht durch ein offenes Fenster des Schlosses ein kleines Kind schreien hören, und ein anderes Mal ein anderer, er habe es auch gehört und zwar bei hellem Tage. Bald aber ging das Gerücht im Land, die Dame auf Schwarz-Wasserstelz werde von einem gewaltigen Manne besucht, der niemand anderes sei, als des Kaisers Kanzler, Heinrich von Klingenberg, mit dem nicht gut Kirschen essen wäre.«

Die bekannte alte Geschichte. Der Novellendichter wird gar eine wie Gold leuchtende Strickleiter beschwören. Harter fact ist, daß nach etwa sieben oder acht Jahren die Frau von Schwarz-Wasserstelz ein gar anmutiges Mädchen nach Zürich bringen ließ, daß sie bald darauf selber und zwar freiwillig als Klosterfrau in die Abtei Zürich ging und daß sie nach Ablauf einer weiteren Zeit durch den Einfluß eben desselben Bischofs Heinrich zur Fürstäbtissin gewählt wurde.

So konnten sich die beiden, wenn auch immer in Gesellschaft, doch öfter sehen.

Das Kind aber hieß Fides und wurde Pflegekind von Rüdiger Manesse und dessen Frau.

Bei einer psychoanalysis streng klassischer Richtung sind alle Kenntnisse aus der frühen Kindheit nie umfassend genug.

Literatur hat die spätere Äbtissin und den späteren Bischof seinerzeit einander näher gebracht, und literarisch war von Anfang an das Milieu der kleinen Fides. Sollte Literatur jetzt nicht auch taugen zur Therapie? Oder gerade nicht?

Der Herbst mag nicht nur aus von Bäumen fallenden und gefallenen Blättern im Herbstglanz bestehen, sondern auch aus den Blättern oder foliis von Pergament mit der darauf bewahrten kostbaren Literatur, auch und gerade, wenn deren Sammlung verspätet geschieht. Ob wir, hatte der Bischof am Vormittag gesagt, nicht all dies lediglich noch nachspielten und gar nicht mehr selbst lebten. Sie hatten das Blatt des von Morungen vor sich.

Aber auch der Bischof freute sich auf die Jagd und auf das Wildbret.

Wo ist Fides? fragte der Bischof dann leise.

Fides ist in der Küche bei ihrer – wie der Novellendichter sie charakterisieren wird – gestrengen, nüchternen, realistischen Pflegemutter. Sie sollte sich, meinte diese, ans Nützliche halten oder sich das Nützliche wenigstens ansehen und so auf andere Gedanken kommen. Und später würde auch für sie einmal gelten: Liebe geht durch den Magen. Sei's bald mit Wildbret. Das Geschepper hatte nachgelassen. Jemand mußte sie jetzt aus der Küche holen. Als wäre nichts gewesen, kam sie herauf. Bei der Begrüßung und beim Abschied mußte Fides niederknien und den violetten Fingerring des Bischofs küssen, er strich ihr dabei gnädig – und väterlich – übers Haar.

Vielleicht spielen wir alles nur nach, hatte der Bischof gesagt und vom Wein genippt.

Nun stand Ritter Rüdiger Manesse II. allein oben bei den Zinnen, die den Blick freigaben in den Herbst allüberall.

Dieser verflixte Teenager, der die weiße Haut seiner Mutter besaß.

Heinrich von Morungen, bei dem der Leib einer Frau weißer als der Schnee durch die Nacht leuchtet, kam ihm in den Sinn.

Der Plan der Liedersammlung nahm immer mehr Gestalt an.

Die gräßlichen Geräusche kamen von unten aus der Küche.

Die Jagd kam und mit ihr das Wildbret als eine Delikatesse der höfischen Schickeria. Der junge Hadlaub sang zur Tafel. Fides hörte zu und kostete manierlich von Reh und Has. Sie wußte, daß manche jungen Männer ihre weiße Haut beachteten. Es schmeichelte ihr, aber sie nahm es hin als eine Selbstverständlichkeit. Was Hadlaub damals auf der Manegg alles sang, entging ihr. Es war traurig. Der Sänger pries die culinaria des Herbstes, die allerdings durchweg unappetitlich niederer Natur waren, und beklagte um so stärker seine Einsamkeit.

Die Story von Hadlaub und Fides ist schon erzählt worden als die Geschichte vom Sänger und von der Spröden. Vielleicht hat sich das in Wirklichkeit auch so zugetragen. Aber ist die Literatur schon zweideutig in ihrem Gemisch aus Erfundenem und Wirklichem – wie ist da die Wirklichkeit erst recht vieldeutig, wo sie die zweideutige Literatur mitenthält. Und in unserem Mittelalter ist die Wirklichkeit so vieldeutig wie die Welt der Träume, die ja ihrerseits auch zur Wirklichkeit gehört. Alles ist symbolisch. Auch bei einer solchen Story. Je nachdem, wo man mit ihr beginnt, entsteht unweigerlich eine andere Symbolik.

Eine höfische Dame sagt natürlich nicht wie im Wilden Westen, obwohl von dort die Kultur herkommt, okay und lacht nicht hä-hä.

Alles ist symbolisch.

Oder: Fides beichtet, nachdem sie die Lampe in tausend

Meister Johannes Hadlaub

Scherben, welche die Magd zusammensuchen mußte aus allen Ecken, zerschlagen hat, dies ihrem Beichtvater, der ihr daraufhin kommt mit den zehn Jungfrauen, die ihre Lampen nahmen und dem Bräutigam entgegenzogen: »Fünf aber von ihnen waren töricht und fünf klug. Denn die Törichten nahmen zwar ihre Lampen, aber kein Öl mit sich. Die Klugen dagegen nahmen zu ihren Lampen auch Öl in Gefäßen mit« (Matthäus 25,1–4).

Ist es ein Wunder, daß Fides einige Nächte hindurch von Öl träumte und danach erschrocken und verschwitzt wie im Fieber erwachte?

Hatte mit Hadlaub nichts zu tun. Noch nichts.

Das Öl übrigens war in Wirklichkeit nichts anderes als das Blut ihrer ersten Periode.

Der traumkundige Beichtvater aber hatte ihr Lukas 8,16 entgegengehalten: »Niemand zündet ein Licht an und bedeckt es mit einem Gefäße oder stellt es unter ein Bett: sondern er stellt es auf den Leuchter, damit die Eintretenden das Licht sehen.«

Am Schluß hängt unausweichlich alles mit allem zusammen.

Der Beichtvater ist Chorherr F.

Chorherr F. ist aber auch Hadlaubs Beichtvater. Der Vorsteher der Singschule am Großmünsterstift, Konrad von Mure, verfügte es so auf dem Sterbebett. Hadlaub hatte dieser als Bub, dem anfänglichen Widerstand des Vaters zum Trotz, für die Singschule gewonnen. Fides kannte er von Kind an als Freund der Familie Manesse.

Alles ist Zufall.

Der Universalgelehrte Konrad von Mure ist längst tot. Seine fleißigen Werke sind praktisch vergessen. Einzig Chorherr F. versuchte, letztlich erfolglos, in seine mannigfaltigen Fußstapfen zu treten, indem er sich an ein

Werk wagte, das, seiner Zeit vielleicht voraus, den Titel tragen sollte »Summa psychologiae« und auch die Traumdeutung einbeziehen sollte, diese analog dem theologischen Prinzip des mehrfachen Schriftsinns begreifend und als obligatorischen Bestandteil der psychoanalysis – es scheiterte, mußte scheitern. Gehören doch die Träume ins Reich der Nacht und damit ins Reich der Dämonen und Gespenster, das zu betreten unserem Mittelalter verwehrt ist, gleichgültig ob sich die Träume prophezeiend auf eine Zukunft oder enthüllend auf eine Vergangenheit, letztlich die Erbsünde, beziehen. Einerlei, Chorherr F. scheiterte kläglich. Das Werk gedieh nicht über die immer wieder umgeänderte erste Seite des Vorworts hinaus.

Von daher aber eignete Chorherrn F. das Interesse für psychologische Fragestellungen bei allem und jedem.

Auch bei der Abnahme der Beichte.

Er ermunterte Fides, ihm ihre Träume zu erzählen.

Fides erzählte. Hielt inne und schwieg.

Auch Chorherr F. schwieg. Nach langem beklemmendem Schweigen fragte er sie, woran sie denke bei: Öl.

Fides wußte es nicht.

Daraufhin schwiegen sie beide sehr lange.

Fides träumte auch von Helden der höfischen Romane, die sie gelesen hatte. Ließ sich beispielsweise von Parzival in ein Bett aus Blumen und Gras tragen.

Aber auch der Mond in wüster Nacht kam vor in ihren Träumen.

Wenn sie von dicken fetten Würsten träumte, hatte der Herbst wohl den Anstoß gegeben mit seinen Gaben.

Und so weiter.

Träume sind durchsichtig.

Oder brachte Chorherr F. der Fides weiße Haut nicht mehr aus dem Kopf?

Als nämlich Hadlaub, sein Beichtkind, eines Tages ihm anvertraute beim Sechsten Gebot, er habe unkeusch an die weiße Haut einer Jungfrau gedacht, erregte dies jenen sehr, so daß er fragte, welchen Standes die Jungfrau wäre und welchen Alters. Et cetera. Bis jeder Zweifel ausgeräumt war, daß keine andere als die Jungfrau Fides mit dem ersten Periodenblut hinter Hadlaubs unkeuschen Gedanken stand. Und er fragte: Hast du dabei an die Brüstlein der Jungfrau gedacht? Hadlaub sagte: Ja. Er fragte: Hast du dabei auch an die Schenkel der Jungfrau gedacht? Hadlaub sagte: Ja. Er fragte weiter: Hast du an den Schoß der Jungfrau gedacht? Hadlaub sagte: Ja. Es entstand eine längere Pause, während der Chorherr F. schwer schnaufte. Dann kam, wie eine Erlösung, das Siebte Gebot. Chorherr F. auferlegte schließlich Hadlaub, die Gegenwart jener Jungfrau strikte zu meiden sowie alle Gedanken an sie, und erteilte als Buße das tägliche Gebet zur Jungfrau Maria. Dabei ließ es Chorherr F. nicht bewenden. Bei der nächsten Gelegenheit suchte er die gestrenge, nüchterne, realistische Pflegemutter der Fides auf und kam, nachdem sie sich über das Wetter, das für die Jahreszeit überaus mild war, ausgelassen hatten, gleich zur Sache. Nun hatte Frau Manesse sowieso etwas gegen den Jüngling Hadlaub, den sie von seinem Gesang her kannte, da man ja gar nicht sicher wisse, was das für eine Familie sei, aus der er stammt, und gern versprach sie Chorherrn F., alles Verdächtige ihm umgehend zu melden, denn die Fides wäre, ob es an ihrem Alter liege oder an ihr selbst, ein schwieriges Kind. Chorherr F. mahnte zu äußerster Vorsicht. Da klagte ihm Frau Manesse, die er von ungezählten Beichten mit den ewig gleichen Kindersünden kannte – Hauptsünde Naschhaftigkeit –, das ganze Leid, das sie mit dem »Kind« hatten: das Kind sei oft des Lebens überdrüssig, mal apathisch, mal wieder wild und frech – ob es von den Rittergeschichten, die es gelesen habe, komme, oder gar von diesem Minnegesang. Und jetzt noch ein Bürgerlicher – ein Sänger dazu. Ihre Fides ein Sängerliebchen.

Das ereignete sich nach jenem Wildbret.

Herr Manesse kehrte von einer lästigen Dienstreise aus Baden zurück, bei der einzig das ausgiebige Baden Licht ins öde Dienstgeschäft gebracht hatte. Zähe Verhandlungen mit Kaufleuten. Das Baden an sich dienlich der Gesundheit, nämlich besonders gegen Rheumatismus, Männlein und Weiblein im gleichen fröhlichen Geplätscher nackt miteinander vereint. Aber trotz allem war er todmüde, als ihm seine Gattin nun mit Fides kam.

Dieser Hadlaub soll doch dichten, aber seine Pflegetochter in Ruhe lassen.

Als er aber Fides zur Rede stellte, zeigte die sich in keinerlei Weise beeindruckt von diesem Bubi. Ich geh' jetzt reiten, Papa, okay?

Das war ja beruhigend. Andererseits kam es Ritter Rüdiger Manesse gar nicht so ungelegen, wenn in Hadlaub ein Minnesänger heranreifte direkt am Ort, der sich noch zudem ausgerechnet in seine Pflegetochter vergafft hatte. Das war nicht ohne Romantik. Solche Romantik sollte gehegt werden und gepflegt. Sünde nein, aber Dichten ja. Auf sublime Art und Weise eben. Das war das Stichwort. Der Novellendichter wird das Ding nicht beim Namen nennen. Im trauten Kreis unter Hinzuziehung von Chorherrn F. wurden die Möglichkeiten solcher Sublimierung erwogen. Das eröffnete ja die allererfreulichsten Perspektiven. Endlich mal schlug Literatur in Wirklichkeit um, und dies unter ihrer aller Augen. Auch für Fides war es ganz gut, wenn sie Literatur als Wirklichkeit erlebte, jedenfalls nicht ohne therapeutischen Wert bei ihren Teenagerphantasien. Es bedurfte natürlich zarter Regie. Hadlaub müßte ein für allemal klargestellt werden, wo seine Grenzen lagen. Chorherr F. beschwor das ständige Gebet zur Jungfrau Maria. Der Bischof von Konstanz hob hervor, daß noch jede wahre Dichtung aus Frustration entstanden sei. Die ständige Frustration würde so gewährleistet wie das ständige Gebet zur Jungfrau Maria. Alle aber, auch die Fürstäbtissin, schauten voll freudiger Erwartung in die nahe Zukunft, die das erhabene Schauspiel einer Minneverwicklung im sonst so nüchternen Zürich bringen sollte – ein Schauspiel, das ja schon begonnen hatte.

Unter der Aufsicht des Konrad von Mure hatten Hadlaub und Fides miteinander Kinderspiele gespielt: Murmeln, Hüpfen, blinde Kuh – was die Kinder im Mittelalter eben so spielen. Jetzt sollte Ernst werden aus dem Spiel, und alles doch Spiel nur bleiben.

Herr Manesse empfing Hadlaub zum zwanglosen Gespräch in der Stadtwohnung und rühmte gleich als erstes dessen Gedicht auf die österreichischen Damenhüte. Köstlich. Und delikat. Aber köstlich. Frustration wäre doch der Beweggrund allen wahrhaften Dichtens. Und er sähe ganz klar, sonnenklar seine Zukunft als Dichter, als Sänger. Vielleicht gar für die geplante Liedersammlung. Sogar das ziehe er durchaus in Betracht. Doch doch. Kein Ding vor Gott ist unmöglich. Und nur ja keine falsche Bescheidenheit. Wie sicher die Handhabung des Rhythmus: frowen gout, dien wil ich mêren / ir lob, lebe ich mange zît. Sehr beispielhaft für einen jungen Mann, diese Hochschätzung tugendhafter Frauen. Gerade in der heutigen Zeit vonnöten. Und kein Ding vor Gott ist unmöglich. Da wäre nun aber eine leidige kleine Sache, die vorab aus dem Weg geräumt werden müsse. Fides. Unbescholtene Jungfrau von Stand. Es sei ihm unbenommen, in sie verliebt zu sein, Gott bewahre, solange dies rein literarisch geschehe und also nicht wirklich. Aber gerade er, Hadlaub, wüßte doch selbst zur Genüge vom Wesen oder Unwesen der literarischen Fiktion. Alles ist ja da erlaubt und das reine Spiel. Köstlich wäre das. Solange aus dem Spiel nicht Ernst werde und die Literatur umschlage in die Wirklichkeit. Wir verstehen uns doch. Mein Gott, Hadlaub, Sie mit Ihrer Begabung, haben Sie das nötig? Sie verstehen mich doch? Literatur, aber nicht mehr. Fides ist ein liebes Kind, aber denken Sie da auch an Ihre schlicht menschliche Verantwortung, wo es schlußendlich um das Nachleben Ihrer Lieder in der Nachwelt geht, um nicht mehr und nicht weniger – oder?

Hadlaub ging in eine Wirtschaft und in eine zweite, bis er das Bier, den Wein und den Branntwein, er trank alles durcheinander, so spürte, daß er kaum mehr etwas wahrnahm, Nacht war's, und schon arg schwankend strich er an der schwarzen Limmat entlang, rechts standen die Frauen mit den gelben Gewändern und winkten ihm zu aus lauter Spaß, gottsjämmerlich betrunken war er und erwachte irgendwo bei hellem Tag, das Erbrochene im Gesicht. Es war aber nicht, weil sie ihm Fides wegnehmen wollten – nein, sie würde er gewinnen denen zum Trotz, aber daß sie seine Literatur überhaupt nicht für wirklich nahmen, das hatte ihn wütend gemacht. Aber sie sollten es bekommen: die Literatur und die Wirklichkeit.

Hadlaub wußte, wann Fides die Frühmesse besuchte.

In Text und Bild hält die Manessische Handschrift die Szene fest. Auch der Novellendichter wird sie beschreiben. Hadlaubs Strophen beginnen mit einer Klage (Ach, mir was lange / nach ir so wê gesîn). Dann aber kippt diese unversehens um in action, und es heißt: Angezogen wie ein Pilger lauerte ich ihr, so unauffällig wie ich konnte, auf, bei mir hatte ich einen Brief mit lauter Liebessehnsuchtsklagen, an dem ein Haken befestigt war, den hängte ich ihr an, das war vor Tagesbeginn, damit sie es ja nicht merkte. Das Bild der Handschrift zeigt Hadlaub (nur er kann es sein, denn oben auf der Seite steht sein Name), er trägt einen Pilgerhut mit den Jakobsmuscheln des zu unserer Zeit ja ziemlich berühmten Wallfahrtsortes Santiago de Compostela im fernen Spanien. Die Dame, sie hat einen dunkelblauen Mantel an, wendet sich halb diesem Pilger zu. Das Kirchentor ist offen. Der gebückte Pilger befestigt gerade den Brief. Im Wappen Hadlaubs steht ein silbernes, aber bereits schwarz angelaufenes Eichhörnchen. Ach ja, die Dame trägt ein Hündchen. Im Kirchturm ist der Mann, der die Glocke läutet, zu sehen. Lächelt er? Sieht er überhaupt das Paar da unten? »Am Himmel standen noch die Sterne«, wird es in der Novelle heißen, und Hadlaub habe geglaubt, mit seiner Liebeserklärung »nichts minderes als einen solchen offenen Sternenhimmel bei sich zu tragen«.

Text und Bild scheinen sich zu entsprechen fast wie Erfundenes und Wirkliches. Aber ganz stimmen sie, wenn man sorgfältig vergleicht, nicht miteinander überein.

Folgende Unstimmigkeiten mußte ich feststellen:

Im Gedicht lauert der Liebhaber seiner Geliebten auf, als die Messe zu Ende ist. Die Geliebte kommt also aus der Kirche. Auf der Miniatur jedoch geht sie in die Kirche hinein, anscheinend fängt die Messe erst an.

Muß man verändern, um darstellen zu können?

Dann das Hündchen. In der Miniatur über derjenigen mit der Szene vor der Kirche beißt das Hündchen der Geliebten Hadlaub in die Hand – in Hadlaubs entsprechender Strophe aber ist es die Geliebte selbst, die ihn beißt: Si beiz mich in mîn hant. / Si wânde, daz ez mir wê taet, do froete ez mich. Sadomasochismus? Unhöfisch jedenfalls ist es mindestens wie ein Hä-hä oder Okay. Selbst der in streng klassischer psychoanalysis versierte Chorherr F. fand übrigens keinen Hinweis auf den symbolischen Gehalt des Beißens weder unter »Kastration« noch unter »Koitus«, beiße jetzt ein Hündchen oder die Dame selbst.

Und dann: Die Reihenfolge der Bilder auf dieser Hadlaub gewidmeten Doppelminiatur ist verkehrt. In den Strophen Hadlaubs kommt zuerst die Szene vor der Kirche und erst nachher diejenige mit dem Biß in die Hand des Minnesängers. Warum also steht das Bild mit dem beißenden Hündchen über dem mit dem Kirchgang und nicht darunter?

Muß man verändern, um darstellen zu können?

Hadlaub hat auf beiden Bildern lange blonde Haare. Entspricht das der Wirklichkeit? In meiner Erinnerung jedenfalls sind seine Haare hellbraun gewesen.

Was ist erfunden, und was ist wirklich?

Die Szene soll beim Großmünster in Zürich geschehen sein. Aber nirgendwo beim Großmünster erhebt sich direkt über einem Tor ein Turm wie auf dem Bild. Ich hier in Oberdorf weiß das aus eigener Erinnerung, die um so zuverlässiger ist, als sich kein neumodischer gotischer Stil über den in Zürich noch gepflegten romanischen schieben kann. Der Grundstockmaler, der die Doppelminiatur für Hadlaub gemalt hat, muß das doch gewußt haben aus der eigenen täglichen Anschauung. Wieso hält er sich nicht an die Wirklichkeit? Nebenbei: Hat der Novellendichter recht, wenn er den in Zürich immer noch gepflegten romanischen Baustil mit dem ebenso »verspäteten Minne- und Liederwesen ritterlicher Art« zusammenbringt, »dessen Blütezeit schon vorüber war«?

Beim Grundstockmaler ist ja überhaupt ein Zug zu erkennen, die Bilder szenisch auszugestalten und action in sie hineinzubringen. Auch auf Kosten der Wirklichkeit? Und erfolgt vielleicht auch Hadlaubs Strophenkunst, wenn sie in action umkippt, auf Kosten der Wirklichkeit, und der Biß der Dame in die Hand des Sängers ist nichts als Erfindung? Bluff? Ich habe es mir von Oberdorf aus nochmals durch den Kopf gehen lassen und denke nun, das Gegenteil ist der Fall. Gerade weil Wirklichkeit und Erfindung sich hier so entsprechen, kommt es auf die einzelnen Wirklichkeitspartikel nicht an – vorgegeben wird nicht die Wirklichkeit, die fraglos besteht. Aber die Abweichungen entrücken das Wirkliche ins Erfundene, in die entrückte Welt der Literatur. Und nur um so glaubwürdiger wird die vorgegebene Autobiographie, wenn der Minnesänger Hadlaub als Minnesänger Hadlaub zum Beispiel von sich sagt, würde man ihm die Brust aufbrechen, sähe man in seinem Herzen die schöne Dame stehen: Mich dunket, man saehe / mîn frowen wolgetân, / der mir mîn brust ûf braehe, / in mînem herzen stân.

Nichts irritiert mich an Hadlaubs Autobiographie, wo das Umkippen in action sie als solche verrät. Das Wirkliche steht in seinem Herzen. Aber wie aus Spiel unversehens Ernst wird, so wird aus Ernst wieder Spiel. Und Erinnerungsglanz verklärt das Spiel und verklärt den Ernst. Auch, wenn die Erinnerung an die entrückte Vergangenheit nur zur guten Übung geschieht. Wie in seinen Tageliedern, wo er keine Ursache haben mochte zu Tageliedern: in welchem Zürcher Haus denn genau hätte ihn der Gesang des Wächters gemahnt, daß er die Geliebte verlassen muß?

Der Grundstockmaler malte das Gesicht der Fides mehrfach als Gesicht eines Minnesängers und bewahrte so zum einen der Fides, die übrigens anders geheißen hat, ihr Inkognito und verlieh zum andern den Minnesängergesichtern, wie der Novellendichter es sagen wird, »einen geheimnisvoll idealen Charakter«.

Ich weiß, wer Fides war, und behalte es für mich, soll sie geheimnisvoll schauen aus den Gesichtern von Minnesängern. Ich sehe, wie sie Hadlaub fremd und traurig grüßt, wie sie ihm mit einem flüchtigen Lächeln zunickt, wie sich die beiden grußlos begegnen.

Und wer das Spiel als einzige nicht mitgespielt hat, war die gestrenge, nüchterne, realistische Frau Manesse. Als Fides ihr anvertraut, sie erhalte von Hadlaub die gereimten Briefe, und ihr auch einen zeigt, da sagt diese energisch: Nein, solche Fasnacht machen wir nicht. »Wir leben hier an der Stadt bei Handel und Wandel und nicht auf Hofburgen und in Zaubergärten! Alte Mären lesen wir in den Büchern, aber wir spielen sie nicht selbst wieder ab.« – Alle die andern haben mitgespielt. Einzig Johannes Manesse distanzierte sich.

Der Minnesänger Hadlaub verdankt es an mehr als einer Stelle den hôhen herren und werden man, den edlen frowen, edlen herren, daß sie aus Mitleid dem erfolglosen Dienst um die Geliebte zum Erfolg verhalfen.

Ist Minne am erfolgreichsten, wo sie bloß ein Nachspielen bedeutet?

Was ist Minne?

Fides war richtiggehend süchtig nach Minnesang. Tief in ihr wuchs Minne zu einem großen unbekannten Gefühl, das aber erfunden war und nicht wirklich – bis Hadlaub kam, ernüchternd vorerst. Ernüchternd, schien ihr, blickte er sie an, schaute er, sang er, daß sie die Augen niederschlug und am Tag danach erst recht in hoffnungslose Apathie verfiel: Apathisch war ihr die Sonne vom anderen Tag, war ihr das Herz, das in ihr schlug so stur, so stur, war überhaupt alles, alles.

Acedia. Traurigkeit, Trägheit, Verzweiflung.

Erst nachher sah sie ein, daß zum Erwachen notwendigerweise das Ernüchtern gehört, und die Träume werden wahr, und er – hatte sie aus dem Schlaf erweckt. Notwendigerweise verging viel Zeit, bis sie es einsehen mußte.

Und jetzt alles, alles der Reihe nach.

Begonnen hat es eigentlich ganz früh: Ich diene ir sît daz wir beidiu wâren kint.

Bis sie ihn in die Hand beißen sollte, floß viel Wasser die Limmat hinunter und viel Tinte auf das Pergament seiner erfolglosen Lieder. Die meisten blieben ungesungen, einige sang er allein, einige wenige sang er in der Gesellschaft, zu der sie gehörte.

Minne klemmet rechte alsam ein zange.

Sie hât vil gilacht / mins herzen siuften.

Diu voglîn wâren in mangen sorgen / noch aldaher den winter kalt.

Ich muoz den tôt nach ir erlîden, / wan ich nie heil an ir irwarb.

Ach, mir was lange / nach ir so wê gesîn.

Die Jagd mit Wildbret war wieder längst vorbei.

Hadlaub hatte auch gesungen von Kutteln, Därmen und Mägen.

Alles, was er sang, schien ihr gleichgültig.

Zur Diagnose einer acedia Chorherr F.: Die Diagnose einer acedia falle nicht leicht, da die Symptomatik enorm widersprüchlich ausfalle. Der Fall Fides zeige dies deutlich. Mal tödliche Ruhe, mal wilde Lebendigkeit. Eine endgültige Gewißheit bestände wohl nie. Aufschlußreich, dies aber gehörte bereits zur Analyse, wären die Träume. Aber wenn es sich dabei um Träume aus Träumen handelte, gäbe es wiederum Schwierigkeiten, und Literatur wäre ja nichts anderes als ein Ergebnis von Träumen. Psychoanalytisch betrachtet. Geträumte Wirklichkeit. Wo sie dies nicht sei, könne man sie vergessen. Aber Fides konnte ihren Minnesang und ihre Ritterromane selbst in den Träumen nicht vergessen. Solange Literatur nichts zu tun hatte mit ihrer Wirklichkeit. Sobald Hadlaub beim Gesang sie ansah und sie auch meinte, verfiel sie in ihre Gleichgültigkeit. Man komme, so Chorherr F., also nicht darum herum, möglichst umfassend nach der frühen Kindheit zu fragen, und da biete der Fall Fides ein gefundenes Fressen dar. Habe sie doch zweierlei Eltern, »wahre« und »falsche«. Er rühre an ein öffentliches Geheimnis. Der Bischof und die Äbtissin konnten es dem Kind nicht verschweigen und die Manesses auch nicht. Und wie bringt man das unter einen Hut. Eben nicht, sondern da funke schon die ganze Neurosenlehre hinein. Wie schluckt sie, daß ihr wahrer Vater der Bischof ist und ein väterlicher Bischof dazu. Nicht wahr. Et cetera et cetera. Träume sind unser Schicksal, nicht wahr. Soll man Träumen wirklich auf den Grund gehen? Auch wenn es in Minnesang und Ritterromanen Träume aus Träumen sind? Er, Chorherr F., zweifle manchmal selber. Manchmal zweifle er gar an der Beichte. Ja. Acedia ist auch nur ein schönes Wort. Die wahren und die falschen Eltern sind noble Leute, was die Sache nicht leichter mache. Nein. Manchmal sei es zum Verzweifeln, gerade wenn acedia die Verzweiflung pur sei. Aber es gäbe da wie beim Abnehmen der Beichte nur eins: sich streng an die klassischen Verfahrensweisen halten. Und kleine Jungen wollen eben mit ihrer Mutter schlafen, unbewußt, wie kleine Mädchen mit ihrem Vater, da sei der Hund begraben, auch bei Fides, bei ihr erst recht. Wo sie zwei Väter besitze, komme es erst recht zu einer confusio. Psychoanalytisch gesehen, immer streng klassisch, empfindet sie eine doppelte Schuld: darüber, daß sie unbewußt mit ihrem Vater schlafen, und darüber, daß sie es mit dem falschen Vater tun wollte. Für ihn, Chorherrn F., sei dies sonnenklar. Zuerst diese confusio im Unbewußten. Dann, wie der Novellendichter es fassen wird: »Von dem Augenblick an, wo sie ihrer Stellung in der Welt klar bewußt war, klagte und fragte sie nicht mit einem Worte; aber ihre Heiterkeit war dahin.«

Erleichterung brachte ihr die Beichte. Chorherr F. auferlegte eine kleine Buße und gebot ihr Hadlaub gegenüber strikte Zurückhaltung. Das war Taktik. Fides verließ den Beichtstuhl jedes Mal erlöst. Dabei war ihr dieser Hadlaub am Anfang total gleichgültig gewesen, als Kind schon und dann als Sänger, der ihr ständig in die Augen sehen wollte, was lästig war, aber solche Bubis gab's zu Hunderten. Und als sie sich ihrer Gleichgültigkeit nicht mehr ganz sicher war und ab und zu heiße Wangen spürte, empfand sie die gebotene strikte Zurückhaltung als – erlösend. Chorherr F. aber kannte ihre Träume. Wenn sie dann das Kirchenportal öffnete, schien ihr für kurze Zeit alles schwerelos: schwerelos die Mauern der

Häuser wie der Minnesang mit dessen schöner Traurigkeit. Hatte der Lümmel ihr doch ein Lied gesungen von einem Bett auf der Wiese: So braeche ich loub, gras, vîol, klê: / ich wolte ein bette machen / von schoener var. Als wäre er Herr Walther von der Vogelweide in Person. Unbeschwert überquerte sie den Münstervorplatz, spürte ein wohliges Schaudern auf der Haut, die Schuhe klapperten, und sie trug ihr Lieblingskleid, das dunkelblaue mit der goldenen Bordüre um den Hals, und die Schuhe klapperten wie verrückt, so leicht konnte das Leben sein nach der Beichte, okay, hä-hä. Dann kamen wieder die Stunden aus Blei.

Die Taktik von Chorherrn F. zielte auf Sublimierung und also auf Literatur als Therapie.

Aber darin waren sich ja alle Mitspieler an diesem Spiel der hohen Minne von Anfang an einig. Allein Johannes Manesse, der gestrenge Küster, distanzierte sich von diesem, wie er es nannte, Spiel mit dem Feuer.

Alle sonst waren sie Feuer und Flamme.

Auch Rüdiger Manesse mahnte seine Pflegetochter davor, dem kleinen Minnesänger auch nur den kleinen Finger zu geben, und versprach sich eben davon die schöneren Lieder. Der väterliche Bischof hoffte für seine Tochter, sie käme auf andere Gedanken, und für sich, das tote Mittelalter würde lebendig. Die Fürstäbtissin dachte, acedia sei auch nicht mehr als ein Wort und eine Frage der Zeit und also auch des Zeitvertreibs.

Lieder freilich, die in die Hände von Frau Manesse gerieten, gingen der Mit- und Nachwelt verloren.

Sonst klappte alles. Hadlaub dichtete, Fides gab die Lieder ihrem Pflegevater, im kleinen Kreise wurden sie gelesen und für »köstlich«, »ganz süperb«, »einmalig« gefunden. Und Herr Manesse belehrte seine Pflegetochter:

Das ist kein Blödmann, Fides, das ist ein neuer Minnesänger!

Und Hadlaub selber?

Hadlaub schwankte zwischen Himmel und Hölle.

Er kannte alle ihre Kleider. Das lindgrüne, das haselnußbraune, das himmelblaue, das dunkelblaue mit der goldenen Bordüre, das weinrote, und kam ein neues Kleid hinzu, war es eine neue Welt. Dabei sah er sie den ganzen Winter über sehr, sehr selten. Es war ihm, als hielte sie sich absichtlich vor ihm verborgen, und das tat sie auch. Nie gelang es ihm, ihr in die Augen zu sehen.

Dachte er daran, es könnte einen andern geben?

Nein. In keinem seiner Gedichte kommt ein anderer vor. Es gab auch keinen andern. Wenn der Dichter jener Novelle einen andern namentlich anführen wird, Graf Wernher von Homberg auf Rapperswil, so täuscht dies. Es wäre denn, die gestrenge, nüchterne, realistische Frau Manesse hätte eben ein solches Lied zerrissen oder in der Küche verbrannt. Umgekehrt muß Hadlaub seine altmodischen Wächter und die ebenso aus längst verblühter Ritterzeit stammenden Aufpasser (si sehent umb sam diu katze nâch der mûs) rein erfunden haben – sieht man von Frau Manesse einmal ab.

Hadlaub erfüllte zugleich die Erwartungen des Manessekreises und übertraf sie aufs höchste. Er selbst war überrascht, wie leicht ihm nun das Dichten fiel, wie ganz von selbst Vers und Reim sich ergaben nach dem Schema der Strophe, obwohl er nicht Erfundenes besang, sondern die Wirklichkeit selbst, die aber zugleich eine Wirklichkeit des Tatsächlichen und eine der Träume war. Er litt. Auch wenn man es nicht sehe, singt er, so leide er Not. Man sah es. Er wurde bleich, er wurde mager. Die noblen Fräuleins tuschelten, Hadlaub sehe aus wie ein Gespenst. Tadelten

Fides ob ihrer Grausamkeit. Grausam war sie auch und genoß es teenagerhaft desto mehr, sich nichts anmerken zu lassen, je mehr sie angehimmelt wurde, so daß ihre Freundinnen schon Neid verspürten, wenn sie sich dem Zauber von Hadlaubs Klängen hingaben. Das könnte alles Chorherr F. genau erklären als die Mechanismen dessen, was er mit Sublimierung im Sinn hatte, in deren Dienst der Minnesang stand. Schon sah der Bischof im Geiste die schöne Fides auf derlei Weise aufgeheitert als lebensfrohe Frau vor sich stehen und gehen. Möglich, daß der Fides' acedia schwände ganz ohne die Literatur, allein durch das Drumherum. Doch ihr Gesicht war ernst, hoher Mut und Trauer mischten sich auf ihm. Um Hadlaub herum aber schwand die Welt wie Schnee an der Sonne, wie Schnee –

Der Schnee lag dann hoch auf Manegg, als – war es im Januar, war es im Februar? – wieder einmal zum Candlelight-dinner geladen wurde. Dies war, als der kulturelle Höhepunkt einer jeden Zürcher Saison, ein Muß, aber vor allem ein Darf, und deswegen erst recht ein Muß. Niemand konnte es sich leisten abzusagen. Niemand hatte abgesagt. Im Programm stand natürlich wieder der übliche Sängerwettstreit, wenn dieser auch im Laufe der Zeit die ursprüngliche Funktion mehr oder weniger verloren hatte und zum schönen Selbstzweck geworden war, in dessen Schein man sich spiegelte. Doch jetzt gab es die Gerüchte um Hadlaub: Minnesang live. Sonst hatte die Gegend zwischen Zürich und Konstanz ja wahrhaftig mehr als genug Dichter und Sänger aufzubieten. Aber strenggenommen konnte es gar nicht genug Dichter und Sänger geben. So blieb, auch eben beim Candlelight-dinner, der schöne Schein, und nur zum schönen Schein war der Wettstreit ein Wettstreit. Um so spannender jetzt: Hadlaub.

Die Gäste kamen auch von weiter auswärts. Die Wetternachrichten waren gar nicht günstig. Nebel, Schneeglätte. Sogar Schneeverwehungen. Letzte Woche ist bei Thalwil jemand vom Weg abgekommen, in den See geraten und jämmerlich ertrunken. Gegen Schneeverwehungen sind wir alle machtlos. Rudolf von Landenberg traf mit großer Verspätung ein. Der Herr von Tellinkon und Gemahlin trafen gar nicht ein, man machte sich Sorgen, die sich dann zum Glück als unnötig herausstellten.

Alles auf Manegg war nun fristgerecht restauriert und renoviert. Das Neueste vom Neuen: grellrote Vorhänge in der Eingangshalle. Die Dido war fertig geworden. Stumm bestaunt wurden auch die rosa und pastell lila gehaltenen Glasscheiben im Palas, durch welche die Winterlandschaft draußen etwas Unwirkliches erhielt, unwirklich und unheimlich wurden die Bäume mit dem Schnee. Der Bischof und die Fürstäbtissin standen beieinander, scherzend, zärtlich vertraut. Wegen Fides vermieden sie jedes Alleinsein und trafen sich nur noch in Gesellschaft. Das war Entsagung. Für Chorherrn F. übrigens ein gelungenes exemplum für seine Sublimierungstheorie. Daß es bloß eine Theorie war, wußte er, bewußt oder unbewußt, aus eigener Erfahrung. Auch als Modewort hat Sublimierung ausgedient. Gibt es sie denn überhaupt? Der ganze Minnesang baut schließlich mehr oder weniger auf ihr. Aber das Wort ist nicht mehr *in*.

Small talk bei den Glasscheiben und, von ihnen angeregt, über die geplanten Glasmalereien in Königsfelden – süperb! Alle Kerzen am großen Lüster sind angezündet. Alle Lampen brennen.

Rüdiger Manesse ist gealtert. Seine Heiterkeit hat mitunter fast etwas Gequältes, oder liegt das nur am Festtagslampenfieber? Sobald er lacht, machen die Lachfalten ihn jung. Die Zeit vergeht. Und bleibt doch stehen. Alle Kerzen sind angezündet am Tag, der Hadlaubs Durchbruch bedeuten soll. Der Alltag ist vergessen im allgemeinen Hochgefühl des Festes, bei dem die Zeit wahrhaftig aufgehoben ist. Und trotz des Winters, wo es ringsherum kein Fleisch gibt oder dann Pökelfleisch – auf Manegg wird Frischgeschlachtetes aufgetragen, vom Rind, vom Schwein, gar vom Zicklein, Frau Manesse hat da ihre langen Arme.

Und zur Tafel sangen dann die Dichter, meist gestandene Mannen, ihre Lieder. Kein Klischee war zu billig, denn sie, die Klischees, wurden erwartet. Viel Frühlingsfreude wurde verkündet, aber auch viel Einsamkeit, mancherlei Minne wurde beschworen, aber auch manch harter Winter und immer wieder der rote Mund einer Dame, ein bißchen Erotik und ein bißchen Tod. Aber vor allem Einsamkeit, vor allem Einsamkeit. Der wackere Gernot von Frauenfeld etwa ließ sich folgendermaßen vernehmen: Viele liebliche Münder sind rot. / Die Minne macht den Sänger tot. / Wie süß doch sind die Vöglein im Lenz, / Ich glaub' sogar, in meinem Herzen brennt's. / Doch was soll ich machen mit meinem Leiden, / Kann ich meine Herrin und Sonne doch niemals meiden. – Beifall. Immer wieder Beifall, der riesenhaft werden sollte beim Auftritt Hadlaubs.

Der war möglicherweise sehr viel mehr gestellt als spontan, wie er eigentlich hätte wirken sollen. Das Ganze muß auch ziemlich hart am Lächerlichen gewesen sein. Sollte Fides doch, nachdem Ritter Rüdiger den Liederzyklus Hadlaubs, stolz zeigte er das Pergamentbündel her, als das seltene Ereignis von hoher Minne ganz live gefeiert hatte, Hadlaub den Kranz aufsetzen. Fides tat es gezwungen und mit finsterer Miene. Hadlaub griff nach ihrer

Hand. Dabei konnte er ihr, endlich, in die Augen sehen. Da biß ihm Fides in die Hand. Da wurde dem minnekranken Hadlaub flau und halb ohnmächtig. Vor Wonne. Das Hündchen der Fides sprang hinzu. Dadurch aber, daß sie ihm, ob sie ihn dabei biß oder nicht, die Hand reichte, hatte sie ihm, das wußten alle, die Gewährung seiner Liebeswünsche schon halb versprochen. Das will nun einmal der höfische Brauch im Mittelalter. Dann ist die Sache gelaufen. Vielleicht war sie darüber erschrocken. Um so heftiger fiel der Beifall aus. Hohe Minne live – das war die Sensation! Als Minnelohn aber gab sie ihm, nachdem man sie drängte, ihm etwas zu geben, was sie lange an sich getragen hätte, ein Nadelbüchslein – nein, sie gab es ihm nicht, sie warf es ihm nur unwirsch hin, so daß man es ihr zurückgab und sie bat, es anständig zu geben. Auf dem Büchslein aber waren, so wird der Dichter der Novelle berichten, zwei miteinander kämpfende geschuppte Drachen zu sehen, »in griechischer Arbeit kunstreich geschnitten«, und die Fürstäbtissin habe gesagt: »Es nimmt mich wunder, daß sie es ihm gegeben hat; denn ein Vorfahr hat es übers Meer gebracht, und sie trägt es von Kindesbeinen auf in der Tasche herum.«

Fides hatte das dunkelblaue Kleid mit der goldenen Bordüre getragen. Das ist sicher.

Ihre Haare waren tatsächlich so blond, wie sie in der Manessischen Handschrift gelb gemalt sind, und sind später grau geworden.

Niemand hatte erwartet, daß aus dem Spiel Ernst würde. Es sollte doch ein Spiel der hohen Minne sein und also aussichtslos. So war es doch gedacht gewesen.

Ich weiß nicht, was es zum Dessert gegeben hat damals. Aber daß es damals besonders lang ging bis zum Dessert und bis zum Aufheben der Tafel, das weiß ich.

Acedia sollte der Novellendichter allzu gut aus eigener Erfahrung kennenlernen. Von ihm stammt das Wort: »Resignatio ist keine schöne Gegend.« In unserem Mittelalter gilt sie schlicht als Todsünde und somit als selbstverschuldet. Aber sie kann sich verschieden äußern: als träges Erschlafftsein, als Unbehagen an allem und jedem, sogar als rastloser Wandertrieb. Untersteht sie der tristitia? Ist sie ein anderes Wort für depressio, kann diese doch auch von der ruhigen oder der wilden Sorte sein?

Nach jenem Candlelight-dinner auf Manegg im Januar oder im Februar verschwand Fides für lange Zeit aus Hadlaubs Augen wie aus der Welt, als hätte sie nie gelebt. Und ihm blieb nur jenes Nadelbüchslein aus Knochen mit den zwei Drachen.

Zeit aber ist so wie Licht: nur die wahrhaft Mächtigen verfügen in unserem Mittelalter darüber. Gott hat immer Zeit. Demnach war Fides mächtig und Hadlaub besaß nur die Langezeit. Aber Langezeit ist sehr wohl dasselbe wie Sehnsucht, Liebessehnsucht, erbärmliche Liebessehnsucht.

Fides weilte auf Schwarz-Wasserstelz und verließ den Turm die ganze Zeit nie.

Nur ganz am Anfang, als sie ihre wahre Herkunft vernahm, hatte sie gewünscht, sogleich zur wahren Mutter ins Kloster zu gehen und dort lebenslang zu bleiben. Aber weder der Bischof noch die Fürstäbtissin hätten gewollt, daß sie eine Nonne würde.

Jetzt war der Turm vorübergehend wie ein Kloster.

War nicht der Kirchgang das Schönste am ganzen Tag? Wo ist mehr Leben und mehr Pracht und mehr Abwechslungsreichtum als in der Kirche?

Hadlaub mußte einmal im Zusammenhang mit der Liedersammlung, es ging um eine Abschrift des von Morungen, die Fürstäbtissin im Kloster aufsuchen. Sie befand sich inmitten einiger Frauen, die im Halbkreis saßen und an einem großen Wandteppich stickten. Zu ihren Füßen standen die Körbchen mit bunter Wolle und Seide. An den Wänden ringsum waren schon lauter Wandteppiche aufgehängt mit den verschiedensten Motiven aus der gesamten Geschichte. Wie die Töchter Ludwigs des Deutschen der Jagd nachgehen. Wie die Gebeine der heiligen Märtyrer Felix und Regula getragen werden. Aber im Hintergrund jagten Diana und die Nymphen nach Hirschen und Adonis nach dem Eber, sogar Siegfried lief nach dem Bären, und Hagen warf den Spieß nach jenem. Die Wandteppiche in diesem prunkvollen Gemach reichten aber nur bis in eine gewisse Höhe. Über ihnen war die Mauer bemalt mit knienden Äbtissinnen, deren jede ihren Wappenschild mit Helm und Helmzierde zur Seite hatte. Von all dieser Pracht halb geblendet wußte Hadlaub damals kaum, wo die Augen hinwenden, und sah gar nicht, daß unter den stickenden Frauen auch Fides sich befand – steif richtete er den Gruß des Bischofs aus und erhielt die Abschrift des von Morungen.

Das war jetzt lange her und längst unwirklich.

Aber Fides erinnerte sich daran. Im Turm erinnerte sie sich wieder an Dinge, die sie längst vergessen hatte. Auch daran, wie sie nach dem Biß in die Hand Hadlaubs beichten gehen wollte zu Chorherrn F. und dann nicht hinging, weil sie nicht mehr bereit war, sich nach ihren Träumen ausfragen zu lassen. Und er hätte den Biß in die Hand für einen Traum genommen, das war ihr klar. Was hätte er da alles hineingesehen. Ein gefundenes Fressen wäre das doch gewesen für ihn.

Statt zur Beichte begab sich Fides in den Turm von Schwarz-Wasserstelz.

Ich zitiere hier aus den mir erst ganz neuerdings zur Verfügung stehenden okkulten Schriften des Chorherrn F.: »Daß alles Material, das den Trauminhalt zusammensetzt, auf irgendeine Weise vom Erlebten abstammt, also im Traum reproduziert, *erinnert* wird, dies wenigstens darf uns als unbestrittene Erkenntnis gelten. Doch wäre es ein Irrtum anzunehmen, daß ein solcher Zusammenhang des Trauminhalts mit dem Wachleben sich mühelos als augenfälliges Ergebnis der angestellten Vergleichung ergeben muß. Derselbe muß vielmehr aufmerksam gesucht werden und weiß sich in einer ganzen Reihe von Fällen für lange Zeit zu verbergen.« Aber unser Mittelalter sieht eben auch die Wirklichkeit an wie die Träume, und ist in den Träumen die Wirklichkeit verborgen, so ist es in der Wirklichkeit, zu der die Träume gehören, Gott.

Deshalb hatte der Biß in die Hand seinen verborgenen Sinn, gleichgültig, ob das Ganze geträumt war oder wirklich.

Vom Turm auf Schwarz-Wasserstelz sah Fides oft hinunter ins Wasser, das floß, und sah dem Fließen nach, düster sinnend oder vage wieder hoffend. Wenn sie hinuntersprang, kam sie geradewegs in die Hölle.

Mit Mechthildis auf Weiß-Wasserstelz bestand inzwischen ein leidlicher Frieden.

Wieder wäre eine Beichte fällig gewesen.

Statt dessen legte sie sich auf die Couch und las Hadlaub.

Sie verzichtete sowohl auf die Beichte wie auf die psychoanalysis und genoß – soweit sie genußfähig war – diesen doppelten Verzicht. Die Bespannung der Couch war auch gestickt wie all die Wandteppiche, wies aber ein gänzlich abstraktes Muster auf. Striche, Kreise, Punkte, Dreiecke. Niemand hätte damit etwas anfangen können. Sie las also Hadlaub. Und zwar besaß sie eine Handschrift seiner Lieder, die ihr die Fürstäbtissin besorgt hatte. Fides strich über das kühle Pergament wie über kühle lebendige Haut. Sie fröstelte. Die Buchstaben sahen aus wie tote Insekten. Brachte man ihr zu essen, verschmähte sie es. Und es schien, sie magerte ab wie aus lauter Sympathie zu ihm, den sie zuletzt, ohne daß er sie sehen konnte, auch so abgemagert gesehen hatte. Wäre das nicht viel leichter, Braut Christi zu sein als die seine? Sie wußte auch, daß die Abschrift der Lieder mit den Buchstaben, die wie tote Insekten waren, von Hadlaubs eigener Hand stammte. Aber die Buchstaben waren keine toten Insekten. Die Wirklichkeit war so gräßlich wie die Träume. Es war still. Nur die kleine Glocke bimmelte. Ihr kam es vor, sie bimmle immer. In der Stadt hatte sie das ständige Geläute immer und ewig von irgendwoher gar nicht mehr gehört. Irgendwann würde sie die kleine Glocke nicht mehr bimmeln hören. Es würde ganz still sein für die Reime. Noch sah sie nur die Reime und hörte sie nicht. Auch wenn sie laut las, daß »sinne« sich reimte auf »minne« und »smerze« auf »herze«. Sie hätte sie laut singen müssen und getraute sich nicht, laut zu singen.

Nach dem Biß waren ja dann all die Freier aufgetaucht. Es war gräßlich. Aufgetaucht wie Schatten allüberall.

Mechthildis auf Weiß-Wasserstelz beschränkte sich darauf, von ihr auf Schwarz-Wasserstelz als dem »sauberen Kräutchen« und dem »schönen Unkraut da drüben« zu reden, »verschmähte aber dabei nicht, ihr Korn in der Mühle von Schwarz-Wasserstelz mahlen zu lassen und das Mehl selbst zu holen in ihrem Schiffchen, da Fides sie jedesmal gut bewirtete«.

Der Fluß floß und floß.

Fides aber spürte, daß Hadlaubs Verse so wirklich waren, wie Träume es sind.

Sie spürte, wie sie ihren Halt verlor. Hadlaub war ein Bürgerlicher. Sogar ihr adliger Stand, der strenggenommen ein bißchen wacklig war, gab ihr keinen Halt mehr. Als ob auch dies gleichgültig wäre. Als ob so etwas in unserem Mittelalter gleichgültig auch nur sein dürfte. Gott bewahre. Schöne Musik durch die Sinne ziehen lassen als nobles Fräulein und auf der Couch liegen, schöne Musik von der Donau. Es geschah doch aus Lebensüberdruß mit immer diesen Tränen hinter den Augen. Einschlafen mit schöner Musik von der Donau und nie mehr aufwachen. Aber die Litanei von der unbefleckten Empfängnis Mariä legte sich halt doch als schirmender Mantel unaufhaltsam über die schöne Musik. Heilige Maria, Jungfrau ohne Makel der Erbsünde empfangen, bitt für uns! / Unbefleckte Jungfrau, die du der höllischen Schlange den Kopf zertreten, / Unbefleckte Jungfrau, Morgenröte der Sonne der Gerechtigkeit, / Unbefleckte Jungfrau, lebendige Arche, in welcher der kostbare Leib des Erlösers ruhte. / Unbefleckte Jungfrau, glänzender Stern, der die Welt erhält. / Unbefleckte Jungfrau, Heil der Kranken. Bitt für uns! Und das Bimmeln der kleinen Glocke wollte und wollte nicht aufhören, der Fluß floß und floß –

Da tat sie etwas Unbedachtes.

Sie hatte unter alten Sachen zufällig ein Kästchen entdeckt. Das war über und über bemalt und prangte in allen Farben. Weiße Pferde mit Rittern drauf waren zu erkennen. Schwarz aber waren die Buchstaben AHC. GUNdIS. DU. MIR. ARMIN. EINV! NAHT.

Irgend so ein Minnekästchen, wie es sie, zu meiner Ehre muß ich es sagen, zu Hunderten gibt. Aber immer wieder ist es originell. Aber immer wieder, ich weiß es doch, werden sie neu geschreinert, angemalt, beschriftet. Mit immer den haargenau gleichen Buchstaben. Haargenau.

Da kam doch auch Marilyn einmal damit, bei mir wäre noch extrem viel »aufzuarbeiten«. Habe ich sie gefragt, wie sie das meine. Hat sie es zögernd erklärt. Hab' ich ihr eine runtergehauen, ist ja oft die einzige Sprache, die unsere Weiber noch verstehen. Seitdem ist sie nie mehr gekommen mit dem »Aufarbeiten« bei mir. Also wenn Aufarbeiten samt all diesem Psychokrimskrams ihr übrigens recht zeit- und kostenintensives und gar nicht vergnügliches Hobby ist – bitte, aber in meine eigenen Hobbys lasse ich mir nicht reinreden und von einem Weib zuallerletzt.

Und jetzt ist sie also abgehauen. Ist wie vom Erdboden verschluckt. Hat sich einfach in Luft aufgelöst.

Du blööds beeri.

Aber du hätsch jo nid einfach so miese abhaue.

Beeri blööds.

Aber nume nid as jetz meinsch.

Hueen.

Düpfi.

As nume nid meinsch.

Verdammt nonemouu.

Wart nume. Wen i di einisch verwütsche.

Mischtschtück.

Soumoore.

Ghöörsch richtig: Soumoore.

Und iibüuudet derzue.

Eifach uuf und dervoo.
Iibüuudeti gans dummi.
Ha ders scho gäng gseit.
Du i cha de ou angersch.
Mues ders zwöimouu säge.
Soumoore.
Aber isch doch woor.
Biischt.
Nei, nid biischt. Dasch jo vüuu z höflech.
Hueere.
Ganz eifach: Hueere.
Di set me.
Muesch jo nid dänke.
Blöödi hueere.
Du chrützgottjämmerliche dräckfutz.
Jetz heschs.

Tut mir leid. Das ist mir jetzt einfach so dazwischen gekommen. Aber es hat auch endlich einmal sein müssen. Wo war ich? Ach ja. Fides packte also dieses Kästchen, wie es sie zu Tausenden gibt, ein, übergab es mit der Weisung, über die Absenderin Stillschweigen zu bewahren, einer Botin, der sie restlos vertrauen konnte, und die überbrachte es Hadlaub.

Hadlaub aber hielt das Ganze für einen höfischen Scherz von jemanden, der sich über ihn und sein Unglück lustig machen wollte. Achtlos stellte er es weg, beachtete nicht einmal die Aufschrift. Spähöfisches war in Zürich an der Tagesordnung: Höfisches um des schönen Scheines willen.

Er war dabei zu sublimieren und dichtete. An Frustration fehlte es ihm nicht.

Sie hatte ihre Freier, er hatte seine Dirnen. Einsam wankte er durchs Niederdorf und mied alles Höfische. Zürich kann eine sehr trostlose Stadt sein. Trostlos floß die Limmat. Trostlos ragten die beiden ungleich hohen Türme des Großmünsters mit den dreieckigen Spitzen in den Himmel. Der Himmel war so lala. Nicht besonders.

War da die Literatur ein Trost?

Bitte. Er brauchte nur zu wählen.

Soll er es mit Heinrich von Morungen halten, der sagt, er tue wie der Schwan, der singt, wenn er stirbt, und daß ihm sein Lied vielleicht noch soviel einbringe, daß man ihn mal um sein schweres Schicksal beneidet?

Oder eher mit Reinmar dem Alten, wo er klagt, wenn die Minne doch nichts als Unannehmlichkeiten mit sich bringe, so solle sie verwünscht sein, und noch nie hätte er sie anders als in bleicher Farbe gesehen?

Oder schlicht mit dem Tannhäuser: Das Wasser ist trüb, mein Zwieback, der ist hart, das Fleisch ist mir versalzen, mein Wein ist schimmlig?

Nein. Literatur war ihm jetzt kein Trost. Es sei denn, er machte sie selbst. Er wurde nicht mehr zu Lesungen geladen, weder auf Manegg noch sonstwo. Zwar war ihm Rüdiger Manesse, das ließ er ihn wissen auf einem Billett, weiterhin günstig gesinnt, aber die übrige höfische und ritterliche Gesellschaft war sauer, wo das heitere Spiel sich ganz gegen die Spielregeln in unmanierlichen Ernst verwandelt hatte. Sollte sie doch.

Umgekehrt gab sich dieser Bischof wieder penetrant leutselig und fragte nach seinen dichterischen Plänen. Ekelhaft alles.

Vielleicht wäre er besser ein Kaufmann geworden und betriebe das Dichten als Hobby.

Aber sein Dichten war kein Hobby.

Und jetzt sah es tatsächlich so aus, als ob seine Dame aus der Welt verschwunden wäre. Es fragte sich nur, ob dieses höfisch ritterliche Pack, das ihm gestohlen bleiben durfte, sie vor ihm versteckte, oder ob der Dame selbst das Versteckspiel beliebte. Aber wo lag der Unterschied?

Der Alltag auf einer Burg, und heiße sie Schwarz-Wasserstelz, war zumal für eine Dame rauh, unbequem und vor allem langweilig. So entschloß sich die acediakranke Fides zu einem Brief an Hadlaub, des Inhalts, in der Nacht vor Kreuzerfindung harre seiner ein Schifflein bei der Fähre zu Rheinfelden. Ungesehen müsse er dorthin kommen und »dem Schiffsmann die zwei Drachen weisen, im übrigen gewärtig sein, daß er Leib und Leben verlieren kann«.

War auch dies ein verspätet höfischer Scherz? Aber die zwei Drachen gaben Hadlaub zu denken, waren sie doch im Brief so wirklich wie die auf dem Nadelbüchslein von ehedem. Und als Dichter glaubte er nicht nur an Träume, sondern auch an Märchen.

Das Schifflein setzte ihn über.

Auf Schwarz-Wasserstelz wurde er alsogleich in ein finsteres Verlies hineingestoßen, dessen Tür man dreifach verschloß und verriegelte.

Oben saß der Bischof von Konstanz mit dem Herrn Grafen von Homberg auf Rapperswil, den es allerdings gegeben hat und der ein Freier von Fides gewesen ist.

Was nun aber diese Freier anbelangt. Fides hatte welche.

Das war schon aufgrund der höfischen Spielregeln unvermeidlich, und Graf Wernher von Homberg auf Rapperswil sang und sang um ihre Minne wie so manch anderer Höfling. Doch für Fides waren die allesamt wie nicht vorhanden, und auch für Hadlaub waren sie Luft. Zum Klassenkampf wäre er sich zu schade gewesen. Der Zürichsee ist denk noch immer für alle da, oder? So wie für die Möwen im Winter, oder? Hadlaub spürte den ganzen Zürichsee in sich, auch jetzt unten im Verlies. Träumte sich die wenigen Stunden bis zum Morgen durch, sicher hundert Träume hindurch, die, wie der Novellendichter erzählen wird, »sich unablässig jagten und ihn stets an die Schwelle des Erwachens drängten«.

Graf Wernher von Homberg auf Rapperswil übrigens war ein glänzender Ritter und vorher Reichsvogt gewesen in den Ländern, wo jetzt die Eidgenossen sind. Bei der Abfahrt von Schwarz-Wasserstelz ist er dann mit dem Nachen der neugierig gewordenen Mechthildis von Weiß-Wasserstelz zusammengestoßen und dabei in den Rhein gestürzt, ließ sich dann nicht mehr blicken. Sonst stimmt es schon, daß dem Bischof eine Vermählung seiner Tochter mit dem Grafen nicht unlieb gewesen wäre, ebenso aber auch, daß der Graf mit seinem Minnedienst gar keine ernsten Absichten verbunden hat. So spielt das Leben. Aber fast hätte Fides auf diese Art zu ihren zwei Vätern auch noch zwei Liebhaber bekommen, wieder einen wahren und einen falschen, was für den Psychoanalytiker Chorherrn F., hätte er weiterhin der Fides Beichte gehört, wiederum ein gefundenes Fressen gewesen wäre.

Literatur als Therapie?

Vielleicht. Aber genügen würde ja, wenn durch sie das Leben auch nur ein bißchen schöner würde. Es war für Fides ja auch das ganze, für einen Teenager recht schmeichelhafte Drumherum und somit der Literaturbetrieb, und zweifellos bildete für sie die Szene mit dem Kranz und mit dem Biß den zumindest gesellschaftlichen Höhepunkt. Literatur kann vorgespieltes und auch nachgespieltes Leben sein.

Fides hatte das Hündchen nach Schwarz-Wasserstelz mitgenommen. Es trug den Namen Petitcreiu nach dem berühmten Hündchen in Gottfried von Straßburgs Ritterroman »Tristan und Isolde«, welches zauberhaft, buntscheckig und mehr wert war als jedes Reich der Welt. Petitcreius helle Schelle ließ Tristan die Trauer um Isolde vergessen. Petitcreiu war weißer als der Schnee, grüner als der Klee, roter als Granat, gelber als Safran. Aber Isolde nahm ihm die Schelle ab, denn was sollte sie sich freuen ohne Tristan. Die Literatur und das Leben, das Leben und acedia, acedia und die Literatur. Fides, das Hündchen auf dem Arm, befreite Hadlaub aus dem Verlies. Es macht nichts, sagte sie, es beißt nicht. Hadlaub streichelte es. Petitcreiu blieb ganz still. War er das Leben selbst, und zugleich die Literatur? Kein Gebimmel war zu hören. Der Bischof hatte sich längst verabschiedet. Die noblen jungen Fräuleins mußten um ihrer Jungfräulichkeit wegen ständig im Haus beschäftigt sein, sollten nicht viel reden, nicht viel lachen, auch der Schamhaftigkeit wegen nicht baden. Und was blieb da außer dem bißchen Minnesang und den Ritterromanen, aus denen ein Hündchen Petitcreiu entspringen konnte wie lebendig?

Hadlaub trug, um, so war ihm ja anbefohlen, ungesehen nach Schwarz-Wasserstelz zu gelangen, wie vor unendlich langer Zeit Pilgerhut und Pilgerstab. Fides erkannte ihn sofort durch alle Maskeraden hindurch.

Es war nicht Fasnacht.

Und aus dem Teenager war eine Frau geworden, die

nicht mehr hä-hä lachte und ständig okay sagte. Aber sie trug, als wäre keine Zeit vergangen, ein dunkelblaues Kleid.

Das Personal erkannte Hadlaub nicht. Es war ein unverdächtiger Pilgersmann, der von Santiago de Compostela kam und nach Maria Einsiedeln wollte. Maria Einsiedeln war dem Personal ein Name vom Hörensagen und Santiago de Compostela nicht mal davon. Fides ordnete an, ihm in der Küche Essen zu geben vom Vortag. Es gab keinen Zypernwein auf Schwarz-Wasserstelz. Später machte sich das Personal dann doch auf alles einen Reim. Aber hätte Hadlaub sich nicht verkleidet, so wäre Fides etwas anderes eingefallen, im Zusammenhang zum Beispiel, das hätte sogar viel näher gelegen als Santiago de Compostela, mit der geplanten Liederhandschrift.

Es hingen keine Wandteppiche auf Schwarz-Wasserstelz. Die Mechthildis auf Weiß-Wasserstelz soll deren mehrere kostbare besessen haben.

Kein Bimmeln war zu hören.

Hadlaub wollte um jeden Preis alles Symbolische meiden und sprach vom Wetter in Santiago de Compostela.

Ihr roter Mund war wie eine Erscheinung im Traum.

Sie gingen in ihr Gemach, zogen sich aus und liebkosten sich bis an die letzte Grenze des Schicklichen.

Am anderen Morgen schien eine zage Sonne ins Gemach. Kein Wächter war da, kein Tagelied erklang. Der Himmel sah aus, als ob es noch zu einem Schauer kommen könnte. Am Nachmittag regnete es dann auch einmal kurz und heftig.

Die Fides hat reklamiert, daß er sie neben die Dirnen auf dem Stroh und die gesottenen Schweinsfüße und neben den groben Bauerntanz gesetzt hat in seinen Strophen. Hadlaub machte zu seiner Rechtfertigung einen literarhistorischen Exkurs und verwies besonders auf die Sänger in den Donauländern. Verwies aber auch auf die schlichte Wirklichkeit unseres Mittelalters. Dann auch speziell auf die Fasnachtsbräuche in Zürich.

Fressen, Saufen, Huren waren an der Tagesordnung, und wieso nicht an der Tagesordnung der Literatur. Fides ließ es gut sein. So waren sie verlobt.

Alle gaben sie schließlich ihr Einverständnis: der Bischof, die Fürstäbtissin, Ritter Rüdiger Manesse und seine gestrenge, nüchterne, realistische Frau.

Hadlaub sagte, die Zukunft wäre bürgerlich, doch war er, wie gesagt, nicht der Klassenkämpfer, der sich prokapitalistisch und antifeudalistisch oder gar antihabsburgisch gebärdet hätte.

Die Trauung fand im Großmünster statt. Wo sonst.

Die Hadlaubs bezogen ihr eigenes Stadthaus.

Die Frustration, aufgrund derer er gedichtet und gesungen hatte, begann zu fehlen. Und Petitcreiu starb eines Tages unverhofft. Fides ging nie mehr zum Chorherrn F. beichten.

Herr Hesso von Reinach

AVARITIA

König Rudolf von Habsburg

Rudolf I., Graf von Habsburg, deutscher König, starb vierzehn Tage vor dem sagenhaften Rütlischwur. Er war kein Freund der Dichter. Die verspotteten ihn wegen seiner Knauserigkeit. Und auch wenn er heutzutage der guten alten Zeit, die alles verklärt, angehört – sein Geiz und seine Habsucht sind sprichwörtlich geblieben. Dichter mögen alle Herrscher knauserig finden. Aber es gibt Ausnahmen, den Staufer und Falkenfan Friedrich II. etwa, dessen Freigebigkeit Walther von der Vogelweide als umgekehrt groß zu seiner jungen Gestalt rühmte, wogegen er allerdings wieder umgekehrt den langen Kaiser Otto als einen Zwerg in Sache milte hinstellte. Aber bei Rudolf halten sich die Anekdoten um dessen avaritia allerdings ganz besonders hartnäckig. Nun gut, die Dichter und das Geld. Wenn sie es nicht bekommen, spotten sie. Bekommen sie es, spotten sie auch. Sicher, die besonders aufwendige Finanzierung von Ritterromanen unterblieb an Rudolfs Hof. Die Anekdoten um seine Sparsamkeit betreffen aber nicht nur die Dichter, wie jeder weiß. Hat er denn nicht gar, als er die arme reiche Anna per Heirat für Habsburg vereinnahmte, an deren Brautkleid sparen lassen und an der Länge der Schleppe, und das Brautkleid war doch bei der ganzen Hochzeit Annas einzige Freude gewesen. Also besteht die Vorhaltung wohl zu recht.

Wie wahre milte aussieht, zeigt wohl niemand schöner als Herr Hesso von Reinach. Und wie realistisch hat sie unser Grundstockmaler, sonst doch eher idealisierend, gemalt: den Greis an der Krücke, die Frau mit den geschlossenen blinden Augen am Stock, den Mann, der sich nur kriechend auf zwei Holzschemeln fortbewegen kann, den Halbnackten, die Krücken in die Achselhöhlen gedrückt – und alle wenden sich flehend dem Herrn zu. Und der Herr, übrigens ein Dienstmann der Habsburger, weist sie nicht ab. Sähe doch die mittelalterliche Realität immer so aus wie auf diesem herrlich realistischen Bild. Nun ja. Realistisch ist es natürlich auch, wenn die Bettler auf dem Bild deutlich kleiner geraten sind als der Herr.

Im Augenblick habe ich den starken Verdacht, daß Macht und avaritia fast unvermeidlich ein und dasselbe sind. Dichter, zumal Spruchdichter, sind da ungerecht. Als Macht richtet sich avaritia grundsätzlich gegen jede Literatur, degradiert sie zum Nebensächlichen. Anekdoten um avaritia gehören ja auch zum Bereich der comoedia, und unserem Mittelalter ist die tragoedia fremd. In der comoedia spielt immer das Volk mit seinen Anekdoten eine tragende Rolle, die zum Lachen ist. Erst diese Anekdoten machen ja einen Herrscher populär. Und das Volk macht populär, nicht die Literatur. Und das Volk will Fasnacht, nicht Lyrik und schon gar nicht Minnesang. Von Rudolf heißt es denn auch, er sei ausgesprochen leutselig gewesen und ein erfahrener Kriegsmann dazu, der so manchen Raubritter an den Galgen gebracht und nicht wenige von deren hinterhältigen Burgen zerstört hat. Und ehrgeizig soll er gewesen sein, voller Tatkraft stets, rechnend und berechnend, schlagfertig, rücksichtslos. Licht wirft Schatten. Ein Kapitel für sich ist wieder Rudolf und das Rütli. Er hat es nicht erleben müssen – geärgert, falls ihm so etwas zu Ohren gekommen wäre, hätte es ihn eben aus dem Grundsatz der avaritia als Machtprinzip heraus, und zum Bereich von Rudolfs Habsucht gehörten diese drei Talschaften unbestreitbar, wenn auch umstritten. Aber vom Rütli sei jetzt einmal abgesehen – es geht in diesem Zusammenhang nicht um Politik, sondern um Literatur, und die hat auf dem Rütli bekanntermaßen nichts zu bestellen.

Es gibt keinerlei direkte Beziehungen zwischen Rudolf und dem Unternehmen Manesse. Zwar bestanden gerade zu Zürich enge und verflochtene Bande. Aber nun kommt dazu: Rudolf war, und dies erklärt seine Gleichgültigkeit der Literatur gegenüber, ein illiteratus und praktisch Analphabet. Ein Vorfall eben in Zürich vermag dies zu erhellen.

Es geschah im Zusammenhang mit der Kyburg-Affäre um das Jahr 1271 herum. Die hat reichlich Staub aufgewirbelt seinerzeit. Alles ist so elend miteinander verfilzt. Der von beiden Seiten, Habsburg wie Savoyen, wegen jenes kyburgischen Erbes entfachte hartnäckige und zähe Krieg hatte sich dann ziemlich schlagartig zugunsten Habsburgs entschieden. Und schlagartig war nun Habsburg weit mächtiger als Savoyen. Rudolfs Rücksichtslosigkeit hatte sich ganz klar ausbezahlt. Schlau aber nutzte er jetzt die Wirrnisse jener könig- und kaiserlosen Zeit, aus welchen ja auch die Eidgenossenschaft ihren Profit geschlagen hat, systematisch zur Arrondierung des Besitzes – auch mittels Heirat. Um die Kyburgerbin Anna respektive deren Erbe für immer und ewig mit dem Hause Habsburg zu verketten, arbeitete Rudolf darauf hin, daß sie den Grafen Eberhard von Habsburg-Laufenburg, Rudolfs Vetter, heiratete. Rudolf machte so lange Druck, bis Anna ihm, Rudolf, das kyburgische Gebiet im unteren Aargau und Eberhard ebenfalls ihm habsburgisch-laufenburgischen Besitz im Aargau und am schönen Vierwaldstätter See verkaufte. Und eben im Zusammenhang mit diesen nicht unkomplizierten und nicht undelikaten Geschäften stieg Rudolf damals auch in Zürich ab. Die habsburgische Begehrlichkeit war im übrigen nicht zu stoppen. In Zürich also wurden zuerst an einem Vormittag Waffen gesegnet, wie es der Brauch will. Auf Heirat allein konnte auch Habsburg nicht bauen. Der Geistliche, der die Weihe durchführte, beschwor die zehn Jungfrauen mit und ohne Öl, wobei er mit dem Öl stillschweigend die Waffen meinte. Die Waffenweihe wurde in der Wasserkirche vollzogen. Anschließend – Rudolf machte einen sehr zuversichtlichen Eindruck, vertrauend auf sein Fingerspitzengefühl, aber auch auf Gott und die Gewalt – begab sich der Zug der Habsburger zusammen mit den Zürcher Magistraten durchs Niederdorf. Man ging, noch war ja Rudolf nicht der Greis, an den sich alle Welt erinnert mit seinen kleinen Schrittchen, in einem flotten Marschschritt. Das Volk jubelte, schrie Heia! Juchhei! Keinem einzigen der Bettler, die natürlich auf dem ganzen Weg bis zum Festzelt handausstreckend aufgetaucht waren, gab Rudolf auch nur eine Münze aus dünnstem Blech. Aber das überraschte nicht, das wußte man. Auch Rudolfs Leutseligkeit, durch die der Zug gelegentlich ins Stocken geriet, stimmte ja nur mit dem Bild, das alle von ihm hatten, überein. Und wer hätte sich schon an diesem Bild irremachen lassen, die Bettler eingeschlossen. Rudolf sprach die Sprache des jeweiligen Volkes, gegenwärtig speziell den Dialekt des Zürcher Volkes, indem er auch brav ungefähr jeden zweiten Satz mit einem Oder beendete, und das Eis schmolz von ganz allein. Vielleicht gelingt solches dem illitteratus überzeugender als dem homo litteratus, ich merke es ja, zumal wenn ich hitzig werden muß, bei meinen Predigten in Oberdorf, und empfinde selber mein mühsam erlerntes Oberdörfisch wie eine unsagbar vergebliche Anbiederung. – Das Festzelt war so luxuriös, daß es nicht von den höfischen Prunkzelten, wie die Ritterromane sie schildern, in den Schatten gestellt werden konnte. Mitunter kaufen sich wohl alle Geizhälse etwas lächerlich Teures. Lächerlich und teuer waren die Goldverzierungen an allen möglichen und unmöglichen Stellen. Rudolf hielt sodann an die Adresse der Zürcher Magistraten ein Grundsatzreferat, in dem er zuerst den Teufel an die Wand malte mit den Realitäten des Plünderns und Raubens im real existierenden Rittertum, von den ebenfalls real existierenden unsicheren Landstraßen leitete er damit über zu seiner habsburgischen Devise, die da lautete »Freiheit durch Sicherheit«, und Habsburg garantiere, je sicherer ein Land, um so freier sei es ganz von selbst, Freiheit, und damit wandte er sich direkt an das Volk, das im Zelteingang stand, wäre nichts ohne die Sicherheit, wie sie nur Habsburg bieten könne, und die Stadt Zürich mit ihren zahlreichen Freiheiten wäre ohne selbige, würde sie nicht ringsherum habsburgisches Gebiet umgeben. Aber Habsburg sei kein habgieriges Ungeheuer oder alles verschlingender Drache – nein, Freiheit durch Sicherheit bedeute ja auch, daß Habsburg, bestände nur Habsburgfreundschaft, Freiheit durchaus zu »schlucken« imstande sei – Freiheit durch Sicherheit. Die Magistraten von Zürich verstanden und schluckten auch, schweigend, applaudierten am Schluß, zu eng war Zürichs Noblesse und Schickeria an Habsburg gebunden, aber Habsburgisch war nicht nur nobel und schick, sondern schlicht vernünftig. Heldentum daraus zu machen, wäre allerdings auch verkehrt. Die Habsburger Habgier auf ein geschlossenes Staatsterritorium im Alpengebiet war zu offensichtlich, und ein Prankenhieb, und Zürich . . . Das war die Realität, Freiheit durch Sicherheit. Der Applaus war einhellig. Draußen warteten schon die

Dirnen und die Spielleute, eigentlich sollte jetzt der gemütliche Teil des Festes beginnen. Da erhob sich ein kleines Männchen mit einem Haarkranz –

Es gab viel Stäfner Beerliwein, gestiftet von der Stadt Zürich auch fürs beim Zelteingang stehende Volk, das mehr an Freiheiten dachte als an Sicherheit, denn die Sicherheit gibt Gott allein. Rudolf hat ab und zu ins Volk auch jetzt hineingewinkt, fast verhalten, fast verlegen. Dann, als gefragt worden war, was der Turnierpreis denn sein soll, eine Sau oder vielleicht gar eine Frau, und das ganze Zelt erzitterte vom Rufen, eine Frau, eine Frau soll das sein, da lachte auch Rudolf. Eine Frau trat daraufhin tatsächlich auf, tanzte, zeigte dabei ihre Brüste, sprang, heia heissassa, hoch, um zu zeigen, daß sie auch wirklich nichts unter dem Rock anhatte. Aber das mit der Frau als Preis sollte ein höfischer Scherz sein, der richtige Preis war eine Sau. Es gab auch Armbrustschießen. Es gab überhaupt alles, wonach es Herrschaft wie Volk gelüstete.

Daraufhin also erhob sich das kleine Männchen mit dem Haarkranz –

Es war Konrad von Mure, cantor und poeta doctus, unendlich fleißig, unendlich gebildet, aber lebenslustig dazu. Er würde an Rudolfs Krönung zum König in Frankfurt am 1. Oktober 1273 teilnehmen. Damals schon kursierten die Gerüchte, er könnte Hadlaubs Vater sein. Es trifft zu, daß er zwei Konkubinen hatte. Das ist offiziell. Damals arbeitete er gerade intensiv am »Fabularius«, der in vier Gruppen gegliedert 1. das Alte Testament, 2. die Götter der Griechen und Römer, 3. berühmte Persönlichkeiten sowie 4. Mineralien, Kräuter und Bäume, jeweils alphabetisch geordnet, dem Lernbegierigen erklärt. Taufpate sollte er werden von Rudolfs jüngster Tochter Guta. Wahrhaft unübersehbar sind sein Wirken und sein Werk, nicht zu vergessen gerade in diesem Zusammenhang sein Lobgesang »De victoria regis Rudolfi contra Odoacrum regem Bohemorum« in über 1800 Versen, verfaßt auf die Verheiratung seines besagten Patenkindes Guta mit Wenzel, dem späteren mächtigen Böhmerkönig, der jetzt auch schon tot ist seit decennia, gar kühn hat er nach der Krone der Ungarn gelangt, dann aber, und aus war der schöne Traum, ist er vor der Zeit gestorben im fernen Prag. Am 21. Juni 1305. Und ist als ein Minnesänger im Codex aufgenommen, und wie prangt da sein Bild: golden die Krone, golden das Szepter, golden der königliche Ornat samt den königlichen Schuhen, auch aus Gold. Ach ja. Sic transit gloria mundi. Prag muß eine goldene Stadt sein, und Wenzel ist eben die goldene Stimme aus Prag. Wer kennt sie nicht. Und mich tröstet, wo in deutschen Landen so mancher Schriftsteller gar jämmerlich den Staat zersetzt hat, daß wenigstens der eine oder andere Troubadour oder Schlagersänger sich staatserhaltend einsetzt. Gott hilft. Sag' ich ja immer. Aber ich komme vom Hundertsten ins Tausendste. Jeder kommt bei Konrad von Mure vom Hundertsten ins Tausendste. Eigentlich um so erstaunlicher, wie sich aus recht mißlungenem Beginn die Freundschaft zwischen Rudolf und eben ihm entwickeln sollte – Konrad von Mure stand auf, räusperte sich sorgsam und begann in verwegener Rhythmik eine lateinische Ode auf den Zürichsee vorzutragen (»Jetzt entwölkte sich fern silberner Alpen Höh« et cetera). Konrad von Mures Stimme war nicht geeignet für ein Festzelt. Doch obgleich die beschworenen Wellen des Zürichsees im allgemeinen Festgewoge untergingen, gab er nicht auf und sah immer wieder Rudolf, von dem er nicht wußte, daß der kein Latein verstand, in die Augen. Strenggenommen handelte es sich um einen Fehler des Protokolls. Vielleicht war die

Ode ohnehin etwas lang geraten. Doch irgendwie muß es Rudolf beeindruckt haben, wie in diesem kleinen Mann ein ganzes Universum steckte. Erst hatte er die Verse nicht verstanden, dann hatte er sie durch den Lärm hindurch nicht einmal mehr hören können. Und das war die erste Begegnung der beiden miteinander, eine Begegnung des litteratus mit dem illitteratus. Und nur aus diesem übermäßigen Gegensatz heraus läßt sich die Freundschaft der beiden erklären. Also war das Latein auch wieder schuld an ihr. Als Konrad von Mure erfuhr, daß ein Rudolf von Habsburg kein Latein verstand, konnte er sein Erstaunen nicht verbergen. Aber so kamen sie ins Gespräch. Konrad von Mure hatte in Bologna und in Paris studiert. Rudolf interessierte sich sowohl für Paris wie für Bologna. Obwohl Konrad von Mure einschränkte, das wäre nun auch schon sehr lange her, mußte er alles erzählen durch den Lärm hindurch, bis der allgemeine Lärm dann doch zu groß wurde. Nach dem Turnier kam ja die Musik mit den Trommeln, Pfeifen und Trompeten, so daß man sein eigenes Wort nicht mehr verstand. Der Sieger erhielt die Sau. Witze, je eindeutig zweideutiger um so besser, machten die Runde. Rudolf erzählte den Witz von einem Basler, einem Zürcher und einem Berner. Riesiges Gelächter. Man hielt sich die Bäuche.

Nachher im kleinen Kreis bei den Bilgeris wagte es Frau Bilgeri, den Herrschaften vorzuhalten, der Festzeltbetrieb sei nicht nur primitiv gewesen, sondern auch unmodern, vor allem aber primitiv. Unmodern: Das bezog sich auf die lateinische Hymne des Konrad von Mure, den die Bemerkung knickte. Alle Herrschaften waren geknickt. Stumm knabberten die Noblesse und Schickeria im erlauchten kleinen Kreis vom Knabberzeug. Der Lärm der Betrunkenen verlor sich in der Ferne. Konrad von Mure hätte ein zweites Gedicht auf Lager gehabt, verzichtete jetzt aber aus doppeltem Grund darauf, es vorzutragen: einmal, weil Rudolf kein Latein verstand, dann, weil sein Dichten in den Augen der Frau Bilgeri altmodisch war. Damals war es ja noch üblich, daß die Dichter sich zierten, ihre Gediche vorzutragen, und erst von allen Seiten dazu ermuntert werden mußten, während heute die Dichter diese Scham verloren zu haben scheinen. Tempora mutantur, und alle Welt dichtet heutzutage auch ohne jede Ermunterung. Damals waren nach der Bemerkung der Frau Bilgeri zur höfischen Freizeitgestaltung über längere Zeit hinweg nur die Knabbergeräusche zu hören. Aber, sagte Frau Bilgeri in das Schweigen hinein, wer von den Herrschaften kennt denn überhaupt auch nur die Namen etwa eines Bernger von Horheim, eines Ulrich von Winterstetten, eines Heinrich von Morungen? Betretenes Schweigen. Ein Ritter liest nicht. Lesen ist eine Angelegenheit der Pfaffen und der Frauen, und für die noblen Frauen ist das Lesen eine Freizeitbeschäftigung wie das Nähen und Sticken, und zwar nicht nur als Beschäftigungstherapie.

Wer aber auch beim Knabberzeug saß im Haus zum langen Keller, das den Bilgeris gehört, war der junge Ritter Rüdiger Manesse. Er sagte nichts, knabberte nichts, hörte nur zu. Zürich wäre noch immer »hintennach gehunken«, hatte die Frau Bilgeri die Frechheit und Stirn in ihrem eigenen Haus, ihr Gatte war sprachlos, zu verkünden und regte an, das Niveau des Weltlichen doch bitteschön mal auf das kirchliche Niveau anzuheben, wie man es schließlich auch bei einer Waffenweihe mache, und warum würden Malerei, Glasmalerei und Bildhauerei sogar von den Habsburgern gesponsert, die Literatur hierzulande im rückständigen Zürich dagegen von überhaupt niemandem, aber das sei doch die Wahrheit.

Rüdiger Manesse konnte diese Wahrheit nicht leugnen.

Jedenfalls verspürte er eine große Neugierde auf die Verse eines Bernger von Horheim, Ulrich von Winterstetten, Heinrich von Morungen. Und eine wahrhafte avaritia kam da in ihm auf, all dieser Verse habhaft zu werden.

Die Bemerkung dann aber der Frau Bilgeri, höfische Feste dürften nicht von Banausen und Geizhälsen bestritten werden, nötigte Rudolf zum sofortigen Aufbruch. Allein Konrad von Mure durfte ihn zum Nachtquartier geleiten und versuchte ihn aufzumuntern. Es sei ja nur eine Frau gewesen, die sich so unpassend benommen hätte, und er, Rudolf, sei doch der Größte. Da rühmte Rudolf gerührt des Kantors Ode auf den Zürichsee. Phantastisch sei das gewesen. Konrad von Mure erklärte ihm daraufhin die Sternbilder. Rudolf sah hinauf zum Himmel und spürte den Beerliwein. Der Kantor zeigte ihm mit dem Finger, wo die Linien von Stern zu Stern durchgingen. Am Schluß waren sie Freunde. Rudolf hatte sein knauseriges Banausentum vergessen und Konrad von Mure sein altmodisches Dichten.

Bei den Bilgeris wurde Rudolf von Habsburg, der auch später als König ab und zu in Zürich abstieg, nie mehr gesehen.

Decennia gingen übers Land.

Den greisen Rudolf zeichneten tiefe Furchen auf der Stirn. Sein Kopf im Stein der Grabplatte im Dom zu Speyer muß dies so überdeutlich zum Ausdruck bringen, daß derjenige, der es mir berichtet hat, richtig erschrocken darüber war.

Rüdiger Manesses und seines Sohnes Johannes Unternehmen einer Liedersammlung ging im Plan aber auf eben jenen etwas verpatzten Abend zurück und in deren Vollständigkeitsanspruch – vielleicht sogar – auf eben das Vorbild der Habsburger Habsucht, wenn auch gewiß nicht auf habsburgisches Geld.

Der Club

Frau Bilgeri stand nicht allein.

Es gab da den Club. Er bestand schon, als Rudolf von Habsburg noch nicht gekrönt war und also sehr lange vor dem Rütlischwur. Man traf sich im Haus zum langen Keller bei Frau Bilgeri, im Haus zur Treu bei Frau Lidig, im besonders fashionablen Haus zur Hohen Eich bei Frau Thya – und so weiter reihum bei allen Mitgliedern des Clubs.

Alle Gründungsmitglieder des Clubs sind längst tot. Aber in veränderter Gestalt lebt der Club durchaus weiter. Und er wird bestehen, solange das Unternehmen Manesse läuft, und vielleicht noch länger.

Die Frauen gaben den Ton an im Club, selbstverständlich nur Frauen der Noblesse und der Schickeria, wobei sich durchaus ändern konnte, wer nobel war und wer schick. Von Männern, wenn überhaupt, am liebsten gesehen oder geduldet wurden die clerici. Geduldet wurde auch Rüdiger Manesse. Die Frauen flogen auf ihn. Er schien es nicht zu bemerken. Um so mehr flogen sie auf ihn. Daß er dann auf das Heidi flog, begriff keine. Das Heidi war ja nur aus Versehen in den Club hineingeraten und hatte von Tuten und Blasen und erst recht von hoher Minne keine Ahnung – und überhaupt, ihre gestrenge, nüchterne, realistische Art konnte die ganze Romantik um Minnesang und Ritterromane regelrecht zerstören. Als sie ihren Rüdiger schließlich hatte, lag ihr sonderbarerweise auch nichts mehr am Club. Vorher hatte sie sich im Club ja auch schon unmöglich gemacht, als sie statt über Epik und Lyrik unvermittelt über Koch- und Backrezepte zu reden anfing. Das war das Heidi, die übrigens mit ihrer Ablehnung eines allzu raffinierten Luxus, indem sie für das Einfache eintrat, durchaus vorbildlich war, auch etwa in den Augen der Frau Bilgeri, der sonst das Heidi von Anfang an als zu schlicht für den Club geschienen hatte. Protzerei kam nicht in Frage, da mußte man dem Heidi recht geben. Und Rüdiger blieb dem Club erhalten. Nicht im Club war Konrad von Mure. Er selbst muß instinktiv gespürt haben, daß dies eine andere und ihm zu fremde Welt war. Fleißig und unbeirrt drechselte er seine lateinischen Verse, vielleicht nicht ohne eine gewisse Verbitterung, wenn er feststellen mußte, daß die Zeit an ihm vorüberging in eine andere Richtung. Er war auch schon sehr alt damals und zog sich dann auch altershalber bald nach seinem Loblied auf Rudolf vom Schuldienst zurück, um sich neben der Poesie auch seiner »Summa de arte prosandi« zu widmen. Gerne noch spielte er mit dem kleinen Hadlaub, als wäre es sein eigenes Kind. Er starb 1281 und wurde in der Liebfrauenkapelle zur Linken des Hochaltars begraben. Sehr viele Leute kamen nicht an die Beerdigung, er hatte seine Zeit überlebt.

Und damals besaß der Club schon seine Tradition. Man las sich höfische Lyrik und Epik vor. Vorübergehend gab man sich sogar höfische Namen. Frau Bilgeri etwa hieß Condwiramur. Da war Heidi Manesse nicht mehr im Club. Sie hätte sicher gesagt, dies wäre Fasnacht. Ihr Mann hieß clubintern Erec, wie das Lieblingspferd, das seinem Sarg folgen sollte. Der Club expandierte. Das bedeutete leider das Ende für die schönen höfischen Namen. Aber es wäre zu einem riesigen Namendurcheinander mit peinlichen Verwechslungen gekommen. Condwiramur war wieder Frau Bilgeri oder, bei denjenigen, die mit ihr vertrauter waren, Bertha. Die ersten Dichterlesungen fanden statt. Das war für die Dichter eine Ehre, deshalb erhielten sie auch nur ein sehr symbolisches Honorar, auch dies wurde zur Tradition. Der allererste leibhaftige Dichter, der im Club auftrat, war ein fremder Sänger auf der Durchreise. Wo er schon das nur sehr symbolische Honorar bekam, hielt er sich am kalten Büffet gütlich. Richtiggehend alles abgefressen hat er. Dabei waren seine Lieder eher vergeistigt. Und seine Stimme war sehr dünn, so daß längst nicht alle verstanden, weswegen er so schmachtete in seinen Liedern.

Wie sehr auch die Frauen den Club dominierten – in all den Jahren ist nie eine Dichterin aufgetreten. Fällt mir jetzt nur nachträglich ein. Vielleicht war frauliche Selbstverwirklichung einfach nicht gefragt. Es herrschte übrigens sehr bald ein fürchterliches Gerangel, im Club auftreten zu dürfen, es lockte die Ehre und später auch die leise Hoffnung, dermaleinst in die Manessische Handschrift aufgenommen zu werden. Die Scheu, sich als Dichter zu bekennen, schwand, und man war nun geradezu auftrittsgeil und stand geduldig Schlange. Adel hatte Vortritt. Schließlich bedeutete der Auftritt eine Art von poetischem Ritterschlag. Nur allmählich brach sich Unflätiges Bahn unter dem Segel eines »Realismus«, am liebsten hörte der Club doch immer wieder aufs neue die alten Motive vom Bett im Gras mit den Blumen, vom heiteren Frühling und dem tristen Winter und vom roten Mund der Geliebten und ihrer Spröde oder dem ewigen Abschied. Die Herzen der Zuhörerinnen schmolzen. Selten oder eigentlich überhaupt nie gelangten politische Texte zum Vortrag. Kein Loblied auf König Albrecht wurde angestimmt. Die real existierende Politik war einfach zu sehr eine feststehende

Selbstverständlichkeit. Und die Eidgenossenschaft – die war weder der Rede noch des Gesanges wert, obwohl Condwiramur alias Frau Bilgeri sogar einmal am Vierwaldstätter See gewesen war und schwärmte, es wäre dort wie am Ende der Welt mit den steil ins Wasser stürzenden Bergen. Das Rütli hat sie nicht gesehen. Doch geredet wurde bisweilen zwar im Club über die Eidgenossenschaft, aber nur als eine nicht ernstzunehmende Angelegenheit, also humoristisch. Was die Leute dort nur hatten? Haben sie die schönste Landschaft, die sich denken läßt – auch Frau Bilgeri geriet ja, und wer gerät es nicht, beim Vierwaldstätter See ins Schwärmen, obwohl es eine Ewigkeit her war, daß sie ihn gesehen hatte. Könnten die Sicherheit durch Habsburg genießen. Und jetzt wollen sie noch die Freiheit? Freiheit von was und Freiheit vor allem wozu? Mein Gott, es war zum Lachen. Und Lächerliches ist kein Thema der Poesie. Was hatte der Club doch für eine Zukunft mit der ganzen Vergangenheit, die er mit Leben ausfüllte, gegenüber dieser lächerlichen Eidgenossenschaft. Aber das spürten und wußten doch alle vom Club. Tradition hieß das Gebot der Stunde.

Die Idee mit der Manessischen Liederhandschrift, deshalb trägt sie ja auch diesen Namen und heißt nicht beispielsweise Bertha-Bilgeri-Handschrift, war eine typische Männeridee. Eine Männeridee nämlich in ihrem Beweggrund der avaritia. Der Club emanzipierte sich so zum Manessekreis. Nicht, daß die Frauen je ausgebootet worden wären, Gott behüte. Gerade im Anschluß an praktisch jede Lesung gaben weiterhin auch sie den Ton an. Indem sie den Dichter fragten: Warum schreiben Sie? Wieweit ist das, was Sie schreiben, erlebt? Noch privater: Brauchen Sie Alkohol zur inspiratio? Und derlei anderes. Und eigentlich ist es ja schade, daß es keine Dichterinnen gibt und dadurch auch keine weibliche Pornographie. Aber vielleicht gibt's das heute, und geschehe es heimlich (Isolde?). Umgekehrt ist auch wieder lustig, wie Männer vordem, war das Geschäftliche mal besprochen, sich fast nur über Pferde und Frauen, in dieser Reihenfolge, zu unterhalten vermochten. Kaum geht es bei einem Spiel um die Macht, reißen die Männer diese Macht an sich.

Dabei war Rüdiger Manesse noch ein relativ sympathischer Obwalter der Macht. Er besaß mit seinem milden Lächeln den Charme des Understatements, so daß die Frauen lange Zeit gar nicht merkten, wie es jetzt um Macht ging schon bei der Einladung zu den Lesungen. Seine Kleidung war von einer schlichten Eleganz und angefertigt stets vom besten Schneider (Müller & Söhne an der Stüssihofstatt). Literatur verlieh nun Image und Prestige. Die Frauen merkten es zu spät. Literatur vergoldete die goldene Zeit des damaligen wirtschaftlichen Aufschwungs, der unbestreitbar war. Die Frauen sahen keinen Zusammenhang zwischen Wirtschaft und Literatur. Und avaritia. Statt über Pferde sprachen die Männer nun über Sänger. Statt über Frauen über edle und noble Damen, denen man zu dienen hätte. Nachdem das Gespräch über Import und Export abgeschlossen war. Zürichs Tore standen offen in jenen Jahren des Friedens. Und wenn Hochkonjunktur herrschte in der Wirtschaft, wieso nicht auch, jene spiegelnd, in der Literatur? Man investierte – wieso nicht in Literatur?

Es gibt nun in der Tat allein im fruchtbarsten Dichterland, dem Raum zwischen Zürich und Konstanz, gut dreißig namhafte Dichter und Sänger, tote und lebendige. Das meiste von ihnen, weniger bei den Romanciers als bei den lyrischen Sängern, ist Durchschnitt und darunter. Es ragt eindeutig hervor: Hadlaub. Das übrige, sagt ein längst verstorbener homo philologicus nach der Sichtung des ganzen Materials, »gleicht dem Treibbeete eines Gärtners, wo lauter Blumen derselben Sorte gezogen werden. Hat man zwei, drei solcher Lieder gelesen, kennt man alle. Die Ursache dieser Eintönigkeit liegt darin, daß die ritterliche Lyrik, wie die Epik, in ihrem innersten Wesen konventionell war.« Daher der ewig gleiche rote Mund samt grünem Klee und Nachtigall. Aber von der Literatur selbst einmal abgesehen – der Literaturbetrieb war rege, und nicht zuletzt dank dem Club, dank dem Manessekreis, dank der Hochkonjunktur. Auch wenn die Namen wie längst verwelkte Rosen sind: Albrecht Marschall von Rapperswil, Burkhard von Wengen, Herr Konrad der Schenk von Landeck, besagter Graf Kraft von Toggenburg, Herr Hesso von Reinach – die Reihe der Namen will nicht enden, und der Adel ist gehörig beteiligt, nicht so sehr, weil Adlige mehr Zeit fanden zum Dichten, als weil sie einen Bonus hatten im Literaturbetrieb und um so welkere Rosen ablieferten. Und: je enger das Netz der wirtschaftlichen Verflechtungen, um so enger auch das Netz der verwelkten literarischen Rosen, und um so eher gelangt eine solche Rose in die Handschrift wie besagter Graf Kraft von Toggenburg mit seinen Hobbygedichten. Adel senkt ganz einfach das Niveau. Aber der von Toggenburg hat es, muß ich neidvoll gestehen, geschafft, und niemand mehr weiß heute, welch unsympathischer Dickbauch das gewesen ist, oder etwa nicht? Ich könnte auch über andere im Codex der Mit- und Nachwelt bewahrte Dichter- und Sängernamen, zumal adlige, auspacken. Ich unterlasse es, Negativreklame ist auch Reklame. Und was will ich damit erreichen, wo trockene Prosa meine professio ist und nicht das Geklingel mit der süßen Musik von Versen, bei denen die Musik vielleicht öfter als erwartet aus Zuckerwasser besteht und nicht aus Zypernwein. Aber ich schweife ab und bin doch ganz bei der Sache. Mag sein, daß ich mich aufrege, weil ich ein Metzgerssohn bin und, denke ich an meine Herkunft, den Vater vor mir sehe bei seiner Arbeit mit Messer und Schlegel und der Schürze voll Blut. Und dann diese hohen Herren, die sich die Finger nicht schmutzig machen und dichten ohne jedes Risiko, damals von Klee und Nachtigall, später ein bißchen von Freiheit, Rebellion und Solidarität, und heute schreiben die gleichen hohen Herren schön einhellig, hoffentlich bleibt die Nachwelt davon verschont, ihre Loblieder aufs Handwerk unter Rudolf von Brun und damit auf die Diktatur. Und nennen das Zeitgeist. Und nachher brüsten sie sich noch damit. Kein Wort mehr davon.

Literatur ist teuer. Pergament kostet, die Schreiber schlagen ebenso zu Buch wie die eventuell beauftragten Buchmaler, Räumlichkeiten müssen gefunden und bezahlt werden, und am Schluß, falls sie es nicht ehrenhalber tun, verlangen auch die Autoren ihren obolus. Klagen der freien auctores ums liebe Geld, gerade in unserer Zeit, sind nicht selten. Hatten sie es denn früher wirklich besser? Schon immer mußten unsere freien auctores lügen, loben, spotten, tadeln um des lieben Geldes willen. Und, oft ist es bereits gesagt worden, neunhundertneunundneunzigmal versuchen sie es vergeblich, überhaupt ihr Publikum zu erreichen. Ein einziger auf tausend hat dann Glück – materiell ein mäßiges Glück, der Dichter muß, übt er es nicht als Hobby aus, darben, auf daß er um so schöner dichte. Aber hat es denn damit letztlich nicht seine Richtigkeit, daß sie um Gottes Lohn dichten? »Selig, die ihr jetzt hungert, denn ihr werdet gesättigt werden« (Lukas 6,21).

Wenn sie schon um Gottes Lohn dichten, kann natürlich auch die Kirche ein denkbarer Sponsor sein. Wie viele Handwerker leben von der Kirche. So mancher Goldschmied verdient an einer Monstranz, so mancher Glaser an Kirchenfenstern, so mancher Schreiner am Chorgestühl. Und wenn, Hadlaub kündet es der Nachwelt, neben Rüdiger Manesse auch sein Sohn Johannes, der Küster, sich um den Codex ganz besonders verdient gemacht hat – was läge da nicht näher, als daß ein Mann der Kirche auch das Geld der Kirche nutzbar zu machen versuchte.

Schon von allem Anfang an stand das Unternehmen Manesse unter kirchlichem Segen. Dankesworte, auch von Hadlaub, wurden da dem Bischof von Konstanz, Heinrich von Klingenberg, zuteil. Nach Konstanz ist es ein Katzensprung.

O schöner Bodensee, mir unerreichbar vom leidigen Oberdorf aus. Nie werde ich an dir weilen, sei deine Oberfläche gekräuselt wie Schamhaar oder glatt wie ein Spiegel. In dem ich mich sehen könnte. Alles hängt miteinander zusammen. Von Klingenberg diente dem König Rudolf, und er hatte einen Onkel, der Chorherr und Propst am Zürcher Großmünster gewesen ist. Und in Konstanz entstand die Liedersammlung, die es später nach Weingarten verschlagen sollte. Die Welt ist doch sehr klein. Von den zwei Dutzend im Weingartner Codex enthaltenen Dichterbildern sind neun fast identisch mit solchen im späteren Codex Manesse. Der Bischof hatte, als Rüdiger Manesse mit seinem Plan kam, spontan versprochen, den Weingartner Codex von Konstanz nach Zürich zu bringen – wenn, so fügte er scherzend hinzu, die Fürstäbtissin für die Rückkehr Bürgschaft leisten wolle. Sie wolle, sagte diese verliebt und lächelnd. In der Kirche hängt alles mit allem zusammen. O Bodensee. Der du mir so lang wie breit sein kannst.

Dem jetzt schon länger aus dem Unternehmen Manesse ausgestiegenen Grundstockmaler müssen die Entwicklungen am Bodensee wie auch am Oberrhein vertraut gewesen sein. Aber die kirchlichen Beziehungen laufen weiter bis nach Paris. Ich darf aus der Schule plaudern. Wie ich aus meinen gewöhnlich gut unterrichteten Kreisen vernommen habe, soll ein dritter Nachtragsmaler für das Unternehmen gewonnen werden. Der beginnt sein Bild vom Rahmen aus nach hinten zu entwickeln, verwendet differenzierte Pastelltöne, die eine eigene Kühle ausstrahlen, Distanz signalisieren zudem seine weißen Gesichter. Und dieser junge Mann ist Schüler eines Meisters, der aus Paris stammt! Auch nach Paris ist es nur ein Katzensprung! Soll ich noch erzählen, daß besagter junger Mann ein Elsässer ist, und zwar aus Straßburg? Aber damit ist es ja bereits gesagt. Die Katzensprünge aber von Paris über Straßburg und Konstanz nach Zürich sind über die sponsernde Kirche erfolgt, denn der junge Mann hat zuvor in Kirchen gemalt. Jetzt muß ich mich doch korrigieren. Der ins Auge gefaßte junge Mann stammt genaugenommen nicht aus Straßburg, sondern aus Hagenau an der Moder, ebendemselben Hagenau, aus dem Reinmar der Alte stammt, auch wenn die Sprache seiner Verse dies nicht verrät, und den es weit von der Moder weg verschlagen hat, nämlich nach Wien, wo er tonangebend wurde in Sachen Minnesang und Streit hatte mit Walther von der Vogelweide, aber davon habe ich doch schon in irgendeinem Zusammenhang, der mir entglitten ist, erzählt.

Habe ich schon von meinem Sittich erzählt? Er ist schön gelb und macht die ganze Zeit zi-witt, zi-witt. Sittiche sind jetzt ganz groß in Mode, aber auch schon Kristan von Hamle dichtet vom sitich in dem glas und hat diesen Vogel beim Heinrich von Morungen geklaut: sî hât liep ein kleine vogellîn, / daz ir singet oder ein lützel nâch ir sprechen kan. Nett. Mit den Frauen ist es doch immer dasselbe. Ging ich doch hinunter ins »Kreuz« wegen Marilyn. Sie war nicht da. Ich habe dann nach ihr gefragt und erfahren, daß sie weg ist, abgehauen, durchgebrannt, weggeflogen. Ins Kloster? Niemand hat etwas Genaueres gewußt. Es ist doch immer und ewig dasselbe mit den Frauen. Kaum hat man sich ein bißchen an eine gewöhnt, ist sie wieder weg. Aber sie habe etwas dagelassen. Und das war dieser Vogel in seinem Glaskäfig da. Habe ihn dann nach

Oberdorf hinaufgeschleppt, er ist mit dem Käfig zusammen immer schwerer und schwerer geworden. Jetzt habe ich mich schon an ihn gewöhnt. Er heißt Theodor. Ziwitt, zi-witt. Das Annebääbi war zuerst gar nicht begeistert von ihm. Der würde stinken und mache alles dreckig, hat sie gesagt. Tut er gar nicht, ist ein sauberes Tierchen. Flattert immer, wenn ich hereinkomme. Auch das Annebääbi hat sich inzwischen an ihn gewöhnt. Bis auf weiteres also bin ich frauenlos, und da ist der Vogel mit Namen Theodor ein wahres Gottesgeschenk. Marilyn war ja auch nicht so besonders. Fad und langweilig ist sie gewesen und hat sich nicht gewaschen. Je älter ich werde, um so weniger brauche ich anscheinend die Frauen, Minnesang hin oder her. Kristan von Hamle wünscht sich einmal, der Grasplatz, den seine Herrin durchschritten hat, könnte so sprechen, wie es der Sittich kann. Minnesang ist übrigens gleich doppelt frustrierend: einmal, weil die Herrin den Sänger nicht erhört, und dann, weil der kaum je ein Honorar bekommt für sein Singen. Aber der Vogel ist ganz lustig, wie er im Käfig flattert und Futter pickt und sich putzt und spricht. Gelb, wie er ist, mahnt er an die Farbe der superbia und an die der prostitutio. Mit Frauen ist es wohl immer dasselbe. Oder um mit Hartmann von Aue zu reden oder zu singen: Hat sie mir auch keinen Minnelohn gegeben, so tröstet mich doch die Lust des Wahns. – Habe ich Marilyn zu wenig Geld gegeben? Blödsinn.

Also wo war ich.

Aha. Beim Sponsern. Speziell das Sponsern und die Kirche und das Unternehmen Manesse.

Damit verhält es sich im Prinzip ähnlich wie mit dem Wettersegen. Mancherlei nämlich von der höfischen Lyrik muß vom streng kirchlichen Standpunkt aus so zweifelhaft erscheinen, wie mir unbehaglich ist, wenn ich den

Wettersegen spende. Und ich erteile ihn trotzdem, um konkurrenzfähig zu bleiben gegenüber dem gerade hier in Oberdorf grassierenden Aberglauben nicht nur beim Wetter. Ich darf es gar nicht alles aufzählen, sonst male ich noch den Teufel an die Wand. Aber es wird gezaubert auf Teufel komm raus. Zauberzeichen werden gemalt für und gegen alles. Zaubersprüche gehen von Mund zu Mund. Ohne meinen Segen wäre ich machtlos. Trotzdem das Unbehagen. Beim Unternehmen Manesse verhielt es sich nun so, daß ein derartiges Unbehagen dem gesammelten und zu sammelnden Liedgut gegenüber kirchlicherseits zwar auch bestand. Aber es gab Schlimmeres. Es gab und gibt nicht nur die Zaubersprüche, sondern in der Literatur all dieses alte heidnische Zeug mit den Heidenhelden Dietrich von Bern, Wolfdietrich, Gudrun und so weiter und so fort. Ich selbst war Zeuge, wie Johannes Manesse eine Gudrun-Handschrift mit eigenen Händen verbrannt hat. Es war zur Abschreckung gedacht. Das Zeug ist ja fast nicht auszurotten, gerade weil das meiste gar nicht aufgeschrieben ist, sondern mündlich weiterlebt. Und dagegen ist der ganze Minnesang samt Spruchdichtung doch geradezu unbedenklich. Nirgendwo treten heidnische Götter auf. Rüdiger Manesse hat ja seinerzeit gedacht, sein Sohn Johannes könnte, wenn er Geistlicher würde, auch mal ein Minnesänger werden, das eine schloß das andere mindestens nicht aus. Es gab schließlich den Rost, Kirchherrn zu Sarnen, den die Handschrift in einer recht amourösen Situation zeigt: er umfaßt ziemlich unzüchtig das halb entblößte Bein einer Dame, die ihm zur Strafe den Haarschopf abschneidet. Item. So weit sollte es mit Johannes dann nicht kommen. Aber das Großmünster in Zürich war fraglos das intellektuelle und auch literarische Zentrum der Stadt schon mit seiner Bibliothek und eben auch manchen heidnischen Büchern, und zwar nicht nur aus der Antike, wo es ja noch anging, Epikur einmal ausgenommen – aber der kann nicht mehr verbrannt werden, weil er sich hier in Oberdorf befindet. Aber ist die Manessische Handschrift für die Kirche nicht von Anfang an so eine Art trojanisches Pferd gewesen? Johannes Manesse war ein gestrenger Mann, gestrenger jedenfalls als sein Vater. Ein trojanisches Pferd hätte er sofort erkannt und unschädlich gemacht wie die Gudrun. Nein. Die höfische Lyrik und die Kirche waren und sind auch heutzutage nicht wie Wasser und Feuer, egal, welches das Wasser und welches das Feuer wäre. Und vielleicht vor allem: Der gestrenge Johannes Manesse konnte, wenn strategische Gründe es geboten, auch über den Schatten der Kirche springen.

Man wird vielleicht dereinst, wenn unser Mittelalter in einem romantischen Licht erschimmert, staunen, mit welcher Heiterkeit bei allem Ernst man die schönen Versammlungen in den geheimnisvollen Kirchen verläßt in unserer Zeit. Derartige Heiterkeit eignete auch Johannes. Sie überwog die Düsternis. Und als Küster erwirkte er kirchliches Geld für das Unternehmen Manesse und kirchliches Personal. Jaja. Die Christenheit oder Europa. Ist ein Faß ohne Boden. Ich selbst bin schließlich auch ein clericus, der gewissermaßen zweckentfremdet eingesetzt wurde, als ich im Skriptorium gearbeitet habe. Wie froh bin ich über diese Zweckentfremdung. Und was die kirchlichen Vorschriften in sexualibus anbetrifft: die erhöhen doch, hat man sich einmal zu ihrer Mißachtung durchgerungen, ganz beträchtlich den Spaß eben in sexualibus, also mir privat jedenfalls erging und ergeht es so. Siehe auch wieder Marilyn. Die possierlichsten sexualia – schal vielleicht ohne die kirchlichen Vorschriften. Schal wie ungefähr Reitunterricht. Also auch ganz privat bin ich sehr für diese strengen Vorschriften unserer Kirche. Man hat einfach mehr vom Leben mit dem Christentum. Vielleicht müßte ich mich auch auf der Kanzel und vor allem bei der Beichte streng nach dem Kirchenvater Augustinus, dessen offenherzige Darstellung seiner Jugend drüben in Nordafrika ich übrigens mit Genuß gelesen habe, richten und jeden, aber auch wirklich jeden coitus als schwere Sünde verurteilen und büßen lassen. Ich bin zu tolerant. Gott verzeih mir.

Daß bei Johannes Manesse die Heiterkeit seine Düsternis überwog, ging mir erst nach langer Zeit auf. Gut, neben der Milde seines Vaters Rüdiger wirkte er düster. Es war ein geringer Anlaß, der mir zum Bewußtsein brachte, daß er nicht nur über den Schatten der Kirche, sondern auch über seinen eigenen springen konnte. Ich war beim Kopieren. Ich hatte ihn nicht kommen hören. Plötzlich hörte ich seine Stimme hinter mir. Ich erschrak. Er erkundigte sich nur, was ich denn abschreibe. Ich geriet ins Stottern, weil ich die Nase zu nah dran hatte an den Buchstaben und mich erst besinnen mußte, was es denn war, das ich abschrieb. Da las Johannes Manesse wie still für sich: Rôter munt, nu lache, / daz mir sorge swinde. Das waren meine letzten Buchstaben. Er las sie noch einmal und sagte, das müsse Gottfried von Neifen sein. Und ob es nicht hübsch wäre und schön, daß ein roter Mund die Sorgen zum Schwinden bringen könne? Ich blieb stumm. Er erzählte aus Gottfried von Neifens Leben. Vom Stauferkönig Friedrich II. und seinem Hof. Von dessen Falken. Aber ich war wie blockiert, so daß ich ihm gar nicht folgen konnte. Er strich mir übers Haar und sagte, ich würde schöne Buchstaben machen. Dann ging er weiter.

Das war zur Zeit, als Zürichs Seidentücher bereits bis nach Südfrankreich und nach England exportiert wurden.

Johannes Manesse, und das war wohl beim Sponsor Kirche noch wichtiger als das kirchliche Geld, setzte alle kirchlichen Beziehungen ein, um an die Handschriften heranzukommen. Jedenfalls sollte die Sammlung so vollständig an berühmten Liedern werden wie nur möglich. Diese avaritia aber paßte wieder zur Düsternis in seinem Wesen. Und die Düsternis wie seine antiquarische Akribie waren vielleicht und letzten Endes nostalgisch angestoßen. Johannes von Manesse fühlte sich nicht wohl in der Gegenwart trotz Zürichs damals noch offenen Toren. Nein. Seine Wunschzeit wäre diejenige von dem Staufer Friedrich II. gewesen und sein Wunschort derjenige von Kaiser Friedrich II.: Sizilien. Dort im fernen Palermo ein Mitglied zu sein im Dichterkreis der scuola poetica siciliana – träumen ließ sich auch im nördlichen Zürich von dem mittelmeerischen Himmel und jenem Kaiser, der selber Dichter war und offen sogar gegenüber der arabischen Welt und liebevoller Gönner von Kunst und von Wissenschaft. Zu denken auch an sein stolzes (und womöglich unmittelalterliches?) Wort: »Unsere wahre Absicht ist, sichtbar zu machen die Dinge, die sind, wie sie sind.« Und wieder hängt alles miteinander zusammen, so Johannes Manesses Nostalgie staufisch-sizilianischer Vergangenheit mit der Geschichte der Eidgenossenschaft, die ebenfalls in Friedrich II. gründet, hat er doch schon lange vor dem Rütlischwur, nämlich 1231, durch seinen nördlich der Alpen regierenden Sohn den Urnern die Reichsfreiheit gegeben und im Jahre 1240 auch die Schwyzer durch kaiserlichen Freiheitsbrief ans Reich gebunden zur Sicherung des berühmt-berüchtigten Gotthardweges – schwindlig kann einem werden ob der Kleinheit der Welt, wie sie sich für mich immer wieder herausstellt, ich kann beginnen und enden, wo ich will. Und ich gelange doch immer wieder zum gleichen zurück, zu dem, was unweigerlich meine Welt auszumachen scheint – und werde es durch einen längst toten Kaiser unter mittelmeerischem Himmel begründet, daß die Freiheit der Eidgenossen zusammenhängt mit der Gegenwelt der Manessischen Nostalgie, ich gerate zurück bis in die Zeit der Staufer, wo sich der Name Friedrichs etwa mit dem Lehen verbindet, welches er Walther von der Vogelweide gab, oder auch mit dem ebenfalls von ihm gesponserten Gottfried von Neifen. Nicht an den Haaren herbeigezogen ist es – eine mächtige Schneise vielmehr stellt es dar, in die ich immer wieder hineingerate, und sei es, daß ich, wo Sponsor Kirche das Thema war, jetzt auch schon von weltlichen Sponsoren rede.

Gibt es Dinge, die sind, wie sie sind? Gott weiß.

Schwarzes Geld

Das fashionable Haus zur Hohen Eich befindet sich im Besitz der Familie Thya. Als Auftragsarbeit des Patriziers und langjährigen Ratsherrn Konrad Thya ist das berühmte und bereits erwähnte Wandbild mit Samsons Tod entstanden. Wunderbar schwebend sind die Körper der Figuren dargestellt. Der Stil der Nachtragsmaler des Codex Manesse schlägt hier ganz unverkennbar durch. Perfekt sind die Flächen- und Linienbezüge. Der Mantel etwa wurde gekonnt als kompositionelles Element einbezogen. Ich selbst habe dieses Wandbild gesehen, anläßlich einer jener nun längst legendären Parties im Haus Thya. Mir entging dabei nicht, wie haarfeine Risse in der einen Säule den Zusammenbruch des Palastes andeuteten, den der geblendete Samson bewirken sollte. Das Bild verharrt gewissermaßen auf dem Sprung, als vermöchten die Risse auf ewig lediglich als Risse bestehen, wo doch in Wirklichkeit bald alles zusammenbricht.

Das Haus zur Treu gehörte seit Generationen der Familie Lidig. Heinrich Lidig hat einen durchgreifenden Umbau vorgenommen. Unter der mit einem Rosenmuster bemalten Holzdecke ist ein Fries mit Drachen und Chimäre angebracht. Ich habe es mit eigenen Augen gesehen. Die eine Figur besaß Fledermausflügel, riesige behaarte Ohren an einem flammend abstehenden Schopf und läuft auf handähnlichen Füßen. Alles hält dem Vergleich mit den modernsten Entwicklungen in der tonangebenden oberrheinischen Malerei stand.

Dann, wenn ich mich an den Klatsch, der von Zürich bis nach Oberdorf dringt, halten darf, möchte ich in diesem Zusammenhang auch das prächtige Wandbild des ehemals im Besitz der Familie Bilgeri (»Condwiramur«) befindlichen Stadthauses erwähnen, welches Haus zum langen Keller heißt. In der Figurenzone sollen an der Wand drei Themen behandelt sein: ein Wurstsieder, Ritterszenen und der Kaiser inmitten der Kurfürsten. Es paßt zu den Bilgeris, daß sie sich mit dem Kaiser – auch wenn heute der Kaiser nicht mehr ist, was er mal war – das Feinste vom Feinen haben an die Wand malen lassen. Manches möge dabei, heißt es, sogar eine Verwandtschaft erahnen lassen mit den Fresken des buon governo im Palazzo Pubblico in Siena. Mag Zufall sein. Nicht aber, daß ausgerechnet die Bilgeris mit dem Kaiser kommen, prohabsburgisch wie sie unverblümt sind – oder zumindest waren, als sie noch das große Sagen hatten. Die Renovierung soll erfolgt sein unter der Anleitung der Bertha Bilgeri. Im Gefolge der Zürcher Unruhen mußten die Bilgeris bekanntlich das Haus zum langen Keller verlassen. Die Perspektive der Gebäude auf diesem Gemäldezyklus weise in ihrer räumlichen Klarheit weit über die Bilder der Manessischen Handschrift hinaus. Ich hab's nicht selber gesehen.

Nun sind sowohl die Bilgeris wie die Lidigs und die Thyas Sponsoren des Unternehmens Manesse. Schön und gut. Die Wahrheit aber ist nämlich die, und die Spatzen pfeifen es von den Dächern, auch wenn man es besser nicht einmal hinter vorgehaltener Hand sagt, daß diese drei alten und sehr angesehenen Zürcher Familien mit den ihnen gehörenden Betrieben der Eisen- und Holzbranche als den Deckmänteln miteinander zusammengespannt haben, um im großen Stil Geld zu verdienen aus dem Schwarzhandel mit Waffen und Söldnern. (Schwarz und wundersam wie unsere allbekannte Schwarze Kunst.)

Kein Mensch, zuallerletzt ein Zürcher, will etwas davon wissen.

Da war die Bilgerische Eisen AG.

Da waren die Schreinereibetriebe Thya & Co.

Da war schließlich auch die Lidigsche Glockengießerei. Nichts war unverdächtiger als eine Glockengießerei. Aber alle drei Firmen waren über jeden Verdacht erhaben. Deshalb schöpfte ja auch niemand welchen. Auch die Präsidenten der Verwaltungsräte waren unverdächtig. Gott behüte.

Die Idee dann, man könnte, um alles noch besser abzusichern, mit dem schwarzen Geld das Unternehmen Manesse sponsern, kam von Frau Bertha Bilgeri. Das war noch in der Zeit, als sie im Club tonangebend war.

Aber im Grunde genommen bedarf es hier einzig und allein des Stichworts Morgarten. Man muß sich nur die seinerzeitige Schlacht am Morgarten vergegenwärtigen. Auch wenn es gerade von Zürich aus der Überwindung bedarf. Aber man muß es halt auch richtig erzählen können, und nicht so einfach nach Müllers Art. Dann schluckt man alles. Sogar das Debakel Morgarten. Also. Die Morgenröte des 15. Novembers im Jahr 1315 ging auf, und bald warf die Sonne ihre ersten Strahlen auf die Helme und Panzer der heranziehenden Ritter und edlen Herren. So weit man sah, glimmerten Speer und Lanze, und stand das Heer – das erste Heer, so weit sich das Angedenken erstreckt, welches in die Waldstätte zu ziehen unternahm. Von den Waldstättern wurde es unter mancherlei Gemütsbewegungen erwartet. Montfort von Tettnang führte die Reiterei in den Paß. Bald war zwischen Berg und

Wasser die Straße mit Reiterei gefüllt und standen die Reiter dicht gedrängt. In diesem Augenblick wurden unter lautem Geschrei viele aufgehäufte große Steine herabgewälzt. Als die dreihundert Mann auf dem Berg die derart gestiftete Verwirrung der Pferde wahrnahmen, stürzten sie herab und fielen dem Feind in die Seite, zerschmetterten mit Keulen die Rüstungen und brachten mit Hellebarden Stichwunden oder Hiebe bei.

So war das doch damals. Genau so. Zum Heulen.

Auch Zürcher sind verletzt worden und getötet auf der Seite der Habsburger.

Niemand aber wußte und weiß, daß sowohl die Keulen wie die Hellebarden *made in Zurich* waren. Daß im Rahmen der Waffenlieferungen den Eidgenossen obendrein zuverlässige Militärberater zur Seite standen. Daß somit das Unternehmen Manesse mindestens zu einem guten Teil als Geldwaschanlage diente – um einen Terminus der neumodischen und also kapitalistischen Sprache des Bankenwesens aus Oberitalien mit ihren conti et cetera zu verwenden –, und nicht nur am Morgarten.

Kultur als Alibi.

In einem sehr präzisen Sinn: Kultur als Schutzmantel für Waffenschiebungen.

Die Spatzen pfeifen es von den Dächern. Die Möwen krächzen es über dem See. Mein Sittich Theodor macht unermüdlich zi-witt, zi-witt.

Das wohl wären Dinge, die sind, wie sie sind.

Das spätere Schicksal der besagten Frau Bilgeri ist schnell erzählt.

Schon bald einmal entstanden um sie Gerüchte von wegen hoher oder weniger hoher Minne. Sie geriet ins Zwielicht, aber auch das hat mit dem schwarzen Geld zu tun. Ist also kein armer Minnesänger gewesen. War vielmehr ein Sprößling des Hauses Lidig, zu dem Frau Bertha Bilgeri die Bande enger, noch enger ziehen wollte. Der Jüngling hieß eigentlich Ueli, bekam aber handkehrum, als Frau Bilgeri nicht mehr die Glockengießerei im Auge hatte, den allerdings nicht sehr originellen, aber schönen und auch traurigen, deswegen noch schöneren Namen Tristan. Schließlich verlor sie die Glockengießerei völlig aus den Augen. Tristan war blutjung, nämlich sechzehn. Der Bubi ließ sich umgarnen und fangen und schließlich auch verführen. Fand es sehr viel reifer, mit einer reifen Frau herumzuturteln, als an die albernen Altersgenossinnen seine Energie zu verschwenden. Er mußte sie Condwiramur nennen. In der Schule, die Tristan besuchte, hatten sie erst den für höfischen Flirt ausreichenden safer sex durchgenommen. Im ehelichen Schlafgemach der Bilgeri lernte er dann, was jenseits des Höfischen sich bewegte. Auf süperbe Art glücklich wandten sie anschließend nebeneinander liegend ihre Augensterne gemeinsam dem Himmel des Himmelbetts entgegen. Das war Glück. Obwohl Tristan keine Gedichte verfaßte, literarisch überhaupt recht uninteressiert schien. Sein Interesse galt der Mechanik, da speziell den Kränen. Es ist seiner Jugend zuzuschreiben, daß er über technischen Fortschritt nachsann – in Tat und Wahrheit wußte er, daß er dereinst die väterliche Glockengießerei übernehmen würde und also sein Platz vorbestimmt war, Condwiramur hin oder her, Krantechniken hin oder her. Er sagte das Condwiramur auch. Sie nahm es schweigend zur Kenntnis. Wieder schaute sie zum Himmel des Himmelbetts hinauf. Manchmal gab es eine Fremdheit zwischen ihnen. Sie spürte sie, er spürte sie. Sie ahnte, daß es nicht nur am Altersunterschied lag. Aber die

Fremdheit hatte auch etwas Unheimliches, Unfaßbares. Wie hat sie seinen Jünglingskörper geliebt. Wie sehr verwirrte ihn ihr Frauenkörper. Die Fremdheit war wie ein Tier, dessen Schnaufen unhörbar, aber spürbar zu sein schien. Sie genoß es, daß der Name Condwiramur so lang war, so daß es immer so schön lang dauerte, wenn er sie bei ihrem schönen falschen Namen ansprach. Oft, wenn sie ihn nach etwas fragte, mußte er ihr entgegnen, das hätten sie noch nicht durchgenommen. Zum Beispiel, als sie ihn wie von ungefähr fragte, ob es ihn gelüste, mal nach Jerusalem zu fahren, und er sagte: Jerusalem haben wir noch nicht durchgenommen. Am besten, sie fragte ihn vorher, ob sie das, wonach sie fragen wollte, schon durchgenommen hatten. Und sie fragte ihn Löcher in den Bauch. Verstehst du die Sprache der Welschen? Habt ihr die Habsburger schon ganz durchgenommen? Was macht ihr für Ballspiele? Gehst du gern an Turniere? Die Bildungslücken füllte sie mit Küssen, heißen Küssen, in denen sie beide verschmachteten und erneut sich ganz außerhalb des safer sex bewegten.

Ein Mal, ein einziges, sagte Tristan zu Condwiramur, sie wäre super.

Das ging ihr hinunter wie Honig.

Sie konnte es auch einrichten, daß sie in jene Kirche zur Messe ging, die er mit seinen Eltern besuchte, die Wasserkirche.

Er war ein gelehriger Schüler auch außerhalb des safe sex. Und es war ja auch nicht ein gewöhnlicher höfischer Flirt. Dachte sie. Ihm fehlten die Vergleiche.

Ein bißchen, aber wirklich nur am Rand, weil sie merkte, wie bald sie ihm lästig fiel damit, nahm sie mit ihm ja auch den höfischen Minnesang durch – einfach, weil sie es genoß, daß nun auch er das, was sie schön fand und meist auch schön traurig, wenigstens oberflächlich wahrgenommen hatte. Wenn es ging, ließ sie ihn die Verse sogar nachsprechen. Er tat dies wie ein Musterschüler.

Bei Musik stand er auf Trommeln und Trompeten.

Je lauter, desto besser.

Kein Saitenspiel?

Wenn es nicht unbedingt sein muß: lieber kein Saitenspiel.

Kein Wächter brauchte das Tagelied zu singen, um die Liebenden am Morgen zum Aufbruch zu mahnen.

Nur Nachmittage verbrachten sie miteinander.

Keine einzige Nacht.

Sie erzählte ihm nichts vom schwarzen Geld.

Die Eidgenossenschaft hatten sie noch nicht durchgenommen.

Eine Magd paßte auf, daß die Liebenden nicht überrascht wurden. Die Magd stand ganz auf der Seite Condwiramurs. Sie war einmal vom äußerst urbanen, kultivierten, feinsinnigen Herrn Bilgeri vergewaltigt worden. Aber so etwas ist in unserem Mittelalter ja an der Tagesordnung.

Tristans Träume waren anders als die Condwiramurs.

Manchmal durchschoß Condwiramur heiß die habgierige avaritia. Sie wollte Tristan gänzlich für sich allein besitzen. Schon auf die Schule war sie eifersüchtig. Als könnte sie ihn wie einen Sittich in den Käfig sperren oder dressieren wie einen Falken, der immer und immer wieder zurückkommt.

Der Sittich mit dem Namen Theodor macht die ganze Zeit zi-witt, zi-witt.

Beinahe kam es durch ein beiderseitiges Mißverständnis zum Ende.

Sie neckten sich. Sie sagte ihm neckend: Du grüner Junge du. Das nahm er ernst, stieg aus dem Bett, holte seinen Geldbeutel, leerte ihn ganz aufs Bett, es war nicht wenig Geld. Das ist vom grünen Jungen für den grünen Jungen. Er zog sich an. Es war ein winziges Mißverständnis, aber es hätte den endgültigen Schluß bedeuten können. Vielleicht hat er nur gewartet auf ein solches Mißverständnis. Und so wäre das Ende noch rechtzeitig gekommen und ein schlimmes ausgeblieben.

Sie ging weiter in die Wasserkirche.

Es war die Zeit, da der Club zum Kreis der Manesse wurde.

Frau Bertha Bilgeri geriet nicht nur ins Zwielicht, auch ihre Noblesse schwand wie Schnee an der Sonne.

Die Waffen- und Söldnerschieberei setzte sich fort.

Ueli Lidig trat nach der Schule – er war jetzt genügend orientiert über die sieben freien Künste – in die väterliche Glockengießerei ein. In die Fremde, das war auffallend, wollte er nicht. Sie scheint ihn wenig gelockt zu haben. Sein Vater stand in mancherlei Geschäftsbeziehungen, und Ueli hätte nur den Namen der fremden Stadt, in die es ihn zog, zu nennen brauchen, Amsterdam beispielsweise, im Sumpf auf Pfählen erbaut. Oder als Tristan hätte ihm eine Stadt in Irland noch näher liegen können. Im richtigen Alter jedenfalls wäre er gewesen für die Fremde. Gott weiß. Zur Genüge doch hätte ihm bewußt sein sollen, daß die kulturellen Beziehungen auf denselben Straßen liefen wie der Wirtschaftsverkehr und daß auch all die westlichen Wörter, die in den höfischen Kreisen Mode geworden sind, es aufgrund der Wirtschaftsimporte wurden – samt all den Gesellschaftsidealen höfischer Kultur aus Frankreich. Dieses ewige Kulturgefälle halt. Aber das weiß ja jedes Kind, und Ueli war spätestens jetzt kein Kind mehr –

Kultur als Alibi.

Die großen Vermögen macht man heutzutage im Handel.

Das weiß man auch bei der upper class in Zürichs Niederdorf, und wenn sie sich noch so gegenseitig verachten, sind die alten Ritterfamilien mit der neureichen Noblesse fast unentwirrbar miteinander verfilzt aufgrund des Gelds. Geld ist durchaus salonfähig. Die Zukunft gehört allem Anschein nach dem Kapital. Auch ich lasse ja in den Messen den Opfersack herumgehen, es kommen zwar nur wenige Münzen zusammen in Oberdorf, aber ich will ja auch nicht hundert feudale Hühner im Garten oder tausend feudale Eier, und so vollzieht sich nach und nach auch in meinem Oberdorf der Umschwung vom Feudalismus zum Kapitalismus, ganz unaufhaltsam –

Kultur dient als Alibi für alles.

Wer es fassen kann, der fasse es. Also ganz kurz. Die Geldwaschanlage, zu der das Unternehmen Manesse herhalten muß, funktioniert derart, daß aus Waffen- und Söldnerschiebereien eingebrachtes schwarzes Geld dem Unternehmen Manesse zugeführt und dort zum einen Teil als gesponsertes Geld einbehalten wird, zum andern Teil an die Firmen zurückgeht, jetzt aber ausgewiesen ist als weißes Geld, und zwar als Entgelt für angeblich geleistete Aufträge für Metall-, Schreinerei- oder Glockengießerprodukte. Und alle sind es zufrieden: die Handwerker, die Anwerber für Söldner und für Waffen, das Firmenmanagement der betroffenen Firmen – die vornehmste Aufgabe aber ist und bleibt das Bedienen der Geldwaschanlage selbst. Da muß Ritter- und/oder Geldadel stillschweigend vorausgesetzt werden. Es handelt sich im Prinzip um ein recycling, vergleichbar dem recycling bei der Rüstungsproduktion, wo alte oder beschädigte Rüstungen nicht einfach weggeworfen, sondern als Altmaterial weiterverwendet werden. Was die Söldner anbelangt, so gibt es ständig mehr Vasallen, die lieber Geld geben, als Kriegsdienst zu leisten, man darf hier richtiggehend von einem Markt mit Zukunft reden, der vor allem auf den Schlachtfeldern in Italien, täuscht mich nicht alles, noch stark anziehen wird. Markt ist derzeit sowieso das Zauberwort. Vielleicht waren das noch schöne Zeiten, als der Zeitgeist die Literatur bestimmte. Und etliche der Autoren, die aus diesem Zeitgeist den Profit schlugen, trauern ihnen, mehr oder weniger verhohlen, jetzt nach. Jetzt bestimmt der Markt, und ob da der Minnesang noch aufkommt gegen die Fasnacht, muß ich bezweifeln. Aber dies nebenbei.

Das schwarze Geld brachte nicht allen Glück.

Frau Bilgeri alias Condwiramur ließ sich ein Kleid nach dem andern schneidern, in allen Farben, in allen Schnitten, wie es die Saison gebot. Und wie eine Dirne, die das sündig verdiente Geld ganz schnell für Luxus und für Plunder wieder unter die Leute bringen will, kaufte sie sich Schmuck und Handschuhe und sündhaft teure Schuhe – Tristan zuliebe, der es gar nicht bemerkte, es jedenfalls nicht zu beachten schien.

Das Techtelmechtel zwischen Tristan und Condwiramur flog auf, und zwar in flagranti. Ueli mußte nun, gezwungenermaßen, doch in die Fremde, so weit es nur ging. Frau Bilgeri war nicht länger haltbar im Manessekreis. Sie hatte Literatur und Leben miteinander verwechselt und durcheinandergebracht. In Sack und Asche mußte sie sich hüllen, der Plunder und der Luxus kamen zum Müll. Die Wandgemälde im Haus zum langen Keller sind ja erst letzthin übertüncht und übermalt worden mit sehr unbedarften Motiven (Maria mit dem Jesuskind, Maria bei der Hochzeit zu Kanaan, Maria beim Kreuz). In den letzten Jahren vor der Brunschen Umwälzung hatten die Bilgeri die meisten Ratssitze inne. Aber das schwarze Geld, wie gesagt, brachte auf Dauer nicht allen Glück, und die Noblesse etlicher an der Geldwaschanlage beteiligter Familien schwand wie Schnee an der Sonne. Ach, wie tut mir alleine schon beim Gedanken an die hundert Feudalhühner und die, womöglich, tausend Feudaleier der Kopf so weh. Und Mitleid schwingt mit, wenn ich auf der Suche nach einer verlorenen Zeit an Condwiramur denke. Als der Zeitgeist noch tonangebend war und nicht bloß der Markt. Wer weiß, welche Dichter nun an keine Nachwelt gelangen, da sie nicht mehr von Condwiramur gesponsert werden. Wo ist die festliche Erregtheit, die alle im Club über den Alltag erhob in die gemeinsame höfische vreude? Wie aber sagt der verbotene Epikur: »Dafür, daß die Freude das höchste Ziel unseres Lebens ist, liegt der Beweis darin, daß die lebenden Wesen von Geburt an daran Gefallen finden, dagegen dem Schmerz naturgemäß und unbewußt sich widersetzen.« – Arme Condwiramur. Gott wird richten.

Ich ziehe trocken und entsprechend freudlos eine Zwischenbilanz.

Die Feudalhühner hinter und auch vor dem Haus sind ja nicht mehr zu zählen. Nur das Annebääbi hat da den Überblick und sagt mir von jedem Feudalhuhn auf den Kopf zu, ob es heute ein Feudalei gelegt hat oder nicht. In den Augen vom Annebääbi bin ich wohl so etwas wie ein Feudalherr. Aber feudal finde ich es eigentlich nicht hier in diesem freudlosen Oberdorf, ans Niederdorf zurückdenkend.

Sollen mir die Dirnen unten in der Stadt doch gestohlen bleiben.

Bin kein Minnesänger.

Kein Lebenszeichen von Isolde.

Kein Lebenszeichen von Marilyn.

Mitunter verspüre ich, aber das ist ein typisches Spätzeitsyndrom, die Vergangenheit wie eine ungeheure Last, der nicht zu entfliehen ist. Sind wir am Ende unseres Mittelalters? Denn genau das ist ja mittelalterlich, daß alles feststeht, und das ist ja nun einmal der Stand, ich bin ein Metzgerssohn geblieben, auch wenn mir bestimmt war, ein Pfaffe zu werden, der jeden Tag Wein in das Blut Christi verwandelt. Nehmt hin und trinkt. Aber das Volk bekommt nur Brot. Blut ist mir Metzgerssohn vorbehalten. Und ich trinke es, den Rücken dem Volk zugewandt.

Der von Kloten war da. Wir haben fast nur Schach gespielt. Aber das ist es eben: Dame ist Dame, und Bauer bleibt Bauer. Schach ist auch nicht mehr als ein Gleichnis für das ewig Beständige. Zi-witt, zi-witt. Der von Kloten ist sichtlich gealtert gegenüber dem letzten Mal. Wann war eigentlich das letzte Mal? Einmal wird es das allerallerletzte Mal sein. Also sein Haar ist weiß wie Schnee, aus den Nasenlöchern aber wachsen ihm pechschwarze Haare und auch aus den Ohren. Und er nuschelt. So stark, daß ich öfter fragen muß, was er gerade gesagt habe. Dann schreit er.

Auch diese Feudalhühner bewegen sich nach irgendwelchen Schachregeln. Bis zum Schachmatt.

Schach.

Klatsch.

Brun in Zürich sitzt fest im Sattel.

Begebe ich mich von der Kirche ins Haus, muß ich quer durch all die Hühner hindurch, und mir kommt vor, als wären es menschliche Seelen. Es gehört zu meinem Job, auch für die Seelen von Toten zu beten. Die – von Epikur bestrittene – Unsterblichkeit der Seele ist kein fauler Zauber, sondern ganz einfach Pfaffenrealität. Die Hühner gakkern dann auf, flattern, stieben davon.

Jetzt schlafen die Hühner, ob feudal oder kapitalistisch.

Es ist Nacht.

Finsterstes Mittelalter.

Klatsch zwischen den Schachzügen.

Sonst dermaßen viel Schweigen, daß es laut zu hören ist. Es ist Biswetter. Wie ein ungeheures Tier rast die Bise, die Wolken vor sich hintreibend, über Oberdorf hinweg, sogar in der Nacht, sofern der Mond scheint, sind die fliehenden Wolken zu sehen als dunkelviolette Ungetüme. Derzeit ist Neumond.

Und ehe der Hahn zum dritten Mal kräht –

Ist wieder schachmatt.

Unheimlich auch die Wand von Berg, auch wenn sie jetzt schwarz im Schwarzen steht, oder gerade deshalb –

Das Annebääbi hat uns einen chirsibrii gemacht. Sie will damit nicht zeigen oder gar demonstrieren, wie sehr sie sparen muß. Nein, chirsibrii ist ihre Spezialität. Die Kirschen kocht sie samt den Steinen, bis sie weich sind, dann tut sie mäuu und müuuch dazu, und kurz vor dem Auftragen tut sie geröstetes Brot hinein. Es darf nicht pappig werden. Die Brotstücke werden ganz violett durch den Saft der Kirschen. Aber man muß aufpassen, daß man nicht plötzlich auf einen Stein beißt. Nachteil beim chirsibrii: der saure Spitalwein wird noch saurer.

Also die Bilanz.

Spiegelt die literarische Nostalgie die literarische Armut der Gegenwart wider? Ich denke an die Loblieder auf Brun et cetera. Und mich schaudert.

Oder ist es umgekehrt: die Literatur der Gegenwart ist so trostlos, weil sich die Eidgenossen- und Handwerkerutopien zerschlagen haben. Und der saure Spitalwein wird noch saurer. Und kein Zeitgeist mehr, sei der auch noch so verspätet, sondern reines Marketing – was Fasnacht bedeuten mag.

Schweigend lassen wir es uns zwischen den Schachzügen durch den Kopf gehen.

Die Gegenwart ist der Geschichte nicht mehr gewachsen.

Und wenn die Frauen ins Kloster rennen, eine nach der andern.

Der von Kloten meint, ich würde übertreiben.

In der Oberdörfer Kirche schwebt die Jungfrau Maria beim kleinen Seitenaltar links auf lauter goldenen Wolken. Die Kinder in Oberdorf fragen: daarf i no d muetergottes go aaluege? Sie fragen wegen den goldig glänzenden Wolken, die aussehen, als wären sie aus richtigem Gold. Sind sie nicht, ist angemaltes Holz, das die Kinder aber für Gold halten. Was ist der Unterschied zwischen Holz und Gold?

Eine Zeit geht zu Ende, so sicher, wie das Unternehmen Manesse dem Ende entgegengeht, eigentlich allerspätestens, seit der Grundstockmaler ausgeschieden ist.

Der von Kloten sagt, es fehle nicht eigentlich an Geld, aber an der Lust.

Daarf i no d muetergottes go aaluege?

Was ist schlimmer: Geld ohne Lust oder Lust ohne Geld?

Bätzi. Auf die Gesundheit. Ob ich in den Augen des von Kloten so viel gealtert bin wie er in den meinen.

Und Schach.

Er lacht.

Ich muß mich mehr konzentrieren. Ziehe mit dem Turm. Es ist ja, als ob Hühner vor meinen Augen flattertten. Auf die Gesundheit.

Ich erzähle die Geschichte mit Marilyn.

Ich stelle fest, im Minnesang befinden sich zu viele rote Münder und zu viele Blumen und zu viel Gras.

Er hält dem entgegen, der Codex enthalte neben Minnesang auch viel Spruchdichtung. Das formale Kriterium der Kürze wäre das erste Auswahlkriterium gewesen, und nichts weiter.

Daß ihm die Haare pechschwarz aus den Nasenlöchern und auch den Ohren wachsen müssen.

Wir haben überlebt, Freund von Kloten. Irgendwann ist die Gegenwart vorbeigegangen und zur Geschichte geworden. Und die Gegenwart des Unternehmens Manesse hat spätestens aufgehört, als Johannes Manesse und Rüdiger Manesse II. gestorben sind. Sie haben es nicht mehr erlebt, das Ende des Unternehmens, und der Kreis drumherum ist mehr und mehr ausgestorben. Es ist wohl wie mit den Steinen im chirsibrii, sie sitzen noch in den Kirschen drin, oder sie haben sich gelöst.

INTEMPERANTIA

Drei Bilder

Immer wieder Epikur. Gerade weil er verboten ist. Selbst wenn er sagt: »Ich verstehe unter Freude: keine körperlichen Schmerzen leiden und in der Seele Frieden haben.«

Und dieses Verbotene müßte doch eigentlich die einfachste Sache von der Welt sein.

Drei Bilder kommen mir da in den Sinn.

Das erste ist ein Zufall gewesen. Ich will von der Kirche nach Hause gehen, da liegt auf einer der Stufen vor dem Portal in der Sonne ein Kater. Er hatte – zufällig – ein schwarz-weißes Fell, also weiß an den Pfoten und an der Brust, sonst schwarz. Er lag ganz eingekugelt, den Kopf seitwärts am Boden. Sein runder Katerkopf. Augen geschlossen. Er muß irgendwie mein Kommen bemerkt haben und öffnet ein Auge langsam zu einem Schlitz. Dann gähnt er. Gähnen bei Katzen bedeutet bekanntlich nicht Langeweile, sondern: mir ist soweit ganz wohl. Indem er gähnt, streckt er sich, und ich sehe, er ist gar keine Kugel, sondern schlank. Dann vernehme ich, und ich habe ihn nicht berührt, ganz deutlich sein Schnurren. Ist es die Sonne, bin ich es, oder geschieht es einfach so?

Ich weiß. Die Katze schleicht um den heißen Brei, und alles ist ein Katzensprung. Trotzdem: Es war zufällig dieser Kater, ein hundsgewöhnlicher Kater. Und wo schon ein Stück Rindvieh in unserem Mittelalter ungefähr und überschlagsweise fünfundvierzigmal weniger wert ist als ein auch nur einigermaßen gutes Reitpferd – wievielmal unendlich weniger wert als ein Rindvieh ist erst ein Kater.

Taugt der Kater wenigstens für meine nächste Predigt?

Was wären Männergespräche ohne Pferde.

Was bedeutet ein Kater?

Gott weiß.

Als clericus bin ich erfahren im Umgang mit dem mehrfachen Schriftsinn der Bibel. Sonst ja müßte das ganze Alte Testament verboten sein, mindestens wie Epikur. Aber in der ganzen Bibel gibt es keine Katze. Der zufällige Kater bedeutet alles mögliche.

Alles ist symbolisch. Symbolisch wofür?

Wie gesagt: Gott weiß.

Das zweite Bild, das mir in diesem Zusammenhang in den Sinn kommt, ist ebenso zufällig und taugt auch kaum als exemplum in meiner nächsten Predigt, oder es würde vom Volk nur mißverstanden, vielleicht gar mit heimlichem Lachen aufgenommen. Es liegt vor mir als der Entwurf für cin Bild im Codex, angefertigt vom Nachtragsmaler I, mir freundlicherweise zur Verfügung gestellt durch den von Kloten. Ein nackter Mann sitzt bis zum Nabel in einem Badezuber draußen auf einer Wiese. Drei Damen, den Gewändern nach offensichtlich der Noblesse angehörig, kümmern sich um ihn. Die eine reibt ihm kniend den Arm. Eine zweite ist eben dabei, ihm einen Kranz mit Blumen aufs Haupt zu setzen. Die dritte reicht ihm einen goldenen und tatsächlich mit Goldfarbe gemalten Kelch. Im Hintergrund ist ein Baum mit großen Blättern und einem kleinen vogellîn. Oben sind Helm und Schild. Der Schild hängt an einem Haken, der aus dem Bildrand kommt. Er ist blau und schwarz. Das Schwarz ist bereits angelaufenes Silber. Auch der Helm trägt die Farben Blau und Schwarz oder eben Silber. Vorn kauert, deutlich kleiner gemalt als die noblen Personen, eine Magd. Sie facht mit einem Blasebalg das Feuer an, das unter einem Kessel für das Badewasser brennt. Auf dem Körper des nackten Mannes befinden sich kleine rote Blumen, die kleiner sind als die Blumen im Kranz. Rings um den Rahmen des Bildes sind große goldene Blumen wiederum mit Goldfarbe gemalt. Aber der selbstverständliche Mittelpunkt, auf den die Augen sich unwillkürlich zubewegen, obwohl er sich in der linken Bildhälfte befindet, ist der Mann in dem Badezuber. Ruhe strahlt von ihm aus, eine hypnotische Ruhe. Ruhe, obwohl er gerade seinen linken Arm dem Kelch entgegenbewegt.

Genauso wie dieser Mann in der Badwanne möchte ich sterben.

Der Mann muß schon älter sein, denn seine Stirn ist sehr hoch gemalt.

Rote und weiße Blümchen sind auch unten im Gras.

Das Bild stellt Herrn Jakob von Warte dar, einen thurgauischen Minnesänger und als Minnesänger thurgauisches Mittelmaß: Liebesklage durch den Wandel der Jahreszeiten hindurch. Das übliche. Aber seine Burg wurde niedergebrannt, weil sein Bruder Rudolf im Jahre 1308 an der Ermordung König Albrechts I. teilgenommen hat, und er mußte vorübergehend in einem Bauernhaus logieren. Sein Bruder endete auf dem Rad. Aber Herr Jakob von Warte, in diesen Fall zwar verwickelt, lebt vielleicht heute noch: ich habe vergessen, mich bei dem von Kloten danach zu erkundigen. Weiß Gott.

Sind die drei noblen Frauen auf dem Bild die drei Grazien oder Chariten?

Sind es nicht, aber sie können sie bedeuten: diese untergeordneten Göttinnen der Anmut – Euphrosyne, der Frohsinn; Aglaia, der Glanz; Thaleia, die Blühende. Sie befanden sich gern in der Gesellschaft der Musen, und sie –

Sie können sie bedeuten. Können ist nicht Müssen, und Bedeuten ist nicht Sein.

Gott weiß.

Oder sind es, Markus 15,40, Maria Magdalena, dann Maria, die Mutter des jüngeren Jakobus und des Joses, und Salome, die zusahen, wie Christus am Kreuz starb?

Sie können sie bedeuten.

Gott weiß.

Die roten Blümchen auf dem nackten Mann können an die blutigen Wunden von Christus gemahnen.

So kann die vita activa auf dem Rad enden und die vita contemplativa in der Badewanne.

Für mich selbst hingegen, und deswegen berichte ich hier davon, ist das Bild von dem Minnesänger im Zuber auf der Wiese ein Bild der temperantia und somit das totale Gegenteil zum Laster der Völlerei, und diese Todsünde ist jetzt an der Reihe. Aber wie hängt der Kater bloß mit der Badewanne zusammen? Ach, alles will mir entgleiten, noch bevor ich beim dritten Bild bin. Als ob ausgerechnet eine wasserscheue Katze in eine Badewanne fallen könnte. Aber so kann es nicht gewesen sein. Gut, die Katze geht um den heißen Brei herum wie um den chirsibrii, und doch will es mir keinen Katzensprung erscheinen vom schwarz-weißen Kater bis zum Mann im Bad und wieder zurück. Aber da fällt mir beim schwarz-weißen Kater zum Glück Feirefiz ein. Halbbruder des sagenhaften Parzival. Mit einem Leben voller action. Und der war auch schwarz-weiß, also wie eine Elster, weil seine Mutter eine Negerin gewesen ist. Daher also der Kater. Alles sind obsessiones, und im nachhinein ist es quälend, nicht mehr zu wissen, woher eine obsessio kommt. Und der Kater ist so ganz im Gegensatz zu jenem Feirefiz überhaupt nicht in action verstrickt. Der Kater ist das Bild eines Gleichge-

Herr Jakob von Warte

wichts wie das Bild mit der Badewanne. Ein Bild der mâze. Vielleicht kommt meine obsessio eben daher, daß Gleichgewicht bei mir – noch? – eine Angelegenheit der Sehnsucht ist und also etwas nicht Selbstverständliches, daß ich es dermaßen bewundere, sei es bei der Badewanne oder beim Kater. Nur auf den ersten Blick sehen obsessiones nach einem Durcheinander aus. Der nackte Mann befindet sich inmitten von Bewegungen, aber die Bewegungen stehen still. Der Kater war voller Leben, aber er schnurrte ruhig vor sich her. Somit temperantia als meine Sehnsucht und intemperantia als meine leidige Realität. Daher die hypnotische Wirkung der beiden Bilder. Vielleicht sehnt man sich einmal nach den Sehnsüchten unseres Mittelalters.

Das dritte Bild ist abstrakt und eigentlich mehr eine Idee.

Ich weiß ja nicht, wie das andern geht, aber ich habe einfach nicht die Geduld, mir ganze Epen zu Gemüte zu führen. Nicht einmal Parzival. Vielleicht bin ich da zu hektisch. Aber ich schlafe ein dabei. Und wenn ich schon Literatur lese, will ich mich nicht langweilen. Das zuallerletzt. Natürlich kann ich mich auch bei Lyrik langweilen. Ich vermag auch nicht zu sagen, wovon die Langeweile abhängt. Umgekehrt hat mich Epik schon richtig mitgerissen, und sei es streckenweise. Ich rede ja nur von mir. Aber wenn man bei der Epik so richtig in Fahrt gerät, ist es ganz gleichgültig, was eigentlich erzählt wird. Ich lasse mich dann einfach treiben, und was will man mehr, als sich treiben zu lassen, oder. Es braucht ja überhaupt nichts zu passieren, also action am laufenden Band ist gar nicht nötig. Einfach sich treiben lassen zu können, das ist es dann wohl überhaupt. Natürlich habe ich mehr Erfahrung im Umgang mit Lyrik als mit Epik und von daher auch mehr Langeweile erlebt mit Lyrik. Catull ausgenommen. Ich weiß ja auch nicht, wieso ich das alles hier gerade erzähle, aber es überkommt mich, und ich singe nicht und kann und will nicht singen. Also doch lieber trockene Epik als Lyrik, Spruchdichtung vielleicht ausgenommen, zum Teil wenigstens, aber zur Spruchdichtung bin ich auch nicht imstande. Das heißt, zu entsprechendem Sarkasmus schon, aber eben ohne Versmaß. Ich will lieber vom Hundertsten ins Tausendste geraten, und da ist jedes Versmaß nur lästig. Aber mit dem Gelingen, und wer würde von Mißlingen zu sprechen wagen, des Unternehmens Manesse, und das ist eben das dritte Bild, hat zu tun, daß auch hier mâze das Geheimnis ausmacht, daß man sich nämlich von allem Anfang an auf die kurze Form der Lyrik beschränkt hat. Man hätte ja auch durchaus in den Sammelehrgeiz Epen einbeziehen oder mindestens von ihm nicht ausschließen können. Nein: mâze hat das Unternehmen Manesse bestimmt in Plan und in Durchführung. Hätte man damals in Zürich ohne mâze zu sammeln begonnen, wäre man bestimmt noch viel weniger je an ein Ende gelangt. Epik ist uferlos und muß dies sein.

Und Lyrik hat mâze.

Uferlosigkeit aber ist Völlerei.

Wie schnell bin ich alt geworden.

Tandaradei!

Schön singt die Nachtigall!

Die Matten prangen im Klee.

Alle Blumen leuchten.

Sie hat blondes Haar.

Wie bin ich jung! Ich will singen.

Ist das Gras ringsherum nicht ein einziges riesengroßes Bett?

Für die Farbe des Grases gibt es überhaupt kein Wort, und auch mit unendlich vielen Wörtern wäre sie unfaßbar. Kaiser Friedrich II. hat recht. Man muß die Dinge, die sind, so sehen, wie sie sind. Falken sind Falken und nichts als Falken.

Tandaradei!

An der Fronleichnamsprozession ging sie leichtfüßig vor mir, der ich unter dem Baldachin schritt mit der Monstranz, und sie trug Blumen im Haar. Feldblumen wie die andern, aber bei ihr sahen sie anders aus, so ganz anders . . .

Ihr bäurisches Kleidchen ist bäurisch dunkelblau wie bei den andern, aber bei ihr ist es ein lichtes Festtagskleid und so edel.

Der Himmel ist noch unbeschreiblicher als das Gras.

Ich singe! Ja, ich kann jetzt singen und will auch singen.

Tandaradei!

Mit Rudolf von Fenis singe ich: Minne gebiutet mir, daz ich singe.

Und der Himmel läßt sogar die Bergwand vergessen,

die unheimliche, mit dem versteckten Dreieck ganz oben, das schwarz ist in der schwarzen Nacht wie ein Dreieck der Scham und weiß wie der Schnee im Winter und zartgrün um Fronleichnam herum –

Es ist so plötzlich über mich gekommen. War Fronleichnam nicht gestern? Es muß eine Ewigkeit her sein. Oder auch nicht: Es ist Gegenwart, reine Gegenwart!

Sie hat vorher auch so unschuldig ihre Kinderbeichte abgelegt, die Augen niedergeschlagen hat sie von ihrer Unschuld geflüstert.

Sie ist ein stilles Kind.

Sie hat Zöpfe.

Ich habe freilich auch gesungen mit Ulrich von Lichtenstein: Vil gerne ich wolde / loben die naht, ergienge es immer sô / daz ich ir solde / nâhen ligen.

Und den Gedanken sogleich wieder verscheucht.

Dienen werde ich ihr. So, wie es ihrer Unschuld zukommt.

Ihr dienen, ohne daß sie es merkt. Und es soll der erste wahre Minnedienst sein in meinem Leben.

Mit geöffnetem Brevier wandelte ich über die Auen und sah in der Ferne die dunkelblau gewandeten Leute vom Dorf bei der Feldarbeit als dunkelblaue Flecken, die sich bewegten. Oh, unter allen Flecken hätte ich sie blindlings herauserkannt! Ihr Blau überstrahlte alles, ihre Bewegungen waren voller Grazie. Doch wie unaufhaltsam lang dauert die Feldarbeit mir zum Leidwesen. Vom Morgen in aller Frühe bis fast zum Einnachten. Und dabei ist sie so jung und so zart. Aber aus der Ferne diene ich ihr, den das geöffnete Brevier unverdächtig macht, damit sie von meinem Minnedienst nichts merken kann. Die ersten Kirschen sind in diesem Jahr besonders früh dran, früh erst recht für Oberdorf. Aus der Ferne werde ich die Kirschbäume sehen, wenn sie ganz oben im Baum die Kirschen pflückt mit feierlich langsamer Bewegung. Zu denken dann, daß sie gleichzeitig wie ich chirsibrii ißt. Dein rotes Mündchen wird dabei lila Farbe abbekommen. Der Gedanke allein entschädigt mich für all meinen strengen Dienst. Gestern aber vor der Dämmerung, was widerfuhr da mir Glücklichem. Sie direkt vor meinen Augen im Kreis ihrer Altersgenossinnen am Dorfbach. Es war die reinste Idylle. Oberdorf ist dem Bach entlang gegen den Berg hinauf gebaut. Alles richtet sich hier nach dem Berg. Der schwarz-weiße Kater huschte wie zufällig vorbei. Sie hüpften hin, und sie hüpften her und trällerten ihre kindlich mädchenhaften Lieder, drehten sich, indem sie die eine Hand auf den Kopf legten und die andere hochstreckten, um sich im Wechsel mal aufrecht und mal gebückt zu drehen. Sie hüpften auf dem einen und hüpften auf dem andern Bein. Ich konnte mitunter auch ihre Waden erkennen. Da sahen sie mich kommen, brachen ab, wurden brav und still. Ei, Mädchen, sagte ich da, was macht ihr denn Schönes. Sie kicherten, kreischten und stoben auseinander. Sie hat mich gar nicht angesehen dabei. Ach, wie süß muß es aussehen, wenn sie bei der Kirschenlese ihre Ohren mit chirsiglänggerli schmückt. Meine Stimme ist heiser geworden, als ich sie ansprach. Fast hätte ich mich verraten. Aber fast hätte ich den Boden geküßt, auf dem sie getanzt und gehüpft hatte und geträllert.

Wie fern ist Politik.

Ist das wirklich erst so kurz vorbei, daß der von Kloten dagewesen ist? Und wir in Erwägung zogen, der Kapitalismus könnte sich dermaleinst als die gleiche Pleite herausstellen wie der Feudalismus?

Wie lächerlich.

Soll doch auf der Welt und auch in Zürich passieren, was immer will.

Wahrhaft weltbewegend ist doch alleine sie.

Sie lachend.

Sie hüpfend.

Sie ernst.

Sie, der ich die Hostie auf die Zunge legen darf.

Ich werde also am nächsten Sonntag sehr ernst predigen wie immer, dabei aber ausgehen vom Vers Matthias 18,2, der da lautet: »Wahrlich, ich sage euch, wenn ihr nicht umkehrt und werdet wie die Kinder, so werdet ihr nicht in das Himmelreich eingehen.« Mit niedergeschlagenen Augen wird sie in der Kirchenbank sitzen und sie vielleicht kurz aufschlagen zu mir, daß sie leuchten.

Was kann nicht alles geschehen bis zum nächsten Sonntag.

Alles verläuft so schnell jetzt und so langsam.

Sie mit chirsiglänggerli an den Ohren.

Sie hell lachend.

Sie angestrengt nachdenkend.

Sie nachdenklich.

Es geht auch eine hartnäckige Sage um in Oberdorf. Auf dem Berg würden blaue Enziane wachsen. Aber da niemand je auf den Berg geht, kann sie auch niemand je gesehen haben. Es ist also eine Sage. Aber ein flachsblonder Bursche im Dorf, der den Namen Heino trägt, singt ein Lied von dieser Sage, das besonders bei der älteren Generation, zu der ich ja gehöre, ankommt. Heino singt das Lied im schneidigen Marschrhythmus. Er singt: »Blau, blau, blau blüht der Enzian.« Er singt: »Wenn im Alpenglühn wir uns wiedersehn.« Er singt aber vor allem: »Mit ihren ro-ro-roten Lippen fing es an, die ich nie, nie-h-iiiie vergessen kann.« Sagenhaft im Lied ist der blaue Enzian zum einen, zum andern sind es auch die Alpen für Oberdorf. Von Oberdorf aus sind sie zwar zu sehen. Aber niemand in Oberdorf spricht von den Alpen, und folglich denkt auch niemand bei den Alpen an die Eidgenossenschaft, man denkt hier überhaupt nicht an die Eidgenossenschaft. In Oberdorf hat man genug an Berg. Die Alpen sind da geradezu etwas Unanständiges. Es soll oben auf dem Berg sogar zwei Arten von Enzianen geben: die blauen sagenhaften, dann die hohen, bis kniehohen gelbgrünen Stengel, aus deren Wurzeln man Schnaps machen kann. Aber weil niemand auf den Berg geht, ist der Enzianschnaps verboten. Man hat den Bätzi. Man hat auch das chirsiwasser. Ich habe das Annebääbi gebeten und, als sie murrte, ihr befohlen, sie solle für den schwarz-weißen Kater ein Schälchen mit Milch (müuuch) neben die Tür stellen. Er ist erst mißtrauisch gewesen, dann ist er scheu doch noch gekommen, und jetzt bewegt er schon ganz selbstverständlich mit den schnellen Bewegungen das Zünglein in der Milch. Das Lied mit den ro-ro-roten Lippen geht mir nicht aus dem Sinn. Sie mit gesenkten Augen in der Kirchenbank. Nach der Predigt aber darf ich ihr die weiße Hostie auf die Zunge legen, ins weit aufgesperrte rote Mündchen.

Es mag mitunter scheinen, die Kunst der hohen Minne beherrschten sie nur im Zürcher Niederdorf und hier in Oberdorf gäbe es lediglich niedere Minne. Ich werde aber vor aller Welt zeigen, daß hohe Minne auch in Oberdorf möglich ist. Nur sie selbst, die Angebetete, darf es nicht merken, so himmelhoch wird meine Minne sein.

Ich muß geschlafen haben. Ich vergesse die Zeit.

Mit welcher Nüchternheit ich nun alles wahrnehme rings um mich herum, das Licht und die Luft, wie ist die nüchterne Luft heilig in ihrer Nüchternheit mitsamt dem Mist allüberall hier in Oberdorf und den excrementis humanis.

Ich könnte singen, und ich singe.

Tandaradei!

Mit ihren ro-ro-roten Lippen fing es an.

Tandaradei!

Ich jauchze, als wäre ich oben auf dem Berg inmitten von blauen Enzianen.

Auch das Annebääbi kennt das Lied von Heino. Wer nicht.

Der Himmel ist jetzt immer durchsichtig.

Ich schwebe und werde ständig leichter.

Das Annebääbi kommt aus dem Staunen nicht heraus, daß ich von ihrem Essen kaum mehr etwas anrühre und auch fast nichts trinke. Aber auch wenn sie ungehalten wird, weil das währschafte und mit viel Liebe zubereitete Essen nachher auf dem Tisch verdampft – ich schmachte. Ich schmachte und werde wolkenhaft leicht. In sô hôher swebender wunne, um es mit Heinrich von Morungen zu sagen. Jetzt verstehe ich ihn restlos. Was war das doch noch kürzlich für ein Fressen und Saufen mit dem von Kloten, aber unendlich lang will es mir vorkommen seither. Chirsibrii, Spitalwein ohne Ende. Bätzi ohne Ende. Ich schwebe. Ich vermag sogar den dicken Minnesänger aus dem Toggenburg ein bißchen zu verstehen. Eigentlich ist es lächerlich, wenn sie ihn auf einer Leiter stehend abbilden. Der und auf einer Leiter zu einer Geliebten. Jämmerlich hinuntergefallen wäre der. Ja. Aber vielleicht war es ein inneres Schweben, sogar die Leiter auf dem Bild schwebt ja in der Luft. Und der Grundstockmaler hat ihn doch persönlich gekannt, den Dickbauch. Dick wird man durch Unmäßigkeit im Essen und Trinken. Aber jetzt vermag ich nicht einmal mehr völlig auszuschließen, daß vielleicht auch der Graf einmal geschmachtet hat und, wenn auch vorübergehend, so leicht geworden ist, daß er sogar schwankende Leitern hochzuklettern imstande war, dem roten Mund entgegen. Jetzt, wo das Annebääbi tadelnd zu mir sagt: Hochwürden, so werdet Ihr mir noch ein Strich!

Aber keine Leiter werde ich besteigen zu meiner Geliebten. Zu niedrig sind die Hütten in Oberdorf, um Leitern anzustellen. Aber ich weiß, wo sie schläft.

Vorsichtig muß ein Pfaffe sein in Oberdorf und auf alles bedacht. Nach Zeichen muß er suchen, unauffällig, aber Zeichen gibt's zuhauf. Ihnen bin ich gefolgt die Dorfbachbrücke hinüber an der Fronleichnamsprozession, und mir blieb nicht verborgen, wie ihr Köpfchen mit den Wiesenblumen gerührt sich drehte zu einer blumengeschmückten Hütte.

Eine Lehmhütte wie jede andere.

Aber jetzt ist es nicht mehr eine Lehmhütte wie jede andere.

Ein Palast ist es geworden.

Es geschehen noch Zeichen und Wunder.

Im Augenblick schläft sie und träumt in ihrem Palast.

Ich schmachte durch alle Wände hindurch hinter geschlossenen Lidern, und sie ahnt überhaupt nicht, daß ich in ihre Träume dringen möchte. Ihre Träume sind die reine Unschuld wie ihre Beichten. Aber sie muß wieder erwachen, damit sie mit niedergeschlagenen Augen wieder zur Beichte kommt und ich sie sehen kann, durchs Gitter des Beichtstuhls hindurch, und sie flüstern höre. Soll ich ihr dann, nach abgelegter Beichte mit lauter Kindersünden, und bevor ich ihr die absolutio erteile, eröffnen, gottgefällig wäre es, sie würde öfter zur Beichte kommen?

Oder würde sie dann vor Erschrecken ihre Augen aufschlagen und erschrocken flüchtig nicken?

Ihre Zöpfe würden lustig baumeln dazu.

Sie war, hat sie mir gebeichtet, im sechsten Gebot unschamhaft. Viermal.

Sie hat genascht. Zweimal.

DONNERSTAG

Sie war im ersten Gebot unandächtig beim Gebet und in der Kirche. Mehrere Male.

Streng mahnte ich sie und gab ihr eine schwere Buße auf.

Sie wäre also bei der nächsten Beichte nicht überrascht, würde ich sie zu öfterem Beichten anhalten.

Näher als durchs Gitter des Beichtstuhls kann ich ihr nicht sein.

FREITAG

Nein. Ich werde sie nicht zu häufigerem Besuch der Beichte anhalten. Sie darf keinen Verdacht schöpfen, nicht den geringsten. Ich diene ihr, und Minnedienst bedeutet Leid. Bis ins Unerträgliche erfahre ich es. Ein Tag ist schlimmer als der andere. Schlimmer als die Tage sind die Nächte. Ich habe von Enzianen geträumt und von Leitern. Bei Tag dreht sich mir die Fronleichnamsprozession im Kopf herum. Der Dorfbach rauscht lauter, als ein Dorfbach rauscht. Die Prozession ging wie jedes Jahr links am Dorfbach hinauf, über die Brücke und rechts am Dorfbach hinunter wieder zurück bis vor die Kirche. Die Feldblumen, die von den Mädchen gestreut wurden, liegen verwelkt am Boden. Ich habe sie heute gesehen und spürte die Tränen hinter meinen Augen. Das Wetter an Fronleichnam war erst ungewiß. Schwere Wolken hingen am Himmel. Dann machte es auf. Der Berg blieb verhangen. Das Annebääbi sagte: Hochwürden, Ihr werdet Augen machen. Wer wohl noch an meinen Wettersegen glaubt, wenn ich nicht einmal schönes Wetter für Fronleichnam fertigbringe. Als ich sie dann vor mir sah mit den übermütigen Zöpfen, wurde mir die Monstranz schwer und schwerer.

Auch das Pfarrhaus ist nur eine erbärmliche Lehmhütte.

DIENSTAG

Aber wie bin ich stolz, ein Minnesänger zu sein und ihr zu singen in ihrem Palast. Und die bisherigen Minnesänger geben mir Hilfe und Trost. Weither aus der Erinnerung kommen die passenden Verse. Wie wahr etwa ist der Burggraf von Rietenberg, wo er von seiner Dame singt, wolle die ihn prüfen, so wäre ihm dies das Höchste, denn so werde er gleich dem Gold, das man in der Glut prüft – daz man dâ brüevet in der gluot – und das eben dadurch lauter, schöner und klar wird: lûter, schoener unde klâr. / swaz ich singe, daz ist wâr. Jetzt erfahre ich bei mir selbst, wie recht er hat. Ja, Gold in der Glut des Feuers will ich sein, und rein wie Gold will ich werden! Und nicht mehr leer klingeln mir diese Verse, sondern sie tönen wie das Leben selbst.

MITTWOCH

Für das Naschen mußte ich sie tadeln. Naschen ist Völlerei. Ich werde sie auch zu höfischer Tischzucht anhalten müssen. Man tut die abgegessenen Knochen nicht wieder in die Schüssel. Man greift nicht mit den Fingern in den Senf. Man schneuzt nicht in das Tischtuch. Man bläst nicht in das heiße Getränk. Wie ekelhaft ist Völlerei. Aber mit Naschen fängt es an. Zweimal hat sie genascht.

FREITAG

Heute brachte mir das Annebääbi Enzianschnaps, obwohl sie weiß, daß Enzianschnaps verboten ist. Sie habe ihn von einer weisen Frau drüben in Lommiswil. Die weisen Frauen nehmen überhand. Der Enzianschnaps würde mich stärken. Aber da hilft keine List. Ich bin im Minnedienst und rühre keinen Enzianschnaps an.

Das sind die Versuchungen.

Allen ist der Berg unheimlich.

MONTAG

Sind oben auf dem Berg tatsächlich blaue Enziane?

DIENSTAG

Ich müßte etwas von ihr haben, was sie auf der Haut trägt.

Es ist unmöglich.

Ob ich die weise Frau drüben –

Die blauen Enziane auf dem Berg lassen mich nicht in Ruhe.

Für sie täte ich alles.

DONNERSTAG

Heute habe ich sie nur aus weiter Ferne gesehen als blauen Fleck im Feld.

Ich zittere beim Schreiben. Muß hier abbrechen –

FREITAG

Jetzt ist es zu Ende. Ich bin ihr vor dem Einnachten noch begegnet. Sie hat geträllert, ist verstummt, als sie mich bemerkte. Schön hätte sie gesungen, sagte ich ihr. Da entgegnete sie, ich wäre ganz wie ihr ätti. So sagen sie hier für den Großvater.

Ich muß jetzt alles möglichst schnell vergessen.

Enzianschnaps ist das richtige für einen ätti. Der ätti muß möglichst schnell auf andere Gedanken kommen.

Etwas Verrücktes muß passieren.

Hier in und um Oberdorf ist so etwas nicht zu erwarten.

Aber vielleicht in Zürich.

Nehmen wir die immer noch gegenwärtige Regierung Brun. Genau. Brun mit all seinen progressiven Phrasen. Und plötzlich und über Nacht würde das Volk, auf das sich Brun schließlich immer und immer wieder beruft, sich versammeln auf dem Hirschenplatz und schreien: »Wir sind das Volk! Wir sind das Volk!«

Brun müßte zurücktreten.

Und zwar wäre Brun gewaltlos gestürzt worden. Dies im Gegensatz zum Umsturz in Sachen Eidgenossenschaft, wo Gewalt, siehe den sagenhaften Wilhelm Tell, mindestens im Wunschdenken eine Rolle gespielt hat.

Niemand hätte Rudolf Brun erschossen.

Brun wäre nicht erschienen vor dem versammelten Volk auf dem Hirschenplatz.

Das mit dem Hirschenplatz wäre der pure Zufall gewesen. Es hätte sich einfach so ergeben. Irgendwie wäre es da losgegangen.

Brun wäre nicht erschienen.

Der Hirschenplatz wäre schwarz gewesen vom Volk. Alle Zünfte hätten mitgemacht, alle. Und von den Mauern um den Hirschenplatz herum hätte der Ruf widerhallt: »Wir sind das Volk! Wir sind das Volk!«

Bei Tag ist der Hirschenplatz verschlafen. Außer es ist Markt.

Kleine Kinder hätten geschrien vor heller Freude.

Niemand hätte Rudolf Brun erschossen.

Es war nur das Volk auf dem Hirschenplatz, das Volk ohne Fahnen, das Volk ohne Waffen, das Volk nur mit dem Ruf: »Wir sind das Volk!«

Und plötzlich und über Nacht wären die Tore Zürichs geöffnet worden, wie sie anno dazumal geöffnet gewesen waren in den Zeiten des Friedens.

Die allgemeine Freude und die Freude der Freudentränen.

Verrückt.

Und diese ekelhaften miesen Typen bei den Wachtposten an den Toren, die keinen Spaß verstanden und mürrisch und von oben herab ihren Dienst versehen hatten – jetzt würden sie lachen und sich ebenfalls freuen, als wären sie alle über Nacht ausgewechselt worden. Mann für Mann.

Verrückt.

Niemand könnte sich mehr richtig daran erinnern, daß die Tore Zürichs schon einmal offengestanden hätten. Das war ja in der guten alten Zeit.

Ganz Zürich befände sich in freudigem Aufruhr. Volksfeststimmung nicht nur auf dem Hirschenplatz, sondern auf allen Plätzen und in allen Gassen der Stadt. Und natürlich bei allen nun geöffneten Toren: ein einziger Jubel.

Rudolf Brun wäre sehr ängstlich gewesen, aber wer hätte sich noch um Rudolf Brun gekümmert. Niemand hätte ihn je wieder gesehen. Von den Mitgliedern der Diktatur Brun trat eines nach dem andern still zurück.

Jubel, Trubel, Heiterkeit selbstverständlich in allen Zunfthäusern. Man brauchte ja die Phrasen der Diktatur Brun lediglich wörtlich zu nehmen, und das Zunftwesen wäre in Ordnung. Den Phrasen nach hatte Brun den dreizehn neugebildeten Zünften Macht gegeben, den Phrasen nach bedeutete die neue Ordnung eine demokratische Reform. Jetzt also hätte man die Tatsächlichkeit solcher Reform gefeiert. Kein Diktator mehr würde die demokratische Macht der Zünfte zunichte machen können. Alles Scheinbare wäre nun mit einem Schlag tatsächlich geworden –

Verrückt.

In Wirklichkeit ist die Diktatur Brun – wie es mir erst letzthin der von Kloten, wenn er mir auch unsympathisch ist, mitgeteilt hat, zwischen zwei Schachzügen nuschelnd – vollkommen ungefährdet an der Macht dank seiner Phrasen und vor allem mittels Repression, und die Tore Zürichs werden nicht geöffnet, sondern überwacht von diesen ekelhaften miesen Typen, die keinen Spaß verstehen und mürrisch und von oben herab ihren Dienst versehen. Niemals werden die Tore Zürichs geöffnet werden, wie sie es einmal gewesen sind in der guten alten Zeit, und zuallerletzt öffnen sie sich durch den Druck des Volkes. Verrückt ist dieser Gedanke und erklärlich allein durch den Genuß von Enzianschnaps, ebenso verrückt wie der andere, die Zürcher Noblesse könnte davon ablassen, sich mit der Schiebung von Söldnern und Waffen zu bereichern. Mir bekommt er nicht, der Enzianschnaps aus den hohen gelbgrünen Stengeln.

Alles ist Blödsinn und Quatsch.

Seine Richtigkeit scheint es dagegen zu haben mit der neuen Bescheidenheit. Sie nämlich paßt äußerst gut zur allgemeinen Lustlosigkeit hier und anderswo.

Ach, wäre ich doch Minnesänger.

Diese neue Bescheidenheit war erst nur ein Gerücht aus Insiderkreisen. Dann folgten einschlägige Meldungen wie etwa folgende: »Nach glitzernd-protzigen Yuppie-Jahren prophezeien Mode- und Marktforscher eine neue Bescheidenheit.« Wenn nichts los ist oder, was wohl auf dasselbe hinausläuft, in Zeiten der allgemeinen Lustlosigkeit beschwören sie halt gern den Zeitgeist und in diesem Fall also die neue Bescheidenheit. Sie hängt aber auch wieder zusammen mit der real existierenden Ohnmacht des sogenannten Volkes, allerdings dann auch mit der Mode der Bettelorden. In der Noblesse von Zürich hat sie freilich eine längere Tradition. Frau Heidi Manesse, Gott sei ihrer armen Seele gnädig, ist da durchaus beispielhaft gewesen für die Neigung der Zürcher Noblesse, nur ja nicht zu protzen. Heidi Manesse war sparsam nicht nur in der Salz- und Pfefferfrage. Und bei der Misere des Handwerks ist Protzerei erst recht nicht schicklich. Die könnte gerade beim Handwerk Neid auslösen. Die Devise also der neuen Bescheidenheit kann, etwas übertrieben, lauten: Wieso zweihundert Pferde, wenn es hundertfünfzig Pferdchen auch tun. Das ist das Prinzip. Tatsächlich geben sie heutzutage mit Pferden nicht mehr ganz so an wie früher. Die Bettelorden übertreiben natürlich wieder in der andern Richtung. Aber der Trend zum Schlichten bei der Noblesse und Schickeria ist unverkennbar.

In Oberdorf ist nichts zu merken, aber in Oberdorf gibt es weder Noblesse noch Schickeria. Aber unten in der Stadt, auch im »Kreuz«, servieren sie jetzt ohne Tischtücher. Zweifellos, die Bettelorden sind da Trendsetter für diese Bereitschaft zu partiellem Konsumverzicht. Obgleich man die Bettelorden auch wieder ablehnen muß. Sonst würden am Schluß noch alle betteln gehen, und wo käme man da hin. Die neue Bescheidenheit ist weniger extrem. Keine Völlerei, wenigstens keine allzu offensichtliche. Die alten Burgen sind da ideal. Wenn Luxus, dann nur im Abgeschiedenen wie auf Manegg, Luxus gewissermaßen in der Wildnis. Aber auch die Stadtwohnung der Manesse sah von außen überhaupt nicht besonders aus, und neuerdings habe man sogar die Fassade verkommen lassen. So ein Luxus wie der Codex wird sowieso nie unter die Augen des Volkes geraten. Gott behüte. Das ist klar. Das zum Trost. Sie hat sogar einen gewissen Reiz, die neue Bescheidenheit. Wie abgestanden ist doch dieser ewige penetrant süße Zypernwein. Allüberall muß es ausgerechnet Wein aus Zypern sein. Ist Zypern wirklich so groß? Wieso nicht ab und zu etwas Einheimisches. Es hat auch seinen Reiz. Herb, aber einheimisch. Es muß ja auch wieder nicht gleich, um ins andere Extrem zu fallen, Solothurner Spitalwein sein. Der von Kloten, dem der Wein dann doch die Zunge gelöst hatte, und ich lachten, wir hoben die Gläser.

Es soll jetzt gar als schick gelten, Schwarzbrot herumzureichen, offenbarte er mir.

Ein chirsibrii also wäre wohl das gefundene Fressen der neuen Bescheidenheit, entgegnete ich. Wir lachten wieder, das Annebääbi schlief schon längst. Ich holte uns noch Käse. Hatte nachher noch kaltes Huhn vom Vorabend geholt. War gefräßig wie noch nie, jedenfalls gefräßiger als mein Besuch, muß nächtlicher Heißhunger gewesen sein damals, dem man machtlos ausgeliefert ist –

In Oberdorf gibt's keinen Zypernwein.

In Oberdorf gibt's auch keinen Minnesang. Heino gilt nicht, ich würde dem von Kloten nie von Heino erzählen und mich sofort unmöglich machen mit in seinen Augen gesunkenem Kulturgut. Heino zählt nicht. Ich kann Heino nicht mehr hören. Keinen blauen Enzian mehr, lebenslänglich nicht –

Sollen die großen Herren doch ihren zyprischen oder nicht zyprischen Wein schlürfen und Minnesang singen bis zum Geht-nicht-mehr, sitzen doch dieselben großen

Herren auf ganz dünnen Ästen, an denen sie selber sägen, unweigerlich, dessen bin ich gewiß, und es ist mir auch ein gewaltiger Trost, daß die Handwerker in Zürich unruhig sind und die Eidgenossen erst recht, und Unruhe muß sein, auch wenn die Sehnsucht allein nach Ruhe strebt. Ja, ich vertilgte damals trotz oder wegen dem Schach enorm viel mehr als mein Besuch, auch vom kalten Huhn. Noch ohne Enzianschnaps entwarf ich möglicherweise bereits damals die kapitalistische Idee einer gewaltlosen Revolution, und ich träumte hühnerknochennagend von den endlich wieder offenen Toren Zürichs, und wieso sollte mir mein Besuch den Spaß an dieser puren Utopie mißgönnen. Gemeinsam auch schüttelten wir die Köpfe, sahen uns an, der Name Brun allein genügte zum Kopfschütteln und war für Ruhe Garant genug, und sehr zuverlässig bewacht wurden die Tore Zürichs durch diese ekelhaften, miesen, gemeinen Typen, gegen deren Macht nicht anzukommen ist, niemals – obsessiones, obsessiones.

Ich habe mehr geredet als er. Und wurde hitzig. Bis der Hahnenschrei mich zur Besinnung brachte am andern Morgen. Grau lauerte der Tag, und mein Besuch war eingeschlafen.

Er hat ausgesehen wie tot.

Er wird sich an kaum mehr etwas erinnert haben von meinem hitzigen Zeug.

Der von Kloten wußte auch von einem Slogan, der zur Zeit umgeht bei den großen Herren zu Zürich und der, völlig aus dem Zusammenhang gerissen, lautet: mâze ist zallen dingen guot. Das ist aber keine Reklame für die neue Bescheidenheit, sondern es steht in einem Tagelied des Otto von Botenlauben. Der genaue Zusammenhang ist der, daß der Wächter seinen Ritter zum Aufbruch mahnt:

es ist zît. / stant ûf, ritter! Das ist alles. Maßhalten als Spielregel für das Übernachten bei einer fremden Dame. Jetzt zur Devise heruntergekommen für das Maßhalten in Essen und Trinken bei der Zürcher Noblesse unter der Diktatur Brun. Das Tagelied des Otto von Botenlauben ist so aber auch aus dem Zusammenhang der Biographie des Otto von Botenlauben gerissen. Mit dem Kreuzzug von 1197 gelangte Otto von Botenlauben nach Palästina, verheiratete sich dort mit der Tochter eines hohen französischen Adligen und verblieb daselbst über zwei decennia. Erst 1220 kehrte er zurück und beendete sein Leben in einem Kloster. Ist es eine Biographie des Maßhaltens?

Da sich meiner Kenntnis entzieht, wann Otto von Botenlauben sein Tagelied gedichtet hat, ob vor Palästina, in Palästina oder nach Palästina, muß ich diesbezüglich meine speculationes anstellen, ausgehend von eben diesen Worten: mâze ist zallen dingen guot. Aber wenn mâze zu allen Dingen paßt, dann auch zur Leidenschaft? Diese mâze versetzt alles in ein gedämpftes Licht: den Ritter, die Dame, den Wächter. Und dichtet so ein junger Mensch, der aufbrechen soll nach Palästina?

Palästina flimmert vor meinen Augen als ein Name wie Bethlehem, Jerusalem, Jericho: grell in weißer Wüste. Mit dem Schiff ist er gefahren. Das Meer ist mir entweder faßlich als ein riesengroßer Zürichsee, oder es bleibt abstrakt. Aber es ist nicht abstrakt, sondern lebendig. Wie aber kann da mâze alles dämpfen?

Ob es Käse gibt in Palästina?

Ein junger Mensch bringt doch unmöglich Leidenschaft mit mâze zusammen. Das ist meine erste speculatio. Umgekehrt, das ist meine zweite, paßt Leidenschaft doch ziemlich schlecht zum alten Otto von Botenlauben, der sich ins Kloster zurückzieht und offenbar der Welt entsagt. Es sei denn, die Leidenschaft wäre nur vorgetäuscht.

Ist sie es nicht, bleibt der lange Aufenthalt in Palästina. Ein Gedicht aus Nostalgie heraus? Vielleicht. Der Himmel über Palästina ist derselbe wie hier, egal, was unter diesem Himmel sein mag. Klippen kann ich mir vorstellen und Burgen über diesen Klippen, und daß Otto von Botenlauben das Ungestüm seiner Jugend verloren hat. So könnte es gewesen sein. Und aus nostalgischer Sentimentalität wiederum nimmt er das Lied bei seiner Rückfahrt mit. Vielleicht ist Palästina doch weniger grell als in meiner ersten Vorstellung und auch gedämpft durch mâze. Das aufgewühlte Meer kräuselt sich im Prinzip nicht anders als der Zürichsee bei Sturm – wie Schamhaar. Leidenschaft aber und mâze, die beißen sich. Die Helden freilich der Ritterromane altern nicht. Ich altere, und mâze ist mir doch nur eine Sehnsucht.

Das Meer in der Phantasie genügt mir.

Und mâze ist wohl zweierlei: die temperantia oder Mäßigung und dann auch die medietas als die richtige Mitte zwischen den Extremen.

Meine nächste Predigt wird sehr scharf ausfallen müssen.

Thema: Die neue Bescheidenheit.

Erstarren sollen sie.

Keine Ahnung hätten sie, wie weit es sei von Oberdorf nach Palästina.

Ins Gericht gehen werde ich mit ihnen, daß ihnen Hören und Sehen vergeht.

Selbst nur einmaliges Naschen wäre Völlerei und ein schwerer Verstoß gegen die Liebe Gottes. Es gäbe aber neben der Liebe Gottes auch die Strafe Gottes, und sei es ein Gewitter mitten in die Kirschernte hinein. Jetzt sind die

Kirschen geplatzt und faulen. Recht ist geschehen. Mit der Bergpredigt werde ich kommen und mit dem Kamel, das leichter durchs Nadelöhr geht als ein Reicher ins Himmelreich. Nebenbei warne ich, schließlich befinde ich mich auf Habsburger Boden, vor den Eidgenossen. Dann aber erzähle ich vom weisen Mann, der bis nach Jerusalem gelangt ist und der gesagt hat: mâze ist zallen dingen guot. Den Ritter und seine fremde Dame unterschlage ich besser, ich setze den Oberdörfern sonst nur Flausen in den Kopf. Die Kirschen besagen ja genug. Dann mache ich mich ans Jenseits. Was sind ein paar madige Kirschen gegen das ewige Schmoren im Feuer der Hölle. Naschen gibt Fegfeuer. Man muß ihnen den Teufel an die Wand malen, so lebendig es nur geht. Samt dem Jüngsten Gericht. Mitunter greife Gott sehr schnell ein. Die Kirschen sind der Beweis. Und wieder: mâze ist zallen dingen guot. Noch geschehen Zeichen und Wunder. Gottes Mühlen mahlen normalerweise langsam. Was ist das Diesseits gegen das Jenseits. Was irdische Gerechtigkeit gegen den Lohn im Himmel. Wieder die Bergpredigt. Dann erinnere ich an den Opfersack, der herumgehen wird um des himmlischen Lohns willen einerseits und um die bescheidene Heraufsetzung meines Lebensstandards, Feudalhühner inbegriffen, andererseits. Ich war hungrig, und ihr habt mich genährt. Eine neue Bescheidenheit ist das Gebot der Stunde. Warnung vor Völlerei. Was ist der irdische Körper anderes als ein stinkender Madensack. Die Maden in den Kirschen –

Hier werde ich innehalten, damit das Echo von den Wänden nur so widerhallt. Dann fahre ich fort:

Was ist Jugend? Was ist Schönheit? Vor Gott gilt beides nichts. Im Nu ist beides hin.

Ich werde meine Augen auf die jungen Mädchen richten

wie aus Zufall und besonders auf die eine, auf die ich sie schon beim Naschen gerichtet habe, daran denkend, wie ich ihr bald durchs geöffnete Mündchen die Hostie auf die Zunge legen werde.

Das ist sie dann wohl, meine neue Bescheidenheit. Mit dem Alter wird man notgedrungen bescheiden, und Minne – das war einmal.

Die Literatur und das Leben

Es ist eigentlich kein Wunder, wenn meine Erinnerung immer wieder um die Manessische Handschrift kreist – ich habe ja im Skriptorium gearbeitet zu einer Zeit, da mein Lebensweg noch offen war. Und wenn mein Leben sich jetzt schließt, wird ganz unweigerlich diese Handschrift, deren Entstehen ich erlebt und bei deren Bestandteilen ich verweilt habe, um so farbiger. Ja, farbiger – denn seltsamerweise werden in meiner Erinnerung die farbigen Bilder stärker als die schwarz geschriebenen Verse.

Die Verse sind ja auch dort am stärksten, wo sie bildhaft sind, wenn Heinrich von Morungen den nackten Körper der Geliebten leuchten läßt wie den Mond und wie den Schnee im Dunkeln. Bevor es dann tagte.

Wunderlich sind die Farben der Bilder in der Handschrift. Wunderlich, aber wunderbar. In Wirklichkeit hat keine Burg grüne und blaue Mauern oder gelbe Zinnen. Auf dem Bild mit Graf Kraft von Toggenburg aber sind die Mauern der Burg blau und grün, die Zinnen gelb, und das Tor ist rot. Und die Farben auf dem Bild werden mir in der Erinnerung wirklicher als die Wirklichkeit selbst. Was ist schon die Wirklichkeit selbst, wenn nicht Gott durch sie hindurchscheint. Ich weiß, wann ich dies am deutlichsten erfuhr. Als ich im Skriptorium den Grundstockmaler fragte, was diese unwirklichen Farben sollen, gab er mir zur Antwort: Ich male nicht, wie es scheint, ich male, wie es ist. Er war nicht verärgert über meine Frage. Er war stolz, daß ich die wirklichen und wunderbaren Farben bemerkt hatte, stolz, daß ich fragte, und stolz auf seine Antwort. Viele Leute, setzte er hinzu, sehen sich die Wirklichkeit gar nicht richtig an und die Bilder erst recht nicht. Und ich spürte, wie ihm die Bilder wichtiger waren als die Wirklichkeit. Der Grundstockmaler sah recht bieder aus und besaß auch, dies im Gegensatz zu den Nachtragsmalern, keinerlei Künstlerallüren, sondern allein den Ernst seiner Arbeit. In einem kräftigen Dreiklang aus Rot, Blau und Gold baute er seine Bilder auf für klare geometrische Formen von Rauten-, Streifen- oder Schachbrettmustern und schuf sich derart seine eigene Sprache, die mir nicht von Anfang an aufging. Zu Beginn, ich gebe es zu, störten mich die stereotypen und mir auch heute in der Erinnerung noch etwas allzu lieblich scheinenden Gesichter. Als ob es auf die ankäme, als ob die abgebildeten Dichter Statuen wären. Nein. Der Grundstockmaler schuf sich seine in sich schlüssige Welt nicht aus Statuen, sondern aus action. Sind mir deshalb manche der Dichter lebendiger geworden durch die Bilder, auf denen sie dargestellt sind, als durch ihre Verse?

Wenn jemand einst, was mir nicht vergönnt ist, in Ruhe oder flüchtig den fertiggestellten Codex Manesse durchblättert, muß ihm da nicht schon nach kurzem auffallen, wie geradezu süchtig nach action diese Bilder gemalt sind? Nein, nicht ruhende Statuen, sondern verwickelt in dramatisches Geschehen sind diese Dichter.

König Konrad der Junge ist auf der Falkenjagd, gerade fliegt der Falke empor.

Herr Reinmar der Fiedler fiedelt.

Herr Konrad von Altstetten läßt sich von der Geliebten liebkosen. Sie umarmt ihn und schmiegt ihr Gesicht an seins.

Herr Heinrich Hetzbold von Weissensee ersticht gerade eine Wildsau.

Meister Johannes Hadlaub sinkt auf der einen Miniatur, gebissen von einem Hündchen, in Ohnmacht und heftet auf der anderen seiner Dame den Brief ans Kleid, verkleidet als Pilger mit den Muscheln von Santiago de Compostela.

Auch schon erzählt: Wie Herr Jakob von Warte in der Badewanne auf der Wiese im Augenblick bekränzt wird und sich einen goldenen Becher reichen läßt.

Herr Reinmar von Brennenberg wird vor unseren Augen getötet. An Haaren und Kleid festgehalten, rammt einer seinen Dolch gerade durch die Schädeldecke und ein anderer das Schwert in die Brust.

Herr Ulrich von Lichtenstein sprengt mit seinem Streitroß über das stürmische Meer.

Besagter Graf Kraft von Toggenburg steigt die Leiter hoch zu seiner Geliebten.

Oder: Der von Stamheim überreicht, soeben vom Pferd abgestiegen, seiner Dame den Brief.

Oder: Herr Pfeffel zieht im Augenblick mit der Angelrute einen Fisch aus dem Bach.

Und so weiter und so weiter.

Action, action.

Und wo die Bilder zu ruhen scheinen, besteht die action eben in dieser scheinbaren Ruhe.

Kaiser Heinrich thront: Unverwandt schaut er einen an. Wie lebendig. Aber genau abgezirkelt ist seine Position. Er hat die Knie gespreizt und die Füße fast geschlossen. Die Arme sind abgewinkelt. So sitzt er wie der thronende Christus. Er ist nicht untätig: er herrscht.

Herr Walther von der Vogelweide hat das eine Bein über das andere geschlagen, auf das Knie den Ellenbogen gelegt, stützt Kinn und Wange auf die Hand: er denkt nach. Die Eidgenossenschaft übrigens ist auf keinem Bild und auch in keiner Strophe ein Thema. Wie ausgeblendet ist sie, als würde sie nur stören bei der ruhevollen action der Nostalgie. Aber vielleicht ist die Eidgenossenschaft heutzutage sowieso kein Thema mehr. Mancherlei, das ich hier nicht ausbreiten mag, denn ich will beim Thema bleiben, scheint dafür zu sprechen.

Ja: Die Bilder halten Augenblicke fest in einer gefrorenen Ruhe. Ein Pol der Ruhe war ja das Skriptorium der Manesse im Meer der allgemeinen Unruhe und hat so die Unruhe der Zeiten überstanden bis heute. Bis heute: mein letzter Besuch hat es mir bestätigt. Aber hätten die Texte nicht genügt? Oder muß man sich erst Bilder machen von den Dichtern, um Zugang zu haben zu deren Texten? Bilder sind images. Existieren die Texte nur kraft der images der Autoren? Ich vermute, Bilder und Texte werfen aufeinander Schatten. Ohne diesen Schatten wären die Bilder und die Texte blendend wie Schnee in der Sonne, alles besagend und nichts. Denn wie vieldeutig sind Texte und schlecht faßbar ohne images ihrer Autoren, quasi als Vorurteile für deren Texte. Aber ich habe auch das Bild des Herrn Heinrich von Morungen vor mir, seltsam zweideutig will mir da wieder das Verhältnis zwischen Bild und Text erscheinen. Heinrich von Morungen ruht auf dem Bett. Seine Dame steht daneben, von ihm abgewandt. Wieso wendet sie sich ab? Der Dichter sieht glücklich aus. Ist er glücklich im Verzicht? Sieht er seine Dame lediglich im Traum: Minne, diu der werlde ir fröide mêret, / sêt, diu brahte in troumes wîs die frouwen mîn? Gott weiß. Wo die Sonne leuchtet, wirft sie Schatten. Schatten auf blendendem Schnee sind die Bilder. Sind sie aber nicht auch ein bißchen Luxus und Völlerei?

Prunk, ganz sichtlich ja. Nicht fürs Volk bestimmter Prunk zudem. Insofern ein größerer Prunk als in den Kirchen.

Aber das Bedürfnis, sich von den Dichtern Bilder zu machen, wird stärker gewesen sein, mußten diese Bilder in den allermeisten Fällen doch erfunden werden. Zu oft waren selbst die Wappen dieser Dichter nur regelrechte Erfindungen, um die Dichter lebendig und gegenwärtig zu machen. So hat doch der Grundstockmaler dem Bligger von Steinach am Neckar kurzerhand die Farben der thurgauischen Bligger ins Wappen gemalt und gelächelt dabei wie verklärt ob seiner Cleverneß, ich kann es bezeugen.

Und solche Gegenwart bedeutet in den meisten Fällen eben: Nostalgie. Oder auch: Der Manessekreis hat die Augen geschlossen, um zu träumen, und träumend war man unfähig zu handeln – bei aller erträumten action. Oder auch: Es war Verdrängung. Verdrängung etwa der Gegenwart einer Brundiktatur. Als ob ein dumpfer Schrecken vor der Gegenwart deren Glieder hätte erstarren lassen. Der Lauf der Gegenwart konnte gar nicht mehr hineindringen in das Märchenreich, in dem sie das Kultbuch, den Codex Manesse, erstellten und das sie blind gegen alles Sichtbare der Gegenwart setzten. Zum Beispiel auch gegen die Eidgenossenschaft. Gegen die Diktatur Brun später dann vor allem, als die Anreger Rüdiger und Johannes Manesse längst tot waren. Dieser Brun ist verfressen (trotz neuer Bescheidenheit) und dick und nicht dumm und drischt am laufenden Band seine Phrasen. Eitel ist er und träumt ständig von geschichtlichen Sternstunden, bei denen er, Brun, die Hauptrolle spielt. Man gönnt sich ja sonst nichts. Brun ist neutral, insofern er es sich offen hält, dermaleinst sowohl mit Habsburg wie mit den Eidgenossen anzubändeln – je nach Lust und Laune. Und auch den Prunk der Manessischen Handschrift verschmäht er nicht. Es muß ihm schmeicheln, ihr seine Protektion zu geben als etwas Unwirklichem, Traumhaftem, und traumhaft und unwirklich sind diese Bilder und diese Texte.

Als ob ein stumpfer Schmerz vor der Gegenwart die Glieder hätte erstarren lassen, so daß die Augen sich allein dem Traum noch öffnen konnten.

Die Wirklichkeit der Dichter ist allein ihr Schatten. Aber ihr Schatten macht die Literatur lebendig. Ist er abhanden gekommen, muß man nach ihm suchen.

Niemand vom Manessekreis hat an eine Umwälzung geglaubt und also auch nicht an Rudolf Brun. Brun kam aus heiterem Himmel.

Geschichte ist Erlösungsgeschichte.

Der Kapitalismus –

Ach was.

Das Ende aller Tage –

Quatsch.

Epikur ist nicht Quatsch und macht so schön schwindlig.

Ein dumpfer Schmerz vor der Gegenwart –

Ach, mir was lange / nach ir so wê gesîn.

Es gibt schon auch noch Träume für mich, aber das sind Träume, die nicht mehr wahr werden können, und darin gründet meine resignatio. Ich will mich darüber nicht mehr äußern.

Die Schönheit des Zuschauens.

Die Rolle der Pferde bei der neuen Bescheidenheit. Nicht einschlafen können. Schafe zählen. Pferde zählen.

Eigentlich ist Zuschauen schöner als Handeln (action). Die noblen Familien des Manessekreises, sie sind Spätzeitfamilien und müssen ihren Niedergang gespürt haben als dumpfen Schmerz vor der Gegenwart. Die Wirklichkeit der Dichter war ein Spiel. Ein Name konnte genügen zum Spiel, so, wie der Fiedler fiedelt auf seinem Bild. Das ganze Unternehmen Manesse ein Spiel. Gegen wen? Gegen die Zeit.

Auch: gegen das Leben.

Das Leben nur noch als Zeremoniell, und bei jedem Zeremoniell sind die Regeln vorgegeben.

Manchmal mußten die Dichter regelrecht erfunden werden, damit sie Schatten warfen. Der Fiedler fiedelt.

Leben als Zeremoniell für die Nachwelt.

Und wo sind die Dichter heute, außer sie dichten für die Fasnacht?

In der Nacht ist das versteckte Dreieck auf dem Berg immer schwarz.

Je älter, desto gleichgültiger. Je tiefer man in der Vergangenheit lebt, desto gleichgültiger ist einem die Gegenwart. (Siehe Manesse.)

Das Mus schmeckte mir nicht. Annebääbis Mus schmeckt mir nie, aber jetzt noch weniger. Nach nichts schmeckt es, richtiggehend nach nichts. Aber ich müsse jetzt essen, sagt sie zu mir wie zu einem kleinen Kind.

Ich weiß mit diesem Otto von Botenlauben: mâze ist zallen dingen guot. Nur daß der es im Zusammenhang mit einer Frau sagt.

Ich bin kein Ritter und auch kein Minnesänger, sondern Pfaff. Aber man traut mir hier nicht einmal zu, daß ich es bewirkt haben könnte, nämlich mit meinem Wettersegen, daß der Himmel blau ist. Er ist blau. Was ist mein Wettersegen gegen einen passenden Zauberspruch. Auch Sonne kann fad sein. Heinrich von Morungen: si liuhtet sam der sunne tuot / gegen dem liehten morgen. Aber da dreht es sich ja auch wieder um die Frau. Mir fehlt die Sonne, oder die ist fad.

Okay.

Ich liege und will nicht mehr aufstehen. Bin ich krank oder einfach nur alt?

Weckt der Enzianschnaps, der verbotene, meine Lebensgeister, eben weil er verboten ist?

Mal probieren.

In Oberdorf kann es sehr still sein durch alle Geräusche hindurch.

Jedes Geräusch tut mir weh.

Die ewigen Hühner.

Kein Geräusch entgeht mir. Das ist Krankheit.

Von ganz weit her höre ich das Annebääbi schreien: Jösses Maria Josef. Irgend etwas ist jetzt passiert.

Die Fliegen.

Es ist Krankheit und das Alter. Jösses Maria Josef. Und die Hühner. Und die Fliegen.

Die ganzen letzten Nächte hindurch hat ein stieriges Kalb gebrüllt, das viel zu jung ist dazu und wo deshalb nichts zu machen ist, außer es weiter brüllen zu lassen, auch die künftigen Nächte. Keine Erlösung in Sicht. Aber das Kalb macht halb Oberdorf verrückt.

Fetzen von Erinnerung beim Aufwachen in diesen letzten Nächten mit kaltem Schweiß. Fetzen von Erinnerung an Menschen. Waren es wirklich nur so wenige Menschen? Fritz. Isolde. J2. Der von Kloten. Marilyn. Hadlaub. Dieser Oberdörfer Teenager. War das mein Leben? Das Annebääbi. Ist das alles? Reduziert sich das Leben in Wirklichkeit immer wieder auf den Ritter, die Dame und den Wächter? Trotz unserem geselligen Mittelalter, trotz den Eidgenossen und trotz den Handwerkern, aus deren Stand ich herkomme? Liegt es an meiner Misanthropie, die ihrerseits gerade wieder daher rührt, daß ich meinen Stand verlassen habe? Ich spürte den kalten Schweiß, nahm auch vom Enzianschnaps.

Lommiswil liegt ebenfalls am Fuß vom Berg, wenn auch nicht so direkt untendran.

Es ist ein Donnerstag gewesen.

Das Annebääbi muß irgendwann diese weise Frau aus Lommiswil gebeten haben, zu mir zu kommen, ich sei krank.

Ich hatte von ihr erstmals aus Frauenbeichten erfahren. Sie soll in sündigen Frauensachen geholfen haben. Als sie dann an meinem Lager stand, schien sie mir eine unauffällige Frau mittleren Alters zu sein, nur ihr Blick hatte etwas auffallend Couragiertes oder zumindest auffällig Lebhaftes. Wir unterhielten uns erst – ging's von mir aus, kam es von ihr, ist mir entfallen – übers Wetter. Ein nicht ganz unbedenkliches Thema. Ich fragte mich insgeheim doch die ganze Zeit über, was wohl ihre Kunst wäre. Überall wird mit Wasser gekocht. Oder mit Wein, wenn ich den mit meiner Kunst in Blut verwandle. Bei ihr, sollte sich herausstellen, waren es neben dem Enzian vor allem Kräuter. Sie drängte sie mir nicht einmal sonderlich auf. Sie ist auch dem schwarz-weißen Kater begegnet. Sie habe viele Katzen bei sich zu Hause in Lommiswil. Manche sprängen ihr direkt auf die Schulter! Uf mi bugguu ufe, wie sie sich ausdrückte. Der schwarz-weiße Kater wäre »lieb«.

Als ich ihr einen Enzianschnaps anbot, lachte sie und sagte, der wäre nur für die allerschlimmsten Fälle.

Sie also ist verantwortlich für das heidnische Brauchtum in Oberdorf, für die Zauberzeichen und Zaubersprüche, gegenüber denen ich machtlos bin. Ursache allen Übels ist doch immer und ewig das Weib. Und dann all die Teufelspulver. Nicht nur aus Kräutern, die ich noch schlucke, sondern auch aus Schlangengift, getrockneter Hirnschale, Wolfsherz, Wieselblut, Kranichklauen et cetera. Für und gegen alles.

Jetzt stand sie an meinem Lager.

Ich bin so kurzatmig. Daher auch mein Lakonismus. Meine Kurzatmigkeit aber, wird sie mir sagen, käme daher, daß ich zuviel fresse und zuviel saufe. Und das ist Völlerei. Aber ich kann ja nicht ewig schmachten. Wo ich das mit dem Teenager schon fast völlig überwunden habe. Wobei das mit der Völlerei eigentlich eine bodenlose Frechheit ist. Aber jetzt alles mit der angebrachten Ruhe und der Reihe nach. Sie hat auf den ersten Blick die Entwürfe zu Bildern und Texten aus dem Skriptorium entdeckt, die bei mir überall herumliegen. Aha, höfische Lyrik, sagte sie. Lesen kann sie also auch, dachte ich, soll sie doch ins Kloster gehen wie all die andern. Aber sie war nicht wie all die andern. Aber bitte, ich las ihr dann auch etwas vor, etwas, was sie ja bei ihren sündigen Frauensachen, dabei sah sie überhaupt nicht danach aus, schließlich interessieren mußte. Bitte. Der Tannhäuser. Nur zwei Strophen. Ich tet ir vil sanfte wê, / ich wünsche, daz ez noch ergê. / ir zimet wol daz lachen. / dô begunden wir beide dô ein gemellichez machen. / daz geschach von liebe und ouch von wunderlîchen sachen. // Von amûre seit ich ir, / daz vergalt si dulze mir. / si jach, si lite ez gerne, / daz ich ihr taete, als man den frouwen tuot dort in Palerne.

Ich war außer Atem gekommen und merkte, daß ich es ihr nicht ins Lommiswilerische zu übersetzen brauchte.

Es gäbe natürlich auch die Sauf- und Freßlieder, fügte ich hinzu.

Was denn eigentlich genau ein Tagelied wäre.

Ich erklärte es ihr geduldig, hatte ich doch schon mehr als genug Tagelieder abgeschrieben. Und immer ist es der Ritter, die Dame und der Wächter. Das ist ein Tagelied.

Gibt es keine Nachtlieder?

Die Frage verblüffte mich.

Sie schien vor der Nacht keine Angst zu haben. Sie mixte ja auch ihre Minnecocktails. Es hat doch sein Gutes, wenn die Welt nicht ohne die Minne eingerichtet ist. Die Nacht gehöre zur Welt wie der Tag. Aber bei ihren Minnecocktails komme es sehr auf das richtige Maß an. Leben sei einfach. Wieso sie nicht ins Kloster gehe wie all die andern, fragte ich sie. Wer wie all die andern, fragte sie zurück. Ich paßte, hat sie doch weder Isolde noch

Marilyn gekannt, erwähnte dann aber doch Armut und Keuschheit und die Nachfolge Christi überhaupt. Sie lächelte, sagte: Leben ist einfach. Ich merkte dann, daß ich mich mit ihr ganz vernünftig unterhalten konnte, ihren Kräutern, die ich schluckte, zum Trotz.

Korrigiert Gott die Wirklichkeit? Ich glaube nicht an moralische Maßstäbe, aber es ist mein Job, für sie Reklame zu machen. Die weise Frau hat es einfach, sie bezieht ihre Maßstäbe aus dem Reich der Nacht, welches allerdings unserem Mittelalter eigentlich verboten ist. Vielleicht ist das Reich der Nacht ein Ort der Rebellion wie für so manche Frau das Kloster.

Lommiswil wäre schon nah genug am Ende der Welt.

Nein, den Namen Manesse habe sie noch nie gehört.

Namen sind Schatten.

Wir gewannen aber Zutrauen zueinander. Ich gestand ihr meinen Skeptizismus in gewissen Dingen. Sie offenbarte mir, daß in Bäumen Gottheiten wohnen könnten und daß sie fähig sei, in die Zukunft zu sehen.

Ich fragte nach dem künftigen Schicksal des Codex.

Sie machte seherische Augen.

Was folgte, war einigermaßen verrückt. Ein rotes Buch sah sie ausgerechnet in Paris, ad exemplum. Das Buch würde die Zeiten überdauern, aber »mehr tot als lebendig«. Viele Leute würden sich einmal das Buch hinter Glas ansehen. In Zeiten, zu denen gesungen würde: Blau, blau, blau blüht der Enzian. Und: Ihren ro-ro-roten Mund. Aber ihre Kollegin in Kloten früher hatte ja auch noch viel Verrückteres geweissagt.

(Ich meide es seit einer gewissen Zeit, die Brücke über den Dorfbach von Oberdorf zu passieren, wenn dieser Heino auf der Fiedel fiedelt.)

Unvermittelt sagte sie, ich wäre ja viel zu dick.

Ich entgegnete, vor nicht allzu langer Zeit hätte mir das Annebääbi, meine Haushälterin, gesagt, ich würde noch dünn wie ein Strich.

Aber das sei es ja, erwiderte sie, ich wüßte nicht, das richtige Maß zu halten.

Dann machte sie wieder ihre seherischen Augen und offenbarte mir: Pfaff, du stirbst.

So ist sie, die weise Frau von Lommiswil, aber man kann mit ihr auskommen.

IMPUDICITIA

Con

Es ist doch immer wieder das gleiche. Wieder geht es mit der Sommerzeit zu Ende, wieder merke ich es an den Vögeln, und erneut kommen mir des Herrn Dietmar von Eist unvergeßliche Verse in den Sinn, die da lauten: Sich hât verwandelt diu zît, / daz verstên ich bî der vogele singen.

Die Nachtigallen schweigen in der Tat.

Aber mein lieber Sittich Theodor, der die gelbe Farbe trägt der superbia oder auch der prostitutio, der flattert im Käfig herum, putzt sich, pickt Körner und macht unermüdlich: zi-witt, zi-witt.

Es lebe Theodor!

Ist es mein letzter Winter?

Wenn ich der weisen Frau von Lommiswil meinen Glauben respektive Aberglauben schenke, bin ich am Sterben, aber sie hat mich getröstet und damit aufgerichtet, daß es, wie ein mittelalterlicher Mensch es sich nur wünschen kann, ein langsames Sterben sein wird.

Möglich also, daß es mein letzter Winter ist, und ich sterbe und habe lauter Sachen im Kopf, die einem Sterbenden wohl übel anstehen. Aber wenn ich sterbe, stirbt mit mir eine ganze Zeit. Ist denn Dietmar von Eist wahrhaftig unvergeßlich? Stirbt er, wenn auch langsam? Stirbt er vielleicht sogar ziemlich schnell? Wird es den Codex dereinst nun nach Paris verschlagen, oder wird er ganz untergehen? Obwohl ich glaube, daß sie keine Zukunft hat, verursacht mir die Eidgenossenschaft doch leises Unbehagen. Mir mißfällt dieses ihr proletarisches Gehabe, ohne daß sie im strengen Sinn auch nur sozialistisch wäre, geschweige denn kapitalistisch. Ja, mir mag, als ehemaligem Metzgerssohn, ein Faible für den Adel eignen und eben von daher eines für die von allem Anfang an nostalgische Manessewelt, zu der die Eidgenossenschaft paßt wie Feuer zu Wasser, aber mir wird schwindlig, und überhaupt gehen mir jetzt ganz andere Sachen durch den Kopf.

Genaugenommen: Mir geht im Augenblick nur eine einzige Sache durch den Kopf, die alles andere nebensächlich erscheinen läßt. Aber ob sie sich für einen Sterbenden schickt?

Was ist nicht alles tot, wo ich noch am Leben bin, ist zerflattert wie die feudalen Oberdörfer Hühner und zerstoben. Lebt J2? Auch der von Kloten kann jeden Tag sterben. Aber das ist es nicht. Es ist mir, Vorrecht des Alters, gleichgültig, wer am Leben ist und wer im Jenseits weilt. Nun könnte ich auch, wie ich es öfter von der Kanzel aus tun muß, der großen Mode verfallen und die Apokalypse predigen. Nein, ich lasse die Welt nicht untergehen und auch keine Hure Babylon aufkreuzen, die auf dem scharlachroten Tiere sitzt, und das Tier hat sieben Köpfe und zehn Hörner, das Weib aber ist in Purpur und Scharlach gehüllt und überladen mit Schmuck aus Gold und Edelgestein und Perlen und hält einen goldenen Becher in ihrer Hand, ganz voll mit Abscheulichkeiten und dem Unrat ihrer – Unzucht.

Bei diesem Wort erstarrt die Oberdörfer Kirchengemeinde.

Und ich füge dann gewöhnlich hinzu: Und auf ihrer Stirn steht ein Name geschrieben, ein Geheimnis, welches heißt Babylon, die Große, die Mutter der Huren und der Greuel der Erde.

Nein, ich stehe nicht auf der Kanzel, und der Weltuntergang kann mir egal sein wie so manches sonst, und trotz aller Weltuntergangsstimmung à la Mittelalter verfalle ich nicht in den allzu modischen Fehler, eine allzu leicht heraufbeschwörbare Apokalypse samt Hure Babylon an die Wand zu malen. Dies sei den weisen Frauen überlassen.

Ich sterbe still, verrichte, solange es geht, mein Amt, predige, wenn's sein muß, mit Apokalypse, höre Beichte (mit Unzucht, muß halt sein), befestige die Hostie auf den Zungen der geöffneten Münder. Aber die Sache, die einzige, die mir durch den Kopf geht als einem Sterbenden, ist eine gänzlich andere.

Die Sonne scheint gerade durchs Fenster zu mir herein.

Ist gut.

Ist alles gut.

Der Berg natürlich ist eine Realität. Die Alpen dagegen sind schon eher unwirklich. Gott korrigiert die Wirklichkeit.

Aber auch der Berg, welcher *der* Berg ist, beschäftigt mich beim Sterben nur am Rande.

Es ereignete sich vor längerer oder nunmehr schon langer Zeit drüben im nahen und doch so fernen Westen, in dem vor ebenso langer Zeit Minnesang und höfischer Roman kreiert worden sind. Aber gibt es denn diese märchenhaften Orte, die Namen tragen wie Dallas oder Denver, überhaupt in Wirklichkeit? Mag sein, alle richtig schönen Geschichten sind vergangen, und wäre es in ewiger Wiederholung. Ich kenne sie nur vom Hörensagen, und es fällt mir schwer genug, Abbilder der selbstgeschauten Wirklichkeit zu liefern. Aber bin ich dazu verpflichtet? Man müßte fernsehen, fernhören und fernwissen können. Wirklichkeitsfern sind Minnesang und höfischer Roman allemal wie die wohl bald einmal vergessenen Fernsehorte Dallas und Denver, und Gott allein vermag die Wirklichkeit zu korrigieren. Allem Anschein nach haben erstmals drüben in der Provence Troubadours die hohe Minne besungen, Tatsache scheint ferner, auch wenn ich mich wiederhole, daß die schicken neuen westlichen Literaturprodukte auf den gleichen Straßen hierhergelangt sind wie der wirtschaftliche Import-Export, und sei es auf dem Umweg über Flandern, und sei es auch erst sehr, sehr spät bis nach Zürich. Immerhin hat unweit Zürich, und es ist lange her, der Neuenburger Graf Rudolf von Fenis (»Ihr Körper ist für mich wie für die Motte das Licht«) möglicherweise mit dem tonangebenden Westen direkt kontaktet und nicht nur Import betrieben, sondern auch Export: Nicht nur er hat nämlich bei den französischen Troubadours Anleihen gemacht, sondern es hat wiederum der Troubadour Folquet de Marseille möglicherweise bei ihm geklaut. Die Nachwelt mag das dermaleinst klären. Mir fehlt hierfür die eigene Anschauung wie für Dallas und Denver. Fenis kommt übrigens in den Codex, der von Kloten wußte es sicher.

In jenem fernen Westen also, wo die Orte Namen tragen können wie Dallas oder Denver, muß es an einem dieser Abende geschehen sein, die man nie vergißt. Inmitten einer Wüstung wird sich die Burg befunden haben, und es war anläßlich eines dieser Candlelight-dinners, wie sie viel, viel später auch auf Burg Manegg Mode wurden. Die Ladies und Gentlemen trafen ein, die Gentlemen tafelten in dem für sie bestimmten Speisesaal (Gesprächsthema: Pferde), die noblen Ladies in dem ihren, alles wie bei uns, nur eben viel früher und weniger steif. Nervös flackerten die Kerzen allüberall, anschließend ans Essen setzten Ladies und Gentlemen sich zusammen zur zwanglosen Unterhaltung, Troubadours traten auf, die Kerzen flakkerten nervös im durchziehenden Nachtwind, ein Troubadour nach dem anderen wurde beklatscht, und als die Lieder verklungen waren, muß, so stelle ich es mir vor, folgende provenzalische disputatio vonstatten gegangen sein, die sich eben auf die Sache bezog.

Par cui sont li bon chevalier? fragte eine Frauenstimme. Warum denn bloß sind unsere Männer gute Ritter?

Die Lieder waren immer mehr und immer hörbarer verklungen. Die Frage kam wie im Scherz. Die Kerzen flackerten nervös immerzu.

Jemand sagte leichthin: Wegen der Sache con.

Por quoi aimment a tornoier? Warum lieben sie Turniere?

Fors sol por une chose.

Por qui s'atornent li danzel? Warum rüsten sich die jungen Herren?

Fors sol por une chose – con.

Por qui se vestent de novel? Warum tragen sie neue Kleider?

Con.

Por qui envoient lor joieaus, / Lor treceors et lor aneaus? Warum verteilen sie ihren Schmuck, ihre Bänder und ihre Ringe?

Fors sol por une chose – con.

Draußen im schwarzen Himmel wären die Sterne gestanden als verlorene glitzernde Punkte, und das wäre alles gewesen. Das ist alles. Alle Frauen haben die Sache con.

Por qui sont franc et debonere? Warum sind sie edelmütig und gütig?

Wegen con.

Por quo se gardent de mal fere? Warum hüten sie sich, Böses zu tun?

Con. Und jede Frau trägt es schließlich zwischen den Beinen.

Der schwarze Himmel der Nacht ist über dem nahen und doch fernen Westen auch nicht anders als hier. Die nervös flackernden Kerzen im Saal aber glitzerten in den Augen aller Anwesenden als verlorene Punkte – unruhige Sterne.

Wie lächerlich, wie riesenhaft lächerlich wären doch die Turniere – gäbe es nicht die Sache con.

Tuit li bien sont fet por lui. Alle guten Taten werden ihretwegen vollbracht.

Por qoi aimment le donoier, / Et l'acoler et l'embracier? Warum lieben sie es, zu hofieren, zu herzen und zu umarmen?

Nur wegen einer einzigen Sache.

Und wegen der einen Sache zogen sich nun alle zurück, rosa angemalt wären alle Wände der Burg gewesen, und in die Stille drangen helle spitze Schreie, bis der Morgen erwachte, aber kein Wächter weckte die schlafenden Paare im Westen.

Mir langsam Sterbendem unter schwarzem Himmel sei gegönnt, daß allein die Sache con durch meinen Kopf geht für Augenblicke. Jetzt ist das verborgene Dreieck oben auf dem Berg nicht grün und nicht weiß, sondern schwarz unter dem nachtschwarzen Himmel.

Enzianschnaps schmeckt doch am besten so direkt vor dem Morgenessen. Ist wie Medizin. *Ist* auch Medizin.

Das arbeitende Volk verrichtet draußen auf den Feldern seine Arbeit.

Die Sonne scheint auf mein Lager und zeichnet so komische Streifen.

Aber ich muß jetzt abstrahieren, abstrahieren von all dem Mist, vom Dorfbach, der rauscht und rauscht et cetera, abstrahieren auch vom Berg. Literatur ist abstrakt, noch abstrakter ist Spruchdichtung, und Minnesang ist am allerabstraktesten. Aber ich bin jetzt zu alt und zu krank, um einer hohen Dame in Minne zu dienen, von der wie Luft behandelt zu werden und das Ganze masochistisch zu genießen. Zu viele Minnestrophen habe ich abgeschrieben damals im Skriptorium. War eigentlich eine schöne Zeit. Doch. Aber wenn sie mir vorkommt wie gestern, spricht dies gerade nicht dafür, daß ich wenigstens innerlich jung geblieben wäre – im Gegenteil. Weil ich so alt bin, kommt mir alles wie gestern vor, der Jugend sind Jahre oder gar decennia nicht wie ein Tag.

Als Kind haben mich die Heiligen erfreut. Das Großmünster hing voller Heiligenbilder. Aber nicht zu den simplen Bischöfen und Bekennern zog es mich. Nein, es mußten Märtyrer sein. Blutzeugen. Das waren die spannenden Bilder, je blutiger, desto spannender. Gesteinigt, von Pfeilen durchbohrt, zersägt mit riesigen Messern. Zog mich das Blut so an, weil mein Vater Metzger war?

Aber vom Blut auf den Bildern hatte ich mehr. So ein unheimlich wohliges Schaudern, das mir durch die Glieder ging und den Kopf heiß machte. Ich konnte mich nicht satt sehen. Ich vergaß die Zeit. Gott: das mußte dieses unendliche süße Gefühl von Sadismus sein. Wen Gott liebt, den züchtigt er. Und durch die Bluttaufe sind die Märtyrer aller früheren Sünden ledig und kommen schnurstracks in den Himmel. Gott korrigiert die Wirklichkeit. Später, als Erwachsenem, kam mir dieses seltsame und durchaus nicht unangenehme Kribbeln bei gemarterten Frauen noch fühlbar stärker als bei den gemarterten Männern, besonders dann, wenn ich von der betreffenden Heiligen wußte, daß sie ihre heiligmachende Marter deshalb durchlitt, weil sie um Christi willen ihre Jungfräulichkeit bewahren wollte. Mehr als einmal predigte ich von solchen vorbildlichen Frauen, um der Oberdörfer Unzucht, wie sie mir aus den Beichten hinlänglich bekannt ist, entgegenzutreten, und so gut ich konnte, malte ich es aus, wie die Haut abgezogen wurde, wie genagelt und gepfählt, wie der Körper wieder einer andern der Unzucht widerstehenden Jungfrau angezündet oder durchbohrt worden war. Und wieso denn hätte die heiligmachende Marter milder ausfallen sollen als das procedere der normalen weltlichen Strafjustiz. Ja, die Bluttaufe ist süß, unermeßlich süß, und groß vermag zu sein die Gnade Gottes.

Das hat sich ja in der letzten Zeit gerade bei den Frauen herumgesprochen, so daß sie, genug bereits habe ich davon erzählt, scharenweise in die Klöster eilen und ihre Lust suchen in masochistischer Askese, Isolde läßt sich im Augenblick womöglich gerade geißeln und stöhnt vor Lust, und anschließend läßt sie sich ein bißchen Haut versengen, das Miststück.

Aber Schluß mit Schmachten. Ich bin nun mal kein Minnesänger und also auch kein Masochist.

Wieviel schöner doch ist es, diesen leichten Schauer auf der Haut zu spüren, als sich unnötig aufzuregen wegen einer Lappalie. Schlußendlich bin ich am Sterben, da soll man sich nicht noch das Leben sauer machen. Aber ist doch wahr. Das Annebääbi wenigstens schleicht nur noch auf Zehenspitzen an mein Lager.

Minne kneift wie eine Zange –

Schluß damit.

Die Oberdörfer Bilder sind kein Vergleich mit denen im Großmünster zu Zürich. Es waren dort Sachen drunter für den Kenner, daß ich allein schon beim Gedanken kribblig werde. Ein Bild besonders hing da, auch die Farben waren wunderschön, und dann die halbnackte Frau voller Blut mit abgeschnittenen Brustspitzen schräg im Vordergrund. Aber ich gerate ins Schwärmen. Es war eine Jungfrau. Todsicher war es eine Jungfrau – gestorben als Braut Christi um ihrer Jungfräulichkeit willen.

Nein, ich bin kein Minnesänger und lasse mich nicht von Zangen kneifen wie Hadlaub oder durch Fesseln binden wie Ulrich von Winterstetten oder blau schlagen wie Friedrich von Hausen, und meine Herrin erhört mich wie diejenige Albrechts von Johansdorf auch in tausend Jahren nicht, und am Schluß tötet mich die vil süeziu senftiu toeterinne des Heinrich von Morungen – nein danke, bin weder Minnesänger noch Masochist.

Soll man denn ein bekanntes Wort abwandeln und sagen: Wen das Weib liebt, den züchtigt es?

Aber es ist doch in Wirklichkeit umgekehrt, daß nämlich die Frauen dazu auf der Welt sind, entwürdigt, gequält, geschlagen zu werden. Aber das ist doch unsere mittelalterliche Wirklichkeit.

Nein. Mit Herrn Walther von der Vogelweide sage ich langsam Sterbender: Frau Welt, ich war zu lang an deinen Brüsten und muß mich jetzt entwöhnen, es ist Zeit. Frô Welt, ich hân ze vil gesogen: / ich wil entwonen, des ist zît.

Ich erinnere mich an die Kindheit. Meine Mutter konnte selbstverständlich nicht lesen. Als ich ans Skriptorium sollte, hat sie geweint. Sie hatte Angst, mich zu verlieren, und hat mich auch verloren. Sie mußte in der Metzgerei auch putzen. Überall war Blut. Sie verrichtete jede Arbeit mit einem feinen Lächeln. Nachts im Bett hat sie oft mit dem Vater zusammen gelacht, dann grausam gestöhnt. Ich wußte zwar von den andern Kindern, daß der Vater ihr nicht weh tat, und doch hat es mich erschreckt. Es war halt doch immer, als ob er sie schlagen würde, was er tagsüber, und das fand ich in Ordnung, auch oft tat. Sie ging jeden Tag in die Kirche. Wenn er betrunken nach Hause kam, die Zunft der Metzger war zwar damals wie alle Zünfte eigentlich verboten, aber es hat sie eben trotzdem gegeben, dann hatte es meine Mutter besonders schlimm. Sie fand Trost bei Christus, dem Herrn. Aber als ich Pfaff werden sollte, hat sie geweint. Schlimm ist beim Vater immer ganz besonders die Fasnacht gewesen. Für ihn muß es nur lustig gewesen sein. Sie haben auch so Fasnachtsstücklein gemacht zusammen. Daß eine Bauerntochter in einer Nacht von sieben Freiern gevögelt worden ist. Oder daß umgekehrt ein Mann sieben Frauen hintereinander durchgebürstet hat. Oder, das war eigentlich am allerlustigsten, daß ein anderer Mann andauernd hat müssen scheißen. Und alles solch lustige Geschichten, wo sich mein Vater noch lange nachher das Lachen nicht verkneifen konnte. Er ist etwas weniger in die Kirche gegangen schon wegen der Metzgerei, wo immer zeitig geschlachtet wurde. Er ist aber sehr fromm gewesen. Als eine Schwester von mir einen dicken Bauch bekam, hat er sie zum Teufel gewünscht, und ich habe sie nie mehr gesehen. Aber an der Fasnacht war der Vater ein ganz anderer. Die Mutter hat dann gesagt, sie würde ihn gar nicht mehr kennen. Und das kommt mir jetzt alles so in den Sinn, wie wenn es gestern gewesen wäre. Als Kinder spielten wir Vater und Mutter überall in Zürichs Niederdorf, wo ja die Dirnen schon am Vormittag herumgestanden sind, und nicht nur an der Metzgergasse, Gott behüte. Die Kinder in Oberdorf tun es ja auch und quietschen dabei zum Gotterbarmen, da bin auch ich als Pfaffe ohnmächtig, gemahne diese Kinder nur immer wieder an die makellose und reine Heilige Jungfrau Maria, zu der meine Mutter auch gebetet hat sehr oft im stillen, sie selbst hat es mir einmal gesagt, ich glaube, es war an der Primiz, geregnet hat's und mir war flau, und auch ich solle nie die Muttergottes vergessen. Nein. Hab' sie jeden Tag vor mir schwebend auf goldenen Wolken.

Durch die Priesterweihe hat mich die Mutter verloren und ich vielleicht sie. Das Stöhnen ist mir halt oft durch den Kopf gegangen. Ich meine, es ist einfach etwas anderes, ob ein kleines Mädchen stöhnt, so zum Spaß, oder ob es eine Dirne tut, auch einem zum Spaß, oder ob es die eigene Mutter ist. Stöhnen ist Stöhnen, Schmerz ist Schmerz, Lust Lust. Ich stoße ja hier in Oberdorf nur immer wieder auf die gleiche Unzucht wie als Kind damals im Niederdorf. Dreckige Witze gab es auch im Skriptorium, wie der Vater sie von seiner ewigen Fasnacht heimbrachte, so daß ich mich im nachhinein fragen mußte, wer denn überhaupt an die hohe Minne geglaubt hat. Und der ganze Minnesang ist doch, auch da, wo er, selten genug, direkt wird, so durch und durch keusch, verglichen jedenfalls mit diesem unvergleichlichen Catull keusch bis in die Zehenspitzen. Ich habe genug Strophen abgeschrieben davon im Skriptorium damals und war ja fast schon richtiggehend erleichtert, wenn etwa der Tannhäuser gesagt hat, er habe der Frau auf sanfte Art weh getan. Zum Aufatmen war das. Ob Schmerz und Lust dasselbe sind, in einem tieferen Sinn?

Die Primiz also kommt mir auch wie gestern vor. Sie ist unten in der Wasserkirche gewesen. Geregnet hat's wie gesagt. Als dann die Sonne durch die Regenwolken hindurchgekommen ist, hat die Limmat direkt geblendet, und ich war Pfaff auf immer und ewig. Die Zeit am Skriptorium hat auch ihr Schönes gehabt. Ich bin halt damals ein Träumer gewesen inmitten der ganzen Lyrik, die ich ja auswendig kannte, sobald ich einen Vers nur abgeschrieben hatte. Der Unterschied zu damals ist, daß ich jetzt, wenn ich träume, weiß, daß ich träume. Aber so vergeht die Zeit, auch wenn sie stillsteht. Und wie ist sie stillgestanden. Als die Mutter rote Augen hatte wegen dem Skriptorium, hat mein Vater dem Gestürm von all denen schließlich nachgegeben, weil ich sowieso nicht anstellig war, und gesagt, besser ein Pfaff als ein schlechter Metzger. Er hat vor dem Herrgott Respekt gehabt, mehr als vor so manchem weltlichen Herrn. Und jetzt ist der Vater tot und die Mutter tot, und von den Geschwistern weiß ich nicht, wer auch schon tot ist und wer noch am Leben. Nur daß es weitergeht, das Leben, das ist sicher.

Vielleicht hat Fasnacht tatsächlich mehr Zukunft als Minnesang.

Aus meinem Epikur: »Nichts Neues ereignet sich im All, wenn man die unendliche Zeit bedenkt, die schon vergangen ist.« Und, nur wenig vorher: »Dafür, daß die Freude das höchste Ziel unseres Lebens ist, liegt der Beweis darin, daß die lebenden Wesen von Geburt an daran

Gefallen finden, dagegen dem Schmerz naturgemäß und unbewußt sich widersetzen.«

Der Dorfbach rauscht und rauscht, bringt diese blöden Erinnerungen und macht mich nervös genau wie die ewig gleichen Beichten zum sechsten Gebot und zum neunten. Sie sehen mich nicht im Dunkel des Beichtstuhls, aber ich sehe alle diese gequälten Gesichter durch das Gitter und muß gerade beim sechsten und neunten ewig nachfragen und erteile dann wieder und wieder die Absolution. Geht eine Befreiung durch die Gesichter? Die gleichen Gesichter sehe ich dann auch wieder draußen am Tageslicht, und es sind wieder dieselben gequälten Gesichter wie zuvor. Wen Gott liebt, den züchtigt er. Und als Pfaff ist es meine verdammte Pflicht und Schuldigkeit, zu richten und zu quälen. Auf der anderen Seite steht Frau Welt. Ob die Minnesänger dermaßen in ihrem Masochismus schwelgen, weil sie sich insgeheim ihrer Weltlichkeit schämen, denn Strafe muß sein, und Minne, das steht doch wohl fest, ist etwas Weltliches, auch in Zürich, oder? Minne ist die Welt.

Gott und die Welt.

Es muß ein Widerspruch sein. Heiße er Masochismus oder Sadismus. Ach Gott. Ich hätte doch auch vor dieser Primiz, die ich übrigens als etwas sehr Nüchternes erlebt habe, mir ein paar Dirnen erhaschen können im Niederdorf, um sie hübsch geschirrt als Pferdchen laufen zu lassen, und ich wäre jetzt ein reicher Mann und hätte nur die nächste Fasnacht im Kopf und machte mir sonst keine Gedanken weder über Gott noch über die Welt.

Und dann wären mir die hübsch geschirrten Pferdchen plötzlich durchgebrannt ins Kloster, eins nach dem andern?

Wenn ich jetzt träume, weiß ich, daß ich träume. Das ist

der ganze Unterschied. Selbst die Welt muß ich jetzt träumen und dabei wissen, daß ich sie bloß träume. Aber der Dorfbach, der rauscht und rauscht voll lauter Erinnerung, ist nicht schuld. Es ist der Berg. Die Oberdörfer sagen, wenn sie nicht weiter wissen: Jetz bin i am bäärg. Ich bin am Berg. Wie fand ich früher das einst langweilig, wenn ich las, etwa bei diesem Erzlangweiler Hartmann von Aue, es gälte, Gott und Welt miteinander zu vereinen: der welte lop, der sêle heil. – Schön. Und langweilig. Ich bin ja meiner Lebtag immer so hin und her geschwankt und wäre vielleicht ein Fall gewesen für diesen Chorherrn F. mit seiner streng klassischen Analyse. Jetzt bin ich eben am Berg, und der Dorfbach, der rauscht und rauscht. Vielleicht wäre ein bißchen Masochismus ganz gut für mich, aber ohne jeden Minnesang, und ich würde mich ein bißchen geißeln lassen vom Annebääbi und sowohl Berg als auch Bach vergessen dabei. Aber das Annebääbi würde das nie tun und mich nur für verrückt halten, was ich wohl auch bin, aber kein Fall für Chorherrn F., dazu ist es nun auch zu spät. Früher einmal wäre ich wohl ein gefundenes Fressen gewesen für ihn.

Dabei schätze ich gerade als Pfaff am Minnesang die ausgesprochene Weltlichkeit. All diese Frauen, und sind sie noch so unnahbar – weltlich sind sie alle. Vil süeziu senftiu toeterinne, / war umbe welt ir toeten mir den lîp / und ich iuch sô herzeclîchen minne, / zwâre, frouwe, vür elliu wîp? Steht sie da nicht vollkommen weltlich vor einem, die Domina, lässig, mit strengem, unbewegtem Gesicht und schön geschminkt? Dabei sind in Wirklichkeit Frauen keine unnahbaren Wesen, sondern Objekte, an denen man sich abreagiert. Gott korrigiert die Wirklichkeit. Je poetischer, desto entrückter. Aber das alles, was ich seinerzeit abgeschrieben habe im Skriptorium, ist weltlich gewesen. Walthers von der Vogelweide Gottesmutter-Kitsch lasse ich einmal beiseite. Mein Gott, früher konnte ich so sauber schreiben, und jetzt krakele ich nur. Auch in manchen Liedern über einen Kreuzzug, wie fand ich die langweilig, mußte die Liebe zur Frau nicht der Liebe zu Gott widersprechen, durchaus nicht, und alles war eitel Harmonie. Und selbst die eines Kreuzzugs wegen abgelehnte Wirklichkeit ist dort eine wahrgenommene Welt, und sei's im Abschied.

Ist das Leben leichter in Jerusalem?

Müßige Frage, wo ich Abschied zu nehmen habe von der Welt.

Man kann in Oberdorf hingehen, wo immer man will, und der Berg ist zu sehen, er sei denn im Nebel, der noch deprimierender ist als der Berg, und jetzt wird der Nebel immer häufiger, aber sonst richtet sich immer diese steile dunkle Wand auf, als könnte sie ein Zuhause sein. Für die Oberdörfer ist sie das wohl auch, aber die Oberdörfer lesen auch keine höfische Lyrik, schon weil sie gar nicht lesen können und mich mit meinen Buchstaben nur für sehr schrullig halten. Nein, sie trauen auch meinem Latein nicht. Die Jungfrau Maria, die auf den goldenen Wolken schwebt aus golden angemaltem Holz, die verehren sie. Und auch die weise Frau in Lommiswil drüben. Ich brauche mir keine illusiones zu machen. Die Tage des Wettersegens sind vorbei, und ich bin am Ende mit meinem Latein. Ein Zuhause ist womöglich einfach die schlichte Gewohnheit – so wie ja auch die Zeit stillsteht für alle Ewigkeit. Aber wenn mich etwas in meinen ganzen decennia bewegt hat, dann waren es die Frauen, die es mich mit ihnen machen ließen, sie brauchten weiß Gott nicht schön zu sein, und dann waren es die Verse, die sich mir vom Skriptorium her unauslöschlich eingegraben haben im Gedächtnis, und sie stehen im Widerspruch zur Realität. Ich fremde, wie Hadlaub gefremdet hat. Mitunter meine ich es erhaschen zu können, daß Gott und die Welt in keinem Widerspruch zueinander stehen, es erhaschen zu können wie ein Kind den Ball, und der Ball kann ein zufälliger Vers sein, daß nämlich eine Frau das Himmelreich sei.

(Otto von Bodenlauben. Ein Zwiegesang zwischen einem Mann und einer Frau. Er sagt, wenn Christus' Lohn nicht so »süß« wäre, ließe er nie ab von seiner lieben Dame: sie mac vil wol mîn himelrîche sîn. Und sie erwidert, wenn er sie schon mit dem Himmelreich vergleiche, so habe sie ihn zu ihrem Gott erwählt: sô habe ich in zuo gote mir erkorn. Kriegt es dann aber handkehrum mit der Angst zu tun vor dem »richtigen« Gott: herre got, lâ dirz niht wesen zorn. Und Gott hat wieder einmal korrigiert.)

Ich war schon Gott und Kaiser, bewegte sich nur mein edler Pfaffenschwanz in einer Frau. Die Welt ist eine Frau. Zu schade für ein jedes Fremden. Schade um den Abschied von Frau Welt. Die von Lommiswil hat ihn mir vorausgesagt. Warum glaube ich ihr? Konkurrenz, die sie mir macht bei meinem leidigen Job in Oberdorf, und die Oberdörfer glauben ihr mehr als meinem Latein. Warum glaube ich ihr?

(Des Minnesängers Masochismus ist nur die Strafe für seine sträfliche Weltlichkeit. Die Welt ist eine Frau. Aber die Frau ist der Grund allen Übels. Das sagt meine Pfaffenreligion. Die Manessewelt ist weiblich. Deswegen eine Gegenwelt, luxuriös bis subversiv.)

Ist es beim Absterben so, daß man immer mehr seine Eigenschaften verliert?

Der Berg sieht oben wahrscheinlich viel zerklüfteter aus, als man es von unten meint. Er ist dann womöglich nicht mehr nur eine Wand. In diesem Nebel wird sowieso alles unwirklich.

Die weise Frau besucht mich jetzt regelmäßig und ist wie eine Schwester zu mir, aber nicht wie eine dieser Dirnen, die sich zu Betschwestern durchgemausert haben, ins Kloster abgehauen sind und sich, nach der neuesten Mode, geißeln und stöhnen vor Lust. Das steht mir nun wirklich bis zum Hals. Nein, auch von meiner Seite aus hat das Verhältnis geschwisterliche Formen angenommen. Sie interessiert sich sogar immer wieder lebhaft für die Zürcher Liedersammlung, nachdem sie zufällig die Blätter mit Proben aus ihr an meinem Lager entdeckt hat. Ich liege ja jetzt fast immer, so schwach fühle ich mich. Das heißt, nach einem Schluck Enzianschnaps geht es wieder besser, und ich kann sogar ein paar Schritte tun. Ich hätte es nicht gedacht, aber dieser Enzianschnaps sei die reinste Medizin. Als ich ihr das gesagt habe, hat sie sich gefreut.

In dem Zusammenhang habe ich sie einmal geradeheraus gefragt, ob sie schon auf dem Berg gewesen sei. Wie ich das meine, erkundigte sie sich. Ja also einfach oben auf der Wand, wo das Dreieck ist, sagte ich. Sie mußte lachen. So verrückt wäre sie auch wieder nicht. Aber ich ließ nicht locker und kam auf den Enzianschnaps zurück. Wo sie also die Enzianen her hätte. Sie mußte wieder lachen. Ja ich würde wohl denken, sie hätte die Enzianen auf dem Weißenstein gesucht oder auf der Röti oder gar auf der Hasenmatt. Mir wurde unheimlich, wie sie alle diese Namen nicht nur wußte, sondern sogar seelenruhig aussprach. Nein, fuhr sie fort, die Enzianen seien »nur« vom Balmberg, da wüchsen diese Stengel haufenweise, wenn man die Plätze kenne.

Es sei schade, daß ich nicht mehr spazieren könne.

Der Balmberg liegt allerdings ziemlich viel tiefer als der Weißenstein und rechts vom Berg, von Oberdorf aus unsichtbar, also in der Richtung auf das ferne Zürich zu, wo der immer noch real existierende Diktator Brun am Ruder ist.

Wenn man die Plätze kenne, finde man sie also haufenweise. Sie hielt inne. Sagte dann, als müßte sie zögern: Und den ganzen Alpenkranz sähe man von dort, und zwar am allerschönsten, wenn das Nebelmeer darunterliegt. Die Wogen dampfen in der Sonne. Und ganz hinten und näher gerückt als sonst tauchen die Berge auf mit dem ewigen Schnee.

Dort, wo die Eidgenossen sind.

Da sie von den Alpen sprach, als wäre nichts dabei, erlaubte ich mir dann auch, mit ihr über die Eidgenossenschaft zu reden. Wie sie deren Zukunft einschätze und so.

Sie nahm meine Frage leichthin, lachte wieder und sagte, aber ich würde ja dieser Eidgenossenschaft, sie merke es an meiner Stimme, eine Bedeutung zusprechen, die sie ganz gewiß nicht habe. Die Eidgenossenschaft wäre doch nichts als eine sehr kleine Insel, und die Eidgenossenpartei hier unten in der Stadt mache sich gewaltige Illusionen über die real existierende Eidgenossenschaft. Und im Ausland gäben sie sich nur so mutig, die Eidgenossen, als könnten sie Bäume ausreißen, weil sie sich diesen Mut antrinken müßten. Aber in Wirklichkeit seien sie lammfromm und hätten nur lauter Angst vor dem Ausland und diesem ganzen Europa. Unflätig aber wäre ihr Schweigen, das bei ihnen hinter jedem Satz komme nach ihrer berglerischen Gewohnheit. Dafür könnten sie eigentlich wieder nichts.

Aber es gäbe sie nun einmal, hielt ich fest, die Eidgenossenschaft, und es mache ja den Anschein, die halbe Welt müßte zerbrechen, bevor es sie nicht mehr gäbe.

Vielleicht, sagte da die weise Frau mit seherischen Augen, und nichts mehr wird so sein wie früher.

Frauen verstehen nichts von Politik.

Das mit der sehr kleinen Insel zwar ist wohl schon richtig gewesen. Es wäre mir schwergefallen, angesichts des Alpenkranzes zu erraten, wo sie denn nun genau sich befand, die Eidgenossenschaft.

Themawechsel. Wie so oft in unseren Gesprächen. Themawechsel, als wäre nichts gewesen, als hätte es nie eine Eidgenossenschaft gegeben.

Jetzt haben wir Nebel in Oberdorf und kein Nebelmeer.

Die Eidgenossenschaft ist kein Thema. Heute nicht und erst recht nicht in 777 Jahren. Es kommt ja auch keine Literatur aus der Eidgenossenschaft. Literarisch wird dort anscheinend nur geschwiegen. Nicht ganz grundlos vielleicht. Ein richtiger Eidgenosse macht zumindest derzeit keine Literatur. Da ist auch unser Rost von Sarnen kein Gegenbeispiel, der hielt sich doch praktisch ständig im außereidgenössischen Zürich auf. Mir leuchtet aber in dem Zusammenhang ein, wie sehr es stimmt, daß unser spätes Mittelalter nicht Ankündigung ist eines Kommenden, sondern ein Absterben dessen, was dahingeht.

Das Annebääbi draußen füttert gerade die Hühner. Das ist jedesmal eine furchtbar nervöse Angelegenheit.

Nichts mehr wird so sein wie früher.

Manchmal rezitiere ich der weisen Frau also auch Verse aus den Manesse-Liedern. Und obwohl sie das für »altmodisches Kauderwelsch« hält, so hat sie wörtlich gesagt, hört sie mir aufmerksam zu.

Walther von der Vogelweide: diu welt ist ûzen schoene, wîz grüen unde rôt, / und innân swarzer varwe, vinster sam der tôt. – Doch, das könnte ohne weiteres von heute sein, gibt die weise Frau zu.

Manchmal geht mir auch etliches aus unserem Gespräch noch in der Nacht durch den Kopf. Wenn das verborgene Dreieck auf dem Berg schwarz ist. Als stände Nebel im Zimmer, durch den die Sonne kommt. Sonnenklar, heißt es dann bei den Oberdörfern, wenn die Alpen wieder zu sehen sind. Nein, eigentlich glaube auch ich nicht daran, daß ausgerechnet den Alpen Rebellen entstiegen sein sollen. Nur daß praktisch alles gleichzeitig entstanden ist, will mich irritieren: die sicher im Grunde genommen harmlose Eidgenossenschaft und die nun von der Diktatur Brun staatlich geförderte Sammlung Manesse. Das paßt doch einfach nicht zusammen. Auch wenn die weise Frau gesagt hat, sie wüßte von Eidgenossen, die sich ernsthaft vorstellen könnten, daß ihre Eidgenossenschaft in einer absehbaren Zeit gar nicht mehr existiert, und sie machte ihre seherischen Augen dabei. Wenn auch Quatsch in die Manessische Handschrift hineingeraten ist wie Herrn Walthers Muttergottes-Gesänge, die sie mir zum Abschreiben gaben, weil sie mich am Skriptorium wohl von Anfang an für den geborenen Pfaffen gehalten haben, so wünschte ich doch der Sache Manesse nicht nur mehr Zukunft als dieser womöglich recht vergänglichen eidgenössischen Geschichte, sondern auch als der ganzen Fasnacht. Aber vielleicht unterliege ich da einfach der Nostalgie. Vielleicht sind allein schon die Alpen Nostalgie. Daß der Schnee ewig ist auf den Alpen und nicht schmilzt unter der Sonne, will mir auch nicht in den Kopf. Oben auf dem Berg ist der Schnee noch jedes Jahr vergangen, früher oder später, auch dort, wo man es von Oberdorf aus gar nicht sehen kann.

Ich muß mit der weisen Frau aus Lommiswil auch einmal über die Fasnacht reden und ihr nicht nur ständig mein Leid klagen, auch wenn es im Winter schlimmer wird. Ich spüre es in den Beinen, wenn das Wetter umschlägt. Früher hielt ich einen solchen Zusammenhang für Blödsinn. Aber das Wetter sitzt regelrecht in den Beinen, und ich merke es, gerade weil mich die Beine nicht mehr weit tragen weder in der Nacht noch am Tag, geschweige denn zum Balmberg. Tröstlich ist das Dreieck oben auf dem Berg, das jetzt schwarz ist. Und unsichtbar. Kein Mensch wird es je von nahem sehen. Auf den Balmberg mit den Enzianen wäre ich nicht im Traum gekommen. Aber das sind ja nur diese gelb-grünen Stengel. Es muß doch auch die blauen Enzianen geben irgendwo. Aber da ist die weise Frau fast erschrocken, als ich ihr von unserem Heino erzählte. Blau, blau, blau blüht der Enzian. Heino muß das doch irgendwoher haben. Vielleicht eine uralte Sage? Daß ganz oben auf dem Berg blaue Enzianen wachsen? Auch wenn Heinos Lied gesunkenes Kulturgut darstellt, so ist er doch weit weniger tief gesunken als Herr Walther mit seiner Maria. Weiß Gott. Heino ist übrigens auch schamhaft, wenn er von sich und dem Madel, mit dem er die Alm naufsteigt, am Schluß singt: Und keiner weiß, was dann geschehen ist. Der Minnesang ist ja auch recht verschwiegen, und irgendwoher muß Heino sie haben, die Schamhaftigkeit.

Wenn ich meine Krankheit spüre, wird alles flach. Es sind nicht bloß die Beine, die schwach sind und wetterfühlig. Ich schaffe die Schritte hinunter zur Brücke und, nur sehr sehr mühsam, die Treppe dann hinauf zur Kirche, und ich muß doch zur Kirche, ist doch mein Job, verdammt nochmal, und, habe ich, Gott weiß wie oft, von der Kanzel aus verkündet, auch Krankheit hat ihren Sinn im Heilsplan Gottes, nämlich für das große Ziel, den Eintritt in das Jenseits. Jetzt tut auch der Bauch so gräßlich weh.

Es ist Tag.

Draußen ist Schneegestöber. Sieht aus wie lauter Hühner.

Die Hühner, wenn das Annebääbi sie füttert. Das macht mich neuerdings so nervös, daß ich jedem einzelnen dieser Feudal- oder auch Kapitalistenhühner den Hals umdrehen könnte. Dabei schaudert mir, abgesehen davon, daß es über meine Kräfte ginge, allein schon bei dem Gedanken daran: lauter kopflose Hühner. Aber manchmal kommt wohl einfach der Metzgerssohn in mir durch, und der will Blut sehen und nicht immer nur das Blut Christi, das, trinke ich es, mir nur den Mund zusammenzieht.

Das mit der weisen Frau aus Lommiswil und den Gesprächen, wie sie sich nun gewohnheitsmäßig ergeben haben, ist weder Liebe noch Minne. Trotz allem ist es so eine Art Sympathie. Nach der Spielregel: Ich wünsch' dir nichts Schlechtes, du wünschst mir nichts Schlechtes. Das verscheucht diese Hühner, auch wenn Welten zwischen uns stehen.

Aber Keuschheit ist mehr als eine Spielregel, wo in unserem Mittelalter die erhabene Seele des Mannes doch nur

Schaden nimmt durch die Berührung mit der Frau. So verkündet es die herrschende Lehre, so verkünde ich es von der Kanzel, wenn auch mit noch leiser gewordener Stimme.

Kürzlich kamen wir erneut auf meine politische Nostalgie und die Fasnacht als anscheinend die einzige Alternative zu meiner nostalgischen Manessewelt zu sprechen. Wo denn, fragte ich, gibt es sonst schon eine gegenwärtige Alternative zur Poesie der höfischen Vergangenheit? Es gäbe die schon, sagte sie, ich dürfte nur nicht so allergisch sein gegen die Frauen, die sich ins Kloster flüchten, denn nicht zuletzt bei eben diesen Frauen, die meiner Ansicht nach sich nur lustvoll geißelten, gedeihe, was ich an gegenwärtiger Poesie vermisse. Und sie sagte mir Sätze einer Mechthild von Magdeburg aus deren just im Kloster entstandenen Mystik-Sammlung »Das fließende Licht der Gottheit« – Sätze, die fremd klangen wie: »Wenn ich scheine, mußt du leuchten, / wenn ich fließe, mußt du wüten, / wenn du stöhnst, so ziehst du mein göttliches Herz in dich.« Oder auch: »Du sollst das Nichts minnen, / du sollst das Etwas fliehen, / du sollst allein stehen / und zu niemandem gehen.« – Schön, sagte ich, aber ob diese Frau Mechthild denn wirklich glaube, was sie da dichte. Da entgegnete mir die weise Frau, die glaube dies nicht nur, die habe es erlebt mehr als so mancher Minnesänger seine hohe Minne. Aber trotzdem ist es Mystik, sagte ich. Ja, sagte sie, das ist es.

Welten stehen zwischen uns, und sei es auch nur ein Katzensprung bis nach Lommiswil.

Und einmal wird nichts mehr so sein wie früher, sagte sie.

Alles wäre ein Werden und Vergehen. Geburt, Tod –

Und ob ich je wieder werde?

Sie legte ihre Hand auf meinen Arm und lachte: Dafür hast du doch den Enzianschnaps, Pfaff.

Für Epikur ist sie empfänglich: »Einen Anfang für dieses Geschehen gibt es nicht; denn die Atome sind ewig, und ewig ist der leere Raum.«

Eines Tages, eines Tages ohne Schneegestöber, bringt sie mir tatsächlich diese schwarz-weiße Katze hinein und behauptet, sie hieße Muschi: Vielleicht ist sie aus dem gleichen Wurf wie der Kater. Oder es ist eine ganz andere Katze. Sie ist zutraulich, schnurrt auf meinem Sterbelager.

Obwohl sich mein langsames Sterben im Dorf längst herumgesprochen haben muß, bekomme ich bis jetzt nur sehr vereinzelten Oberdörfer Besuch, der dann mit verlegen linkischen Händen stumm dasteht.

Vielleicht gibt es Zeiten, in denen Poesie nicht so nötig ist. Je mehr passiert, desto unnötiger ist sie. Daher auch kein Bedarf an hoher Minne in der Eidgenossenschaft. Ich teile der weisen Frau meine Zweifel an hoher Minne überhaupt mit. Sie nimmt sie ernst, hält ihnen aber entgegen, trotz allem sei es noch besser, die hohe Minne mit der Hochschätzung der Frau fände sich in der Poesie als überhaupt nirgends, womit wir wieder bei der Eidgenossenschaft angelangt sind mit ihrem anti-höfischen, anti-höflichen Programm. Auch zur Raffinesse eines sublimen Sadomasochismus bedarf es eben einer Noblesse und einer Schickeria, wobei dies wiederum nichts darüber zu besagen braucht, wie es bei der noblen Schickeria in Tat und Wahrheit zugeht oder nicht zugeht. Aber aus lauter Angst, sich zu isolieren und zu denken, wir haben ja schließlich immer noch unsere Armee, ganz egal, was in Wien passiert oder in Prag oder in Venedig – eine Armee im Solde der Freiheit und also des Kapitals –

Sterben ist mühselig.

Sterben macht aggressiv.

Ach, hätte ich nicht den Enzianschnaps, wie könnte ich diesen Feudal- oder Kapitalistenhühnern einem nach dem andern den Hals umdrehen. Die Zeit steht still. Aber sie flattern herum, schießen hoch mit gräßlichem Gegacker. Das Annebääbi ist die Ruhe selbst. Nachdem sie gefüttert sind, wird es dann wieder ruhiger.

Blau, blau, blau blüht der Enzian.

Diese Eidgenossen flüchten ja nur in ihre angebliche Vergangenheit mit ihrem sagenhaften Rütlischwur und ihren noch sagenhafteren Wilhelm Tells, weil sie Angst haben vor der Zukunft. Das weiß jedes Kind, ist aber trotzdem wahr. Aber wieso ich denn dabei so aggressiv werde, fragt mich ruhig und geschwisterlich die weise Frau aus Lommiswil, ob ich vielleicht nicht meinerseits einer vergangenen Poesie nachtrauere und also wiederum dieser meiner Nostalgie nachgebe und vor der Gegenwart die Augen schließe –

Jetzt sind die Hühner ganz ruhig. Still nicht, aber ruhig.

Es geschehen noch Zeichen und Wunder. Zum mindesten Zeichen. Zum mindesten Vorzeichen.

Da ist Theodor. Oder war Theodor.

Zuerst sind ihm die Federn ausgefallen und er ist fast nackt gewesen. Nur noch heiser machte er zi-witt. Dann gar nicht mehr. Dann hat das Annebääbi wohl angenommen, das Tier sei tot, und es samt dem Käfig auf den winterlichen Misthaufen getan. Als ich es entdeckte, war Theodor tatsächlich tot.

Armer Theodor.

Warum ist der Winter immer trauriger als der Sommer.

In der Poesie wimmelt es nur so von dieser Einsicht. In gebrochenem Deutsch sieht es auch in ganz anderer Gegend Heinrich von Veldeke ein: trûrech is dat herte mîn, / want et wele nû winter sîn. Und auch er vermißt dî cleine vogelîn. Ich aber vermisse das Zi-witt meines stattlichen Theodor.

Erfroren ist er jämmerlich auf dem Misthaufen.

Theodor ist nur ein Zeichen. Ein Vorzeichen. Gegen Vorzeichen bin ich machtlos.

»Der Senne muß scheiden. / Der Sommer ist hin.« Aus dem eidgenössischen Nationaldrama.

Und niemand in Oberdorf hat den Schnee gern außer den Kindern. Die erinnern mich nur an meine Kindheit. Ich wünsche mich nicht in sie zurück. Hadlaub hat ja mal – sicher aufschlußreich für eine Analyse durch Chorherrn F. – ein Kind beneidet, nur weil es von der unnahbaren Geliebten an sich gedrückt worden ist: owê, waere ich daz kindelîn! Und wieder gebe ich meiner Nostalgie um vergangene Poesie nach, nur um mich vom Winter abzulenken und vom toten Theodor. Juhui! schreien die Oberdörfer Kinder im Oberdörfer Schnee.

Im Schnee muß ich beim Weg zur Kirche noch viel mehr aufpassen. Alles ist unsicher. Die weise Frau erscheint vermummt und schüttelt den Schnee ab. Das Dreieck oben am Berg wird ganz weiß sein. Schnee ist keusch. Auch die Unkeuschheit ist etwas Vergangenes. Ich vergesse, daß der nackte Körper einer Frau wie Schnee ist. Nichts mehr wird so sein, wie es früher war. Die weise Frau steht da, das Gesicht vor Kälte gerötet, als wäre sie noch nie hier gestanden, und errötet aus Scham.

Unkeuschheit hat für mich zeitlebens auch immer ihr Erlösendes gehabt.

Aber jetzt ist die Krankheitsgeschichte meine Erlösungsgeschichte.

Ich erzähle der weisen Frau, wo sie extra meinetwegen durch den Schnee von Lommiswil gekommen ist, den letzten Blödsinn. Auch vom jungen Mann, der sich selbst als religiös, idealistisch und arbeitslos bezeichnet hat. Ich wußte auf Anhieb Bescheid. Mein Sterben muß sich eben herumgesprochen haben und damit auch, daß in absehbarer Zeit die Pfaffenstelle frei wird hier in Oberdorf. Ich ließ mir dem jungen Mann gegenüber nichts anmerken. Die Pfaffenarbeitslosigkeit gibt es ja nach wie vor, nur wird sie von offizieller Seite wohlweislich verschwiegen. Die Sache ist einfach allzu peinlich, daß junge Leute ausgebildet werden, die nachher auf der Straße stehen und sich über kurz oder lang dem fahrenden Volk anschließen müssen, und wenn sie dazu dann noch dichten und musizieren, sind sie erst recht der Inbegriff des sündhaften Welttreibens.

Der junge Mann war also einer der real immer noch existierenden arbeitslosen Pfaffen. Er stellte keine Ausnahme dar. Oder doch. Sehr bald nämlich mußte ich, nachdem das Thema Schnee erledigt war, feststellen, daß er seinem Idealismus zum Trotz von Poesie keinen blassen Schimmer hatte. Er gab dies sogar, als bilde er sich noch etwas ein darauf, offen zu. Ist Poesie aus der Mode gekommen, und sei es auch nur bei arbeitslosen Pfaffen? Aber genau von der Poesie leitete ich dann über zum unbestreitbar noch immer modischen safer sex und verblüffte den jungen Mann ganz beträchtlich.

Was in Oberdorf ja von der Kanzel aus immer wieder nötig sei, das wäre die unermüdliche Ermahnung zum safer sex.

Er schien verunsichert.

Safer sex, mein lieber junger Freund, wiederholte ich mich, und dann die hohe Poesie, das seien meine beiden persönlichen Ratschläge für seinen künftigen Werdegang.

Ich mußte mit der hohen Minne anfangen, aus der heraus sich – nicht nur literarisch – ein Programm der »vernünftigen Liebe« (sapienter amare) oder eben des safer sex herausgebildet habe. Alles schon dagewesen, mein junger Freund, und die Poesie ist so weltfremd nicht. Alles ist beim safer sex erlaubt, nur das eine nicht. Der Ritter darf die Dame betätscheln, sie auch nackt ausziehen und streicheln, wie und wo immer er will et cetera et vice versa, aber das Letzte bleibt ihm versagt: extremo praetermisso solatio. Punctum. Und sonst gibt's ja die Dirnen und die Bordelle. Aber Sublimierung, mein lieber junger Freund, ist angesagt, gerade hier in Oberdorf: strenge Kontrolle der Affekte, Rationalisierung der Liebe, eben dies wären ja die Kennzeichen der höfischen Minne, und sei die auch ein bißchen, vielleicht aber nur vorübergehend, aus der Mode

Der von Johansdorf

gekommen, so wäre safer sex, er vermöge es mir kaum zu bestreiten, hochaktuell nach wie vor, und auch auf der Kanzel von Oberdorf habe man auf der Höhe der Zeit zu sein, nicht wahr, mein junger Freund. Ich sagte es noch einmal: safer sex und hohe Poesie.

Ob er von Adel sei?

Gewiß doch. Aber verarmt und idealistisch und schwul.

Ich nahm es zur Kenntnis. Ein Pfaff, auch ein arbeitsloser Pfaff, darf und soll einem erfahrenen Pfaffen ruhig solcherlei Bekenntnisse machen.

Er stammt aus Straßburg. Nicht, daß jetzt ganz Straßburg für mich samt und sonders in einem homoerotischen Licht erschienen wäre, aber von ihm erfuhr ich, Straßburg wäre ein kleines mieses Drecknest.

Ich nahm auch dies zur Kenntnis.

Schade, daß er die Poesie verschmähte.

Er wurde ausfällig gegen den Papst.

Auch hier hätte ich auf die Poesie verweisen können, auf Walthers von der Vogelweide Frechheiten gerade dem Papst gegenüber –

Als ich schwieg, fragte er, ob ich etwas dagegen hätte, daß er schwul sei.

Aber, mein Liebster, entgegnete ich, ich bin doch nicht von gestern und verehre den alten Catull und seine süperb bisexuellen Verse zutiefst.

Catull kannte er natürlich auch nicht.

Ich versuchte ihn zu beruhigen. Nichts wäre mir fremd, sagte ich, über Homoerotik speziell in Oberdorf ließe sich zwar einiges sagen, aber, wie er wüßte, binde mich da leider das Beichtgeheimnis. Liebe sei immer unvernünftig, er brauchte, wäre ihm die Poesie nicht fremd, nur an den alten Ovid zu denken, und um so dringlicher sei die Vernunft des safer sex, zumindest von der Kanzel herab.

Ich holte vom Solothurner Spitalwein, stieß mit ihm an auf safer sex und hohe Minne.

Auch in Straßburg stehen die arbeitslosen Pfaffen auf der Straße, beginnen zu dichten und schlagen sich zum fahrenden Volk. Ihm blieb nur der Männerstrich übrig.

Die erhabene Seele des Mannes, setzte ich da an, werde ganz unweigerlich beschmutzt durch den Schoß des sündigen Weibes. Das und nichts anderes lehrt uns die Kirche und sei zu lehren aufgetragen uns Pfaffen. Ich trat mit ihm ans Fenster und zeigte hinauf auf den Berg, wo das Dreieck verborgen ist. Jetzt, sagte ich ihm, ist es weiß. Bald aber, in der Nacht, ist es schwarz wie schwarzer Schnee. Blindwütig und zerstörerisch ist jede Liebe.

Bald kam die Nacht.

Wahrscheinlich war er zu meinem Nachfolger bestimmt. So weit hatte sich mein Sterben schon herumgesprochen. Schade, daß ihm der Sinn für Poesie fehlte. Aber bestimmt würde er streng sein von der Oberdorfer Kanzel herab. Und die Sünde setzen an die Stelle der Lust. Und an Stelle der unvernünftigen Liebe den safer sex setzen als notwendiges Übel, als Sünde auch in der Ehe, aber als leider notwendiges Übel. Schade, daß er nie etwas von hoher Minne gehört hat. Er wird unnachsichtig sein.

Die Oberdörfer kommen jetzt doch häufiger an mein Lager und stehen stumm da mit ihren verlegenen Händen. Vielleicht hat ihnen der Tod Theodors zu denken gegeben. Zwar ist ihnen sein Zi-witt nie geheuer gewesen. Aber sie sehen überall Zeichen und Wunder. Stumm legen sie mir Gaben auf mein Sterbelager.

Die Unzucht von ganz Oberdorf ist mir ein offenes Buch. Das wissen sie. Deshalb die Gaben. Ich unterdrücke nicht mein Stöhnen. Die Beine sind kraftlos, der Bauch tut weh. Zum Enzianschnaps kommt auch Bätzi und chirsiwasser. Auch die Kinder treten an mein Lager. Nach meinem Tod wird Poesie nicht mehr gefragt sein in Oberdorf. Auch die grausam männerfeindlichen Verse von der Emanze aus der ersten Generation werden das Mittelalter nicht überleben, habe ich mich nun entschieden. Aber die Kinder freuen sich, wenn ich ihnen von meinen Manesse-Bildern, Entwürfen natürlich nur und Entwürfen zu Entwürfen, schenke. Sie staunen mit ihren großen Kinderaugen vor allem über die Farben auf den Helgen und halten sie für Heiligenbilder. Und die Kinder werden erwachsen werden und Unzucht begehen. Meine Helgen aus Manesse gibt es dann längst nicht mehr. An die jetzt Erwachsenen mit ihrer ewigen Unzucht verschenke ich die Blätter mit den Versen aus Zürich, die sie in ihrem Unwissen für Gebete halten müssen. Gebete, auf denen steht:

daz tuot diu minne: diu nimt mir die sinne (Heinrich von Rugge). Die Minne nimmt mir den Verstand. nu wizzen algelîche daz ich sîn friundinne bin, / âne nâhe bî gelegen: des hân ich weizgot niht getân (Meinloh von Söflingen). So wißt denn, daß ich seine Freundin bin, aber ich habe nie mit ihm geschlafen, das habe ich weiß Gott nicht getan. owê minne! / der dîn âne möhte sîn! daz waeren sinne (Dietmar von Eist). O weh Minne. Wer es ohne dich aushielte, der wäre vernünftig.

Manegg

Was bleibt – vielleicht nicht einmal die Burg Manegg. Einsam und trotzig steht sie inmitten der Wildnis an unvermuteter Stelle. Muß denn wirklich etwas bleiben von unserem Mittelalter? Sagte die weise Frau aus Lommiswil nicht mit seherischen Augen, sie erblicke keinerlei Burg da, allerhöchstens ein paar graue Mauerreste und ein bißchen Schutt?

Manegg war meine Jugend.

Im Niederdorf standen frech an jeder Ecke die Dirnen. Ich träumte von schicken Titten. Bis es aus war mit der Jugend.

Ritter Rüdiger Manesse ist tot. Seine gestrenge, realistische, nüchterne Gattin ist längst tot. Johannes Manesse, der custos, ist tot. Condwiramur ist sicher längst tot, Gott sei der armen Seele gnädig. Aber der Tod bedeutet auch eine unendliche Erleichterung. Dieser Blödian von Toggenburg ist endlich, endlich tot und besitzt allein noch seine Nachwelt, die ihm bald dahinschwinden möge.

Ich sehe die Burg Manegg in einer wunderbaren Ferne.

Burgen sind, ich weiß, nicht wie auf den Manesse-Bildern gelb und blau und grün und rot. Sie sind grau. Aber warum eigentlich dürfen sie nicht bunt sein, grellbunt? Ist das Wunderbare in unserm Mittelalter denn nicht wirklicher als das real Existierende, so wie das himmlische Jerusalem wirklicher ist als das irdische?

Die Burg Manegg ist grellbunt.

Ich habe gehört, wie die Oberdörfer um mein Sterbelager herum heute tuschelten: Er phantasiert.

Der Diktator Rudolf Brun existiert real.

Warum soll die Burg Manegg nicht grellbunt sein wie die Bilder der Manessischen Handschrift, auch wenn Stein grau ist, aber fast grellbunt jedenfalls entfalten sich und verwelken die Bäume ringsherum durch die Jahreszeiten hindurch inmitten der Einöde.

Und auch die Minne ist ein grellbuntes Farbenspiel wie eine real so nicht existierende Burg. Wo mag Isolde weilen? Was mag Marilyn treiben, die so lustig lachen konnte mit ihrer piepsigen Stimme? Und all die früheren Dirnen, in denen ich meinen edlen Pfaffenschwanz bewegt habe irgendwann? Allesamt können sie ja unmöglich ins Kloster abgehauen sein und sich kasteien, stöhnend vor Lust. Schließlich sind wir elenden Männer es gewesen, welche die grellbunten Burgen erbaut haben und die grellbunte Minne erfunden und sogar die dazu passenden höfischen Damen. Und wir haben sogar gewagt, zu bestreiten, Minne müsse unweigerlich Sünde sein: Swer giht daz minne sünde sî, der sol sich ê bedenken wol – so Walther von der Vogelweide, trotz seinem Marien-Kitsch. Ohne das himmlische Jerusalem gibt es kein irdisches Jerusalem.

Der Diktator Rudolf Brun existiert real. Er befindet sich in seinem Arbeitszimmer, geht ein paar Schritte hin, geht ein paar Schritte her, hat die Arme auf dem Rücken verschränkt und überlegt sich hin und her, ob er sich, auf lange Sicht gesehen, mit den Habsburgern verbünden soll oder mit den Eidgenossen oder doch mit den Habsburgern oder ob alles einerlei ist. Es ist einerlei. Die Limmat leuchtet grün durchs Fenster.

Besser, es gibt die Minne in der Poesie, als daß sie überhaupt nicht existiert.

Die Burg Manegg, wäre sie nicht grellbunt, sie wäre nur noch der Tod.

Er phantasiert, höre ich sie sagen, die nicht wissen, wo sie ihre schweren Hände hintun sollen.

In Oberdorf ist die einzige Realität der Berg. Die Unzucht ist hier ein notwendiges Übel ohne jeden Platz für die Poesie, die Berge versetzt. Je realitätsferner die ist, desto mehr schwinden sie, die Berge. Oder phantasiere ich tatsächlich? Immer nur sind es Buchstaben: ist mir mîn leben getroumet, oder ist ez wâr? Ein Berg von Buchstaben. Und jetzt bin ich eben am Berg. Grellbunt war die Burg Manegg in meiner Jugend, bis die Jugend zu Ende war über Nacht. Auf Manegg erwartete ich die wirkliche Welt, bis ich merkte über Nacht: Es war eine Welt des Scheins, des schönen Scheins, aber des Scheins. Des schönen und vergangenen Scheins. Gegenwart und wirklich aber waren die Dirnen, die frech an allen Ecken standen. Das war die Jugend gewesen. Tot aber wäre die Burg Manegg, sähe ich sie jetzt nicht mit den Augen meiner Jugend: grellbunt.

Ich glaube, sie halten jetzt ihre schweren Hände zusammen im Gebet.

Hadlaub: Ach, mir was lange / nach ir so wê gesîn.

Süß ist es, im Minnedienst der Herrin Blumen zu pflükken oder das Wasser zu trinken, in dem sie ihre Hände gewaschen hat.

Höchstes Glück aber bedeutet es, von ihr eine Spange überlassen zu erhalten, die zuvor auf ihrer nackten Haut gewesen war.

Grellbunt ist die Burg Manegg.

Kaum war es mir gekommen, sagte die Dirne, ich solle jetzt gehen, sie habe gerade noch einen anderen Freier. Sie hatte nur das Nötigste ausgezogen. Ich kleidete mich an und mußte länger nach den Schuhen suchen. Draußen hallten meine Schritte wider. Eigentlich fing das Nachtleben ja erst an. Ich spürte Schweiß auf der Stirn und beschleunigte meine Schritte, als würde ich verfolgt. Komisch, alles schien mir fremd. Die Jugend war vorbei, und auch mit dem Träumen war es aus. Es erschreckte mich nicht, ich stellte es einfach fest. Mein Kopf war leer, aber ich empfand auch dies nicht als unangenehm. Automatisch bewegten sich die Schuhe. Ich hörte von irgendwoher Gelächter, wandte mich nicht um, mußte einmal einem Betrunkenen, der mir entgegenkam, ausweichen.

Es war, als hätte es Manegg niemals gegeben.

Minne, was ist das?

Und was ist Macht?

Diktator Rudolf Brun kann die Wache vor der Tür seines Arbeitszimmers hören, wie sie sich rührt. Da ist, kommt ihm in den Sinn, morgen noch eine Kleinigkeit zu erledigen. Diese leidige Manessegeschichte. Kommt an kein Ende und paßt überhaupt nicht in die Landschaft. Dieser Propst hat ihm ja seinerzeit die Geschichte eingebrockt. Viel Wasser ist inzwischen die Limmat hinabgeflossen, auch was diesen leidigen Propst betrifft. Adel ist nicht mehr, was Adel mal war. Das Volk regiert oder soll wenigstens dieses Gefühl haben. Auch er, Rudolf Brun, ist schließlich das Volk. Wieso begibt er sich sonst regelmäßig in die Zunfthäuser und mischt sich unter die Handwerker und sagt: Wir sind das Volk. Auf die Gesundheit! Also die Sache muß erledigt werden, kurz und schmerzlos. In jenem Skriptorium vom Haus zum kleinen Paradies scheint sowieso die Zeit stillzustehen. Lästig ist es schon. Aber einmal muß Schluß sein, das wird ja sonst uferlos. Das Vorhandene soll zwischen zwei Buchdeckel kommen, und damit basta. Auch wenn, wie er sich hat sagen lassen müssen, dann der Codex zu einem Drittel nur leere Seiten aufweist. Punctum. Bei der Gestaltung des Bucheinbandes wird er ihnen völlige Freiheit lassen, schließlich hat er es mit Handwerkern zu tun. Um sie nicht vor den Kopf zu stoßen, wird er auch seinem Bedauern Ausdruck geben: Leider, leider stände es nicht in seiner Macht. Kurz und schmerzlos. Leider hätte er jetzt noch einen weiteren Termin. Er wolle es nicht versäumen, Dank abzustatten für all das Engagement, das in dieses Unternehmen investiert worden sei, auch der großen Tradition zu gedenken, in der es stehe, und nicht zuletzt sie gebiete das Ende.

Ungefähr so wird es sich abspielen.

Das Skriptorium sieht danach aus wie zuvor.

Man wird danken für die Ehre des hohen Besuches.

Was sich verändert, führt zum Zerfall. Mittelalterliche Lebensweisheit. Ich frage mich nur, ob der Zerfall mitunter nicht sogar zu wünschen ist.

Betretenes Schweigen wird sein nach dem Weggang des hohen Besuches. Ganz überraschend ist es nicht gekommen. Der Illuminator J5 hat zumal in der letzten Zeit ein bißchen allzu flott, um nicht zu sagen nachlässig gezeichnet. Andere schienen zu spüren, wie das Gewicht der Vergangenheit in den Räumlichkeiten des Skriptoriums lastete und lähmte. Ein ganzes Zeitalter ging nun unwiderruflich zu Ende, es verblieb allein noch die Frage, wie der Einband des Codex Manesse gestaltet werden sollte – eine handwerkliche und beinah schon tröstliche Frage. Gerade der Illuminator J5 tat sich da hervor, indem er anregte, den Einband zu wählen, der sich über Jahrhunderte gerade bei solch umfangreichen Pergamenthandschriften bewährt hatte, nämlich zwei schlichte, aber solide Holzdeckel, versehen mit Schließen. Das schien allen die beste

Lösung zu sein, gerade in Anbetracht der Tradition, um deren Bewahrung es ginge.

Alles auf der Erde nimmt ein Ende wie die Jugend und der Traum.

Die weise Frau von Lommiswil muß sich täuschen, wenn sie den Codex in rotem Ziegenleder eingebunden sieht, und dies auch noch in Paris. Sie kommt jetzt immer mit der Katze im Arm herein, die Muschi heißt und schwarz und weiß ist wie die Schuld und die Unschuld, denn letzten Endes ist ja alles symbolisch in unserem Mittelalter, hat ja auch der Chorherr F. vielfache reflexiones angestellt darüber und so mancherlei analysiert. An die Kräuter der weisen Frau kann ich nicht recht glauben, wo sie doch weiß, daß ich sterbe, aber mag sein, daß sie dabei zwar nicht an meine Heilung denkt, wohl aber daran, damit die Schmerzen zu lindern – sie weiß um meinen Epikur. Ich werde ihr diesen Codex vermachen. Meine Aufzeichnungen drin kann sie ruhig lesen, wenn sie will und ihr meine Schrift nicht zu krakelig ist. Sie lacht jetzt viel. Als wäre Sterben ein Kinderspiel. Vielleicht lindern ihre Kräuter tatsächlich die Schmerzen, und zumal das Bauchweh wäre ohne sie noch viel gräßlicher. Sie hat gesagt: Pfaff, wenn du dich auf dein schönes langsames Sterben freust, bist du dann noch froh um meine Kräuter. Habe gesagt: Okay, Frau. Bei Epikur kann sie auch lesen: »Wenn die ganze Atomansammlung sich auflöst, zerstreut sich auch die Seele.« Ob ihr der ketzerische Satz gefallen wird? Alles sei ein Werden und Vergehen, hat sie doch mal gesagt. Und daß aber alle Träume erfüllbar wären. Weise Frauen sollen ruhig ketzerisch sein, denke ich. Aber ob mein Nachfolger mit seinem religiösen Idealismus etwas übrig hat für weise Frauen zumal mit seherischen Augen? Wahrscheinlich hat er sich die Rede, die er an meiner Beerdigung halten wird, schon ausgedacht. Ich stöhne. Ganz Oberdorf wird mir das letzte Geleit geben. Ich stöhne. Die Hühner sind ruhig. Die Kühe geben genug Milch, hat jemand gesagt: k chie gääi gnuue müuuch. Auf die Winterzeit folgt unaufhaltsam wieder die Sommerzeit, in der die Vöglein singen et cetera. Warum ist der Winter traurig? Aber ist der Sommer immer froh gewesen? Das Annebääbi hat rotgeweinte Augen. Sie beten. Alle beten sie unüberhörbar und immer lauter. O Maria hilf. Wie konnte nur dieser Walther von der Vogelweide, der nun weiß Gott ein heller Typ gewesen ist, nebenbei solchen Schwachsinn fabrizieren. Gott sei seiner armen Seele gnädig.

Und der von Kloten, ist er tot?

Sein Adel ist immer zwischen uns gestanden. Er hatte als ein feudaler Herr Angst vor dem Kapitalismus. Den Kapitalismus in seinem Lauf / Hält weder Ochs noch Esel auf. Das werden auch noch früh genug diese Eidgenossen erfahren.

Hütet euch am Morgarten.

Nun ja. Der Wert der Ritterrüstung liegt seit längerem eher in ihrem gesellschaftlichen Prestige als in einem militärischen Nutzen. Sie ist unbequem, man hört kaum etwas wegen dem Helm und kommt sehr bald ins Schwitzen, man kann sie nicht einmal allein an- und ausziehen. Und sogar im Galopp und mit voller Wucht muß die Wirkung eines Angriffs eigentlich als recht gering bezeichnet werden.

Die Zeit des Friedens und der Poesie, als Zürichs Tore noch offenstanden, ist längst vorbei.

Ich mache mir keine illusiones.

Ihr lautes Beten rings um mich herum wird immer bedrohlicher.

Aber ich phantasiere nicht.

Grellbunt ist die Burg Manegg.

Kein Metzgerssohn außer mir hat je schon Manegg betreten, es sei denn mit blutig weißem Schurz zum Herrichten des Fleisches für das festliche Candlelight-dinner. Und meine Jugend ist nicht verloren, als wäre nichts gewesen. Wie vor dem Volk versteckt liegt Manegg. Lustvoll ist allein schon der schmale Weg dahin. Es ist Sommerzeit. Überall sind die Vöglein zu hören. Das Gras ist voller Blümelein. Durch die Bäume schimmert der See. Warum eigentlich ist der See von Hadlaub (»ich minne gar ze hô«) in keinem Vers besungen worden? Auch der Novellendichter wird das nicht bemerken. Der Zürichsee wäre doch wirklich nah gelegen. Keine Silbe von einem See. War er ihm zu selbstverständlich? Zu banal? Einfach zu wenig poetisch? Die Poesie als das eine, die Realität als das andere. Der See liegt spiegelglatt und schwindet dann aus dem Gesichtsfeld. Manches Plätzchen ist da geeignet für ein Bett aus Gras, um der Geliebten auf sanfte Weise weh zu tun. Ich stöhne. Manegg dann ist eine visio. Meine Jugend, mein Jenseits. Ich phantasiere überhaupt nicht, alles sehe ich, ist es auch fern, ganz nah vor mir, live. Die Zinnen sind gelb, der Turm ist rot, die Wand des Palas ist grün, das Tor ist blau, alles live, und viele edle Pferde stehen herum. Die Kerzen drinnen sind angezündet. Die Kleider der noblen Damen und Herren sind schick nach dem letzten Stand der Mode. Der eine Herr sogar sieht aus wie Ritter Rüdiger Manesse II. Er lächelt mir zu. Ich stöhne. Es ist das Fest meiner Jugend, jenseits vom Alltag. Die Herren beschauen die Damen, die Damen beschauen die Herren. Ich stöhne. Der Wandteppich mit Dido. Die Herren von der Industrie, auch sie in der Festversammlung vereint. Es gibt Stäfner Beerliwein. Ein Toast. Dann die Lieder der Minnesänger. Höflich höfischer Beifall. Die Zeit steht still. Ich stöhne. Manegg ist nicht vergangen, Manegg ist die pure Gegenwart. Ein Paar steht Wange an Wange süß und keusch. Fast sieht es gekünstelt aus, wie sie ihre Körper dabei verkrampft voneinander entfernt halten. Ich stöhne. Er, ist es nicht der von Johansdorf, so wie auf dem Bild in der Manessischen Handschrift? Wange an Wange und vollkommen keusch, doch, das ist safer sex, wie ich ihn gepredigt habe, vergeblich. Süß. Und ganz eng Wange an Wange.

Ich phantasiere nicht.

Ein grellbuntes Kästchen sehe ich vor mir mit Rittern drauf und mit Buchstaben. Mühsam entziffre ich sie. AHC. GVNdIS. DV. MIR. ARMIN. EINV! NAHT.

INHALT

WO LIEGT MANEGG? 7

SUPERBIA 25
Am Fuß vom Berg / Reliquien / Die Nacht · Zürcher Unruhen / Progressus / Zwei Beerdigungen

INVIDIA 71
Der Rivale / Am Jahrestag meiner Primiz / Hadlaub und das wahre Leben / Der Literaturbetrieb / Die Sonne mit der Rose im Mund

IRA 111
Zorn im Kopf und Wut im Bauch / Die Brunsche Umwälzung · Fritz · Die Bildernachträge / Hadlaub stirbt / Männer im Hintergrund / Die österreichischen Damenhüte

ACEDIA 153
Herbst / Summa psychologiae / Träume werden wahr / Im Turm / Happy-End

AVARITIA 193
König Rudolf von Habsburg / Der Club / Sponsor Kirche / Schwarzes Geld / Status quo

INTEMPERANTIA 237
Drei Bilder / Sie / Die neue Bescheidenheit / Die Literatur und das Leben / Die weise Frau

IMPUDICITIA 277
Con / Gott und die Welt / Keusche Gespräche / Safer sex / Manegg